T&P BOOKS

I0168699

TSJETSJEENS
WOORDENSCHAT

NEDERLANDS
TSJETSJEENS

De meest bruikbare woorden
Om uw woordenschat uit te breiden en
uw taalvaardigheid aan te scherpen

9000 woorden

Thematische woordenschat Nederlands-Tsjetsjeens - 9000 woorden
Door Andrey Taranov

Woordenlijsten van T&P Books zijn bedoeld om u woorden van een vreemde taal te helpen leren, onthouden, en bestudering. Dit woordenboek is ingedeeld in thema's en behandelt alle belangrijk terreinen van het dagelijkse leven, bedrijven, wetenschap, cultuur, etc.

Het proces van het leren van woorden met behulp van de op thema's gebaseerde aanpak van T&P Books biedt u de volgende voordelen:

* Correct gegroepeerde informatie is bepalend voor succes bij opeenvolgende stadia van het leren van woorden
* De beschikbaarheid van woorden die van dezelfde stam zijn maakt het mogelijk om woordgroepen te onthouden (in plaats van losse woorden)
* Kleine groepen van woorden faciliteren het proces van het aanmaken van associatieve verbindingen, die nodig zijn bij het consolideren van de woordenschat
* Het niveau van talenkennis kan worden ingeschat door het aantal geleerde woorden

T&P Books Publishing
www.tpbooks.com

ISBN: 978-1-78492-293-1

Dit boek is ook beschikbaar in e-boek formaat.
Gelieve www.tpbooks.com te bezoeken of de belangrijkste online boekwinkels.

TSJETSJEENSE WOORDENSCHAT
nieuwe woorden leren

T&P Books woordenlijsten zijn bedoeld om u te helpen vreemde woorden te leren, te onthouden, en te bestuderen. De woordenschat bevat meer dan 9000 veel gebruikte woorden die thematisch geordend zijn.

- De woordenlijst bevat de meest gebruikte woorden
- Aanbevolen als aanvulling bij welke taalcursus dan ook
- Voldoet aan de behoeften van de beginnende en gevorderde student in vreemde talen
- Geschikt voor dagelijks gebruik, bestudering en zelftestactiviteiten
- Maakt het mogelijk om uw woordenschat te evalueren

Bijzondere kenmerken van de woordenschat

- De woorden zijn gerangschikt naar hun betekenis, niet volgens alfabet
- De woorden worden weergegeven in drie kolommen om bestudering en zelftesten te vergemakkelijken
- Woorden in groepen worden verdeeld in kleine blokken om het leerproces te vergemakkelijken
- De woordenschat biedt een handige en eenvoudige beschrijving van elk buitenlands woord

De woordenschat bevat 256 onderwerpen zoals:

Basisconcepten, getallen, kleuren, maanden, seizoenen, meeteenheden, kleding en accessoires, eten & voeding, restaurant, familieleden, verwanten, karakter, gevoelens, emoties, ziekten, stad, dorp, bezienswaardigheden, winkelen, geld, huis, thuis, kantoor, werken op kantoor, import & export, marketing, werk zoeken, sport, onderwijs, computer, internet, gereedschap, natuur, landen, nationaliteiten en meer ...

INHOUDSOPGAVE

UITSPRAAKGIDS

Letter	Tsjetsjeens voorbeeld	T&P fonetisch alfabet	Nederlands voorbeeld
A a	самадала	[ɑ:]	maart
Аь аь	аьртадала	[æ:], [æ]	Nederlands Nedersaksisch - dät, Engels - cat
Б б	биллиард	[b]	hebben
В в	ловзо кехат	[v]	beloven, schrijven
Г г	горгал	[g]	goal, tango
ГӀ гӀ	жиргӀа	[ɣ]	Nederlands in Nederland - gaat, negen
Д д	дӀаала	[d]	Dank u, honderd
Е е	кевнахо	[e], [ɛ]	excuseren, hebben
Ё ё	боксёр	[jɔ:], [ɜ:]	yoga, Joods
Ж ж	мужалтах	[ʒ]	journalist, rouge
З з	ловза	[z]	zeven, zesde
И и	сирла	[ɪ], [i]	iemand, bidden
Й й	лийча	[j]	New York, januari
К к	секунд	[k]	kennen, kleur
Кх кх	кхиорхо	[q]	kennen, kleur
Къ къ	юккъе	[q]	gespannen [q]
КӀ кӀ	кӀайн	[k]	gespannen [k]
Л л	лаьстиг	[l]	delen, luchter
М м	Марша Ӏайла	[m]	morgen, etmaal
Н н	Хьанна?	[n]	nemen, zonder
О о	модельхо	[o], [ɔ]	overeenkomst, bot
Оь оь	пхоьлгӀа	[ø]	neus, beu
П п	пхийтта	[p]	parallel, koper
ПӀ пӀ	пӀераска	[p]	gespannen [p]
Р р	борзанан	[r]	roepen, breken
С с	сандалеш	[s]	spreken, kosten
Т т	туьйдарг	[t]	tomaat, taart
ТӀ тӀ	тӀормиг	[t]	gespannen [t]
У у	тукар	[u:]	fuut, uur
Уь уь	уьш	[y]	fuut, uur
Ф ф	футбол	[f]	feestdag, informeren
Х х	хьехархо	[h]	hitte, hypnose
Хь хь	дагахь	[h], [x]	zoals in het Schotse 'loch'
ХӀ хӀ	хӀордахо	[h]	het, herhalen
Ц ц	мацахлера	[ts]	niets, plaats
ЦӀ цӀ	цӀубдар	[ts]	gespannen [ts]
Ч ч	лечкъо	[tʃ]	Tsjechië, cello
ЧӀ чӀ	чӀоӀла	[tʃ]	gespannen [tch]
Ш ш	шахматаш	[ʃ]	shampoo, machine

Letter	Tsjetsjeens voorbeeld	T&P fonetisch alfabet	Nederlands voorbeeld
Щ щ	цергийг щётка	[ɕ]	Chicago, jasje
ъ	къонза	[ʺ]	harde teken - duidt aan dat de voorafgaande medeklinker hard wordt uitgesproken
ы	лыжаш хехка	[ı]	iemand, die
ь	доьзал	[ʲ]	zachte teken - duidt aan dat de voorafgaande medeklinker zacht wordt uitgesproken
Э э	эшар	[e]	delen, spreken
Ю ю	юхадала	[y]	fuut, uur
Юь юь	юьхьенца	[ju:], [ju]	jullie, aquarium
Я я	цланъян	[jɑ]	januari, jaar
Яь яь	яьшка	[jæ]	gedetailleerd
I I	Iамо	[ə]	formule, wachten

AFKORTINGEN
gebruikt in de woordenschat

Nederlandse afkortingen

mann.	-	mannelijk
vrouw.	-	vrouwelijk
mv.	-	meervoud
on.ww.	-	onovergankelijk werkwoord
ov.ww.	-	overgankelijk werkwoord
bn	-	bijvoeglijk naamwoord
bw	-	bijwoord
abn	-	als bijvoeglijk naamwoord
bijv.	-	bijvoorbeeld
enz.	-	enzovoort
wisk.	-	wiskunde
enk.	-	enkelvoud
ov.	-	over
mil.	-	militair
vn	-	voornaamwoord
telb.	-	telbaar
form.	-	formele taal
ontelb.	-	ontelbaar
inform.	-	informele taal
vw	-	voegwoord
vz	-	voorzetsel
ww	-	werkwoord

Nederlandse artikelen

de	-	gemeenschappelijk geslacht
het	-	onzijdig
de/het	-	onzijdig, gemeenschappelijk geslacht

BASISBEGRIPPEN

Basisbegrippen Deel 1

1. Voornaamwoorden

ik	со	[sɔ]
jij, je	хьо	[hɔ]
hij, zij, het	иза	[iza]
wij, we	вай	[vaj]
jullie	шу	[ʃu]
zij, ze	уьш	[yʃ]

2. Begroetingen. Begroetingen. Afscheid

Hallo! Dag!	Маршалла ду хьоьга!	[marʃal:a du høga]
Hallo!	Маршалла ду шуьга	[marʃal:a du ʃyga]
Goedemorgen!	Iуьйре дика хуьлда!	[əujre dika hylda]
Goedemiddag!	Де дика хуьлда!	[de dika hylda]
Goedenavond!	Суьйре дика хуьлда!	[syjre dika hylda]
gedag zeggen (groeten)	салам дала	[salam dala]
Hoi!	Маршалла ду хьоьга!	[marʃal:a du høga]
groeten (het)	маршалла, маршалла хаттар	[marʃal:a, marʃal:a hat:ar]
verwelkomen (ww)	маршалла хатта	[marʃal:a hat:a]
Hoe gaat het?	Муха ду гӏуллакхш?	[muha du ɣul:aqʃ]
Is er nog nieuws?	Хӏун ду керла?	[hun du kerla]
Dag! Tot ziens!	Марша Iайла	[marʃa əajla]
Tot snel! Tot ziens!	Iодика хуьлда!	[əodika huʎda]
Vaarwel! (inform.)	Iодика йойла хьа!	[əodika jojla ha]
Vaarwel! (form.)	Iодика йойла шунна!	[əodika jojla ʃuŋa]
afscheid nemen (ww)	Iодика ян	[əodika jan]
Tot kijk!	Iодика йойла!	[əodika jojla]
Dank u!	Баркалла!	[barkal:a]
Dank u wel!	Доаккха баркалла!	[dɔak:a barkal:a]
Graag gedaan	Хӏума дац!	[huma dats]
Geen dank!	Хӏума дац!	[huma dats]
Geen moeite.	Хӏума дац!	[huma dats]
Excuseer me, ... (inform.)	Бехк ма билл!	[behk ma bil:]
Excuseer me, ... (form.)	Бехк ма биллалаш!	[behk ma bil:alaʃ]
excuseren (verontschuldigen)	бехк ца билла	[behk tsa bil:a]
zich verontschuldigen	бехк цабиллар деха	[behk tsabil:ar deha]

Mijn excuses.	Суна бехк ма биллалаш!	[suna behk ma bil:alaʃ]
Het spijt me!	Бехк ма биллаш!	[behk ma bil:aʃ]
vergeven (ww)	бехк цабиллар	[behk tsabil:ar]

Vergeet het niet!	Диц ма ло!	[dits ma lɔ]
Natuurlijk!	Дера!	[dera]
Natuurlijk niet!	Дера дац!	[dera dats]
Akkoord!	Реза ву!	[reza vu]
Zo is het genoeg!	Тоьур ду!	[tøur du]

3. Hoe aan te spreken

meneer	Эла	[ɛla]
mevrouw	Сту	[stu]
juffrouw	Йol	[joe]
jongeman	Жима стаг	[ʒima stag]
jongen	Кlант	[k:ant]
meisje	Жима йol	[ʒima joe]

4. Kardinale getallen. Deel 1

nul	ноль	[nɔʎ]
een	цхьаъ	[tsha]
twee	шиъ	[ʃi]
drie	кхоъ	[qɔ]
vier	диъ	[di]

vijf	пхиъ	[phi]
zes	ялх	[jalh]
zeven	ворхl	[vɔrh]
acht	бархl	[barh]
negen	исс	[is:]

tien	итт	[it:]
elf	цхьайтта	[tshajt:a]
twaalf	шийтта	[ʃi:t:a]
dertien	кхойтта	[qɔjt:a]
veertien	дейтта	[dejt:a]

vijftien	пхийтта	[phi:t:a]
zestien	ялхитта	[jalhit:a]
zeventien	Вуьрхlитта	[vyrhit:a]
achttien	берхlитта	[berhit:a]
negentien	ткъесна	[tqhesna]

twintig	ткъа	[tqha]
eenentwintig	ткъе цхьаъ	[tqhe tsha]
tweeëntwintig	ткъе шиъ	[tqhe ʃi]
drieëntwintig	ткъе кхоъ	[tqhe qɔ]

| dertig | ткъе итт | [tqhe it:] |
| eenendertig | ткхе цхьайтта | [tqe tshajt:a] |

tweeëndertig	ткъе шийтта	[tqhe ʃiːtːa]
drieëndertig	ткъе кхойтта	[tqhe qɔjtːa]

veertig	шовзткъа	[ʃɔvztqha]
eenenveertig	шовзткъе цхьаъ	[ʃɔvztqhe tsha]
tweeënveertig	шовзткъе шиъ	[ʃɔvztqhe ʃi]
drieënveertig	шовзткъе кхоъ	[ʃɔvztqhe qɔ]

vijftig	шовзткъе итт	[ʃɔvztqhe it:]
eenenvijftig	шовзткъе цхьайтта	[ʃɔvztqhe tshajtːa]
tweeënvijftig	шовзткъе шийтта	[ʃɔvztqhe ʃiːtːa]
drieënvijftig	шовзткъе кхойтта	[ʃɔvztqhe qɔjtːa]

zestig	кхузткъа	[quztqha]
eenenzestig	кхузткъе цхьаъ	[quztqhe tsha]
tweeënzestig	кхузткъе шиъ	[quztqhe ʃi]
drieënzestig	кхузткъе кхоъ	[quztqhe qɔ]

zeventig	кхузткъа итт	[quztqha it:]
eenenzeventig	кхузткъе цхьайтта	[quztqhe tshajtːa]
tweeënzeventig	кхузткъе шийтта	[quztqhe ʃiːtːa]
drieënzeventig	кхузткъе кхойтта	[quztqhe qɔjtːa]

tachtig	дезткъа	[deztqha]
eenentachtig	дезткъе цхьаъ	[deztqhe tsha]
tweeëntachtig	дезткъе шиъ	[deztqhe ʃi]
drieëntachtig	дезткъе кхоъ	[deztqhe qɔ]

negentig	дезткъа итт	[deztqha it:]
eenennegentig	дезткъе цхьайтта	[deztqhe tshajtːa]
tweeënnegentig	дезткъе шийтта	[deztqhe ʃiːtːa]
drieënnegentig	дезткъе кхойтта	[deztqhe qɔjtːa]

5. Kardinale getallen. Deel 2

honderd	бле	[bəe]
tweehonderd	ши бле	[ʃi bəe]
driehonderd	кхо бле	[qɔ bəe]
vierhonderd	диъ бле	[di bəe]
vijfhonderd	пхи бле	[phi bəe]

zeshonderd	ялх бле	[jalh bəe]
zevenhonderd	ворхl бле	[vɔrh bəe]

achthonderd	бархl бле	[barh bəe]
negenhonderd	исс бле	[is: bəe]

duizend	эзар	[ɛzar]
tweeduizend	ши эзар	[ʃi ɛzar]
drieduizend	кхо эзар	[qɔ ɛzar]
tienduizend	итт эзар	[it: ɛzar]
honderdduizend	бле эзар	[bəe ɛzar]
miljoen (het)	миллион	[mil:ion]
miljard (het)	миллиард	[mil:iard]

6. Ordinale getallen

eerste (bn)	хьалхара	[halhara]
tweede (bn)	шолгӀа	[ʃolɣa]
derde (bn)	кхоалгӀа	[qoalɣa]
vierde (bn)	доьалгӀа	[døalɣa]
vijfde (bn)	пхоьлгӀа	[phølɣa]

zesde (bn)	йолхалгӀа	[jolhalɣa]
zevende (bn)	ворхӀалгӀа	[vorhalɣa]
achtste (bn)	бархӀалгӀа	[barhalɣa]
negende (bn)	уьссалгӀа	[ys:alɣa]
tiende (bn)	итталгӀа	[it:alɣa]

7. Getallen. Breuken

breukgetal (het)	дакъалла	[daqhal:a]
half	шоалгӀачун цхьаъ	[ʃoalɣatʃun tsha]
een derde	кхоалгӀачун цхьаъ	[qoalɣatʃun tsha]
kwart	доьалгӀачун цхьаъ	[døalɣatʃun tsha]

een achtste	бархӀалгӀачун цхьаъ	[barhalɣtʃun tsha]
een tiende	итталгӀачун цхьаъ	[it:alɣatʃun tsha]
twee derde	кхоалгӀачун шиъ	[qoalɣatʃun ʃi]
driekwart	доьалгӀачун кхоъ	[døalɣatʃun qo]

8. Getallen. Eenvoudige berekeningen

aftrekking (de)	тӀерадаккхар	[theradak:ar]
aftrekken (ww)	тӀерадаккха	[theradak:a]
deling (de)	декъар	[deqhar]
delen (ww)	декъа	[deqha]

optelling (de)	вовшахтохар	[vovʃahtohar]
erbij optellen (bij elkaar voegen)	вовшахтоха	[vovʃahtoha]
optellen (ww)	тӀетоха	[thetoha]
vermenigvuldiging (de)	эцар	[ɛtsar]
vermenigvuldigen (ww)	эца	[ɛtsa]

9. Getallen. Diversen

cijfer (het)	цифра	[tsifra]
nummer (het)	терахь	[terah]
telwoord (het)	терахьдош	[terahdoʃ]
minteken (het)	минус	[minus]
plusteken (het)	тӀетоха	[thetoha]
formule (de)	формула	[formula]
berekening (de)	ларар	[larar]

tellen (ww)	лара	[lara]
bijrekenen (ww)	лара	[lara]
vergelijken (ww)	дуста	[dusta]

Hoeveel? (ontelb.)	Мел?	[mel]
Hoeveel? (telb.)	Маса?	[masa]
som (de), totaal (het)	жамl	[ʒame]
uitkomst (de)	хилам	[hilam]
rest (de)	бухадиснарг	[buhadisnarg]

enkele (bijv. ~ minuten)	масех	[maseh]
weinig (bw)	кlезиг	[k:ezig]
restant (het)	бухадиснарг	[buhadisnarg]
anderhalf	цхьаъ ах	[tsha ah]
dozijn (het)	цlов	[tshɔv]

middendoor (bw)	шин декъе	[ʃin deqhe]
even (bw)	цхьабосса	[tshabɔs:a]
helft (de)	ах	[ah]
keer (de)	цкъа	[tsqha]

10. De belangrijkste werkwoorden. Deel 1

aanbevelen (ww)	мага дан	[maga dan]
aandringen (ww)	тlера ца вала	[thera tsa vala]
aankomen (per auto, enz.)	дан	[dan]
aanraken (ww)	куьг тоха	[kyg tɔha]
adviseren (ww)	хьехам бан	[heham ban]

afdalen (on.ww.)	охьадан	[ɔhadan]
afslaan (naar rechts ~)	дlадерза	[dəaderza]
antwoorden (ww)	жоп дала	[ʒɔp dala]
bang zijn (ww)	кхера	[qera]
bedreigen	кхерам тийса	[qeram ti:sa]
(bijv. met een pistool)		

bedriegen (ww)	lexo	[əeho]
beëindigen (ww)	чекхдаккха	[tʃeqdak:a]
beginnen (ww)	доло	[dɔlɔ]
begrijpen (ww)	кхета	[qeta]
beheren (managen)	куьйгаллз дан	[kyjgal:z dan]

| beledigen | сий дайа | [si: daja] |
| (met scheldwoorden) | | |

beloven (ww)	валда дан	[vaəda dan]
bereiden (koken)	кечдан	[ketʃdan]
bespreken (spreken over)	дийцаре дилла	[di:tsare dil:a]

bestellen (eten ~)	заказ ян	[zakaz jan]
bestraffen (een stout kind ~)	тalзар дан	[taəzar dan]
betalen (ww)	ахча дала	[ahtʃa dala]
betekenen (beduiden)	маьlна хила	[mæəna hila]
betreuren (ww)	дагахьбаллам хила	[dagahbal:am hila]
bevallen (prettig vinden)	хазахета	[hazaheta]

bevelen (mil.)	омра дан	[ɔmra dan]
bevrijden (stad, enz.)	мукъадаккха	[muqhadak:a]
bewaren (ww)	лардан	[lardan]
bezitten (ww)	хила	[hila]
bidden (praten met God)	ламаз дан	[lamaz dan]
binnengaan (een kamer ~)	чудахар	[ʧudahar]
breken (ww)	кегдан	[kegdan]
controleren (ww)	тӀехьажа	[thehaʒa]
creëren (ww)	кхолла	[qɔl:a]
deelnemen (ww)	дакъа лаца	[daqha latsa]
denken (ww)	ойла ян	[ɔjla jan]
doden (ww)	ден	[den]
doen (ww)	дан	[dan]
dorst hebben (ww)	мала лаа	[mala la:]

11. De belangrijkste werkwoorden. Deel 2

een hint geven	къедо	[qhedɔ]
eisen (met klem vragen)	тӀедожо	[thedɔʒɔ]
existeren (bestaan)	хила	[hila]
gaan (te voet)	даха	[daha]
gaan zitten (ww)	охьахаа	[ɔhaha:]
gaan zwemmen	лийча	[li:ʧa]
geven (ww)	дала	[dala]
glimlachen (ww)	дела къежа	[dela qheʒa]
goed raden (ww)	хаа	[ha:]
grappen maken (ww)	забарш ян	[zabarʃ jan]
graven (ww)	ахка	[ahka]
hebben (ww)	хила	[hila]
helpen (ww)	гӀо дан	[ɣɔ dan]
herhalen (opnieuw zeggen)	юхаала	[juha:la]
honger hebben (ww)	хӀума яаа лаа	[huma ja:: la:]
hopen (ww)	догдаха	[dɔgdaha]
horen	хаза	[haza]
(waarnemen met het oor)		
huilen (wenen)	делха	[delha]
huren (huis, kamer)	лаца	[latsa]
informeren (informatie geven)	информаци ян, хаам бан	[infɔrmatsi jan], [ha:m ban]
instemmen (akkoord gaan)	реза хила	[reza hila]
jagen (ww)	талла эха	[tal:a ɛha]
kennen (kennis hebben van iemand)	довза	[dɔvza]
kiezen (ww)	харжар	[harʒar]
klagen (ww)	латкъа	[latqha]
kosten (ww)	деха	[deha]
kunnen (ww)	мага	[maga]

lachen (ww)	дела	[dela]
laten vallen (ww)	охьаэго	[ɔhaəgɔ]
lezen (ww)	еша	[eʃa]

liefhebben (ww)	деза	[deza]
lunchen (ww)	делкъана хIума яа	[delqhana huma ja:]
nemen (ww)	схьаэца	[shaətsa]
nodig zijn (ww)	оьшуш хила	[øʃuʃ hila]

12. De belangrijkste werkwoorden. Deel 3

onderschatten (ww)	ма-дарра ца лара	[ma dar:a tsa lara]
ondertekenen (ww)	куьг тало	[kyg taəɔ]
ontbijten (ww)	марта даа	[marta da:]
openen (ww)	схьаделла	[shadel:a]
ophouden (ww)	дIасацо	[dəasatsɔ]
opmerken (zien)	ган	[gan]

opscheppen (ww)	куралла ян	[kural:a jan]
opschrijven (ww)	дIаяздан	[dəajazdan]
plannen (ww)	план хIотто	[plan hɔt:ɔ]
prefereren (verkiezen)	гIоли хета	[ɣɔli heta]
proberen (trachten)	хьажа	[haʒa]
redden (ww)	кIелхьардаккха	[k:elhardak:a]

rekenen op ...	дагахь хила	[dagah hila]
rennen (ww)	дада	[dada]
reserveren (een hotelkamer ~)	резервировать ян	[rezerwirɔvatʲ jan]
roepen (om hulp)	кхайкха	[qajqa]
schieten (ww)	кхийса	[qi:sa]
schreeuwen (ww)	мохь бетта	[mɔh bet:a]

schrijven (ww)	яздан	[jazdan]
souperen (ww)	пхьор дан	[phɔr dan]
spelen (kinderen)	ловза	[lɔvza]
spreken (ww)	мотт бийца	[mɔt: bi:tsa]

| stelen (ww) | лечкъо | [letʃqhɔ] |
| stoppen (pauzeren) | саца | [satsa] |

studeren (Nederlands ~)	Iамо	[əamɔ]
sturen (zenden)	дIадахьийта	[dəadahi:ta]
tellen (optellen)	лара	[lara]
toebehoren ...	хила	[hila]

| toestaan (ww) | магийта | [magi:ta] |
| tonen (ww) | гайта | [gajta] |

twijfelen (onzeker zijn)	шекьхила	[ʃekʲhila]
uitgaan (ww)	арадалар	[aradalar]
uitnodigen (ww)	схьакхайкха	[shaqajqa]
uitspreken (ww)	ала	[ala]
uitvaren tegen (ww)	дов дан	[dɔv dan]

13. De belangrijkste werkwoorden. Deel 4

vallen (ww)	охьаэга	[ɔhaega]
vangen (ww)	леца	[letsa]
veranderen (anders maken)	хийца	[hi:tsa]
verbaasd zijn (ww)	цецдала	[tsetsdala]
verbergen (ww)	дӀадилла	[deadil:a]

verdedigen (je land ~)	лардан	[lardan]
verenigen (ww)	цхьанатоха	[tshænatɔha]
vergelijken (ww)	дуста	[dusta]
vergeten (ww)	дицдала	[ditsdala]
vergeven (ww)	геч дан	[getʃ dan]

verklaren (uitleggen)	кхето	[qetɔ]
verkopen (per stuk ~)	дохка	[dɔhka]
vermelden (praten over)	хьахо	[haho]
versieren (decoreren)	хаздан	[hazdan]
vertalen (ww)	талмажалла дан	[talmaʒal:a dan]

vertrouwen (ww)	теша	[teʃa]
vervolgen (ww)	дахдан	[dahdan]
verwarren (met elkaar ~)	тило	[tilɔ]
verzoeken (ww)	деха	[deha]
verzuimen (school, enz.)	юкъахдита	[juqhahdita]

vinden (ww)	каро	[karɔ]
vliegen (ww)	лела	[lela]
volgen (ww)	тӀаьхьадаха	[thæhadaha]
voorstellen (ww)	хьахо	[haho]
voorzien (verwachten)	хиндерг хаа	[hinderg ha:]
vragen (ww)	хатта	[hat:a]

waarnemen (ww)	тергам бан	[tergam ban]
waarschuwen (ww)	дӀахьедан	[deahedan]
wachten (ww)	хьежа	[heʒa]
weerspreken (ww)	дуьхьал хила	[dyhal hila]
weigeren (ww)	дуьхьал хила	[dyhal hila]

werken (ww)	болх бан	[bɔlh ban]
weten (ww)	хаа	[ha:]
willen (verlangen)	лаа	[la:]

zeggen (ww)	ала	[ala]
zich haasten (ww)	сихдала	[sihdala]

zich interesseren voor ...	довза лаа	[dɔvza la:]
zich vergissen (ww)	гӀалатдала	[ɣalatdala]

zich verontschuldigen	бехк цабиллар деха	[behk tsabil:ar deha]
zien (ww)	ган	[gan]

zoeken (ww)	леха	[leha]
zwemmen (ww)	нека дан	[neka dan]
zwijgen (ww)	къамел ца дан	[qhamel tsa dan]

14. Kleuren

kleur (de)	бос	[bɔs]
tint (de)	амат	[amat]
kleurnuance (de)	бос	[bɔs]
regenboog (de)	стелалад	[stelaəad]
wit (bn)	кӀайн	[k:ajn]
zwart (bn)	lаьржа	[əærʒa]
grijs (bn)	сира	[sira]
groen (bn)	баьццара	[bætsara]
geel (bn)	можа	[mɔʒa]
rood (bn)	цӀен	[tshen]
blauw (bn)	сийна	[si:na]
lichtblauw (bn)	сийна	[si:na]
roze (bn)	сирла-цӀен	[sirla tshen]
oranje (bn)	цӀехо-можа	[tsheho mɔʒa]
violet (bn)	цӀехо-сийна	[tsheho si:na]
bruin (bn)	боьмаша	[bømaʃa]
goud (bn)	дашо	[daʃɔ]
zilverkleurig (bn)	детиха	[detiha]
beige (bn)	бежеви	[beʒewi]
roomkleurig (bn)	беда-можа	[beda mɔʒa]
turkoois (bn)	бирюзан бос	[biryzan bɔs]
kersrood (bn)	баьллийн бос	[bæl:i:n bɔs]
lila (bn)	сирла-сийна	[sirla si:na]
karmijnrood (bn)	камарийн бос	[kamari:n bɔs]
licht (bn)	сирла	[sirla]
donker (bn)	lаьржа	[əærʒa]
fel (bn)	къегина	[qhegina]
kleur-, kleurig (bn)	бесара	[besara]
kleuren- (abn)	бос болу	[bɔs bɔlu]
zwart-wit (bn)	кӀайн-lаьржа	[k:ajn əærʒa]
eenkleurig (bn)	цхьана бесара	[tshana besara]
veelkleurig (bn)	бес-бесара	[bes besara]

15. Vragen

Wie?	Мила?	[mila]
Wat?	ХӀун?	[hun]
Waar?	Мичахь?	[mitʃah]
Waarheen?	Мича?	[mitʃa]
Waar ... vandaan?	Мичара?	[mitʃara]
Wanneer?	Маца?	[matsa]
Waarom?	Стенна?	[steŋa]
Waarom?	ХӀунда?	[hunda]
Waarvoor dan ook?	Стенан?	[stenan]

Hoe?	Муха?	[muha]
Wat voor ...?	Муьлха?	[mylha]
Welk?	Масалгӏа?	[masalɣa]

Aan wie?	Хьанна?	[haŋa]
Over wie?	Хьанах лаьцна?	[hanah lætsna]
Waarover?	Стенах лаьцна?	[stenah lætsna]
Met wie?	Хьаьнца?	[hæntsa]

Hoeveel? (telb.)	Маса?	[masa]
Van wie? (mann.)	Хьенан?	[henan]

16. Voorzetsels

met (bijv. ~ beleg)	цхьан	[tshan]
zonder (~ accent)	доцуш	[dotsuʃ]
naar (in de richting van)	чу	[tʃu]
voor (in tijd)	хьалха	[halha]
voor (aan de voorkant)	хьалха	[halha]

onder (lager dan)	кӏел	[k:el]
boven (hoger dan)	тӏехула	[thehula]
op (bovenop)	тӏехь	[theh]

over (bijv. ~ een uur)	даьлча	[dæltʃa]
over (over de bovenkant)	хула	[hula]

17. Functiewoorden. Bijwoorden. Deel 1

Waar?	Мичахь?	[mitʃah]
hier (bw)	хьоккхузахь	[hɔk:uzah]
daar (bw)	цигахь	[tsigah]

ergens (bw)	цхьанхьа-м	[tshanha m]
nergens (bw)	цхьаннахьа а	[tshaŋaha a]

bij ... (in de buurt)	уллехь	[ul:eh]
bij het raam	кора уллехь	[kɔra ul:eh]

Waarheen?	Мича?	[mitʃa]
hierheen (bw)	кхузахь	[quzah]
daarheen (bw)	цига	[tsiga]
hiervandaan (bw)	хӏокккхузара	[hɔk:uzara]
daarvandaan (bw)	цигара	[tsigara]

dichtbij (bw)	герга	[gerga]
ver (bw)	гена	[gena]

in de buurt (van ...)	улло	[ul:ɔ]
vlakbij (bw)	юххе	[juhe]
niet ver (bw)	гена доцу	[gena dotsu]
linker (bn)	аьрру	[ær:u]

links (bw)	аьрру арlопхьара	[ær:u aɣɔrhara]
linksaf, naar links (bw)	аьрру арlоп	[ær:u aɣɔr]
rechter (bn)	аьтту	[æt:u]
rechts (bw)	аьтту арlопхьара	[æt:u aɣɔrhara]
rechtsaf, naar rechts (bw)	аьтту арlоп	[æt:u aɣɔr]
vooraan (bw)	хьалха	[halha]
voorste (bn)	хьалхара	[halhara]
vooruit (bw)	хьалха	[halha]
achter (bw)	тlехьа	[theha]
van achteren (bw)	тlаьхьа	[thæha]
achteruit (naar achteren)	юхо	[juho]
midden (het)	юкъ	[juqh]
in het midden (bw)	юккъе	[jukqhe]
opzij (bw)	арlоп	[aɣɔr]
overal (bw)	массанхьа	[mas:anha]
omheen (bw)	гонаха	[gɔnaha]
binnenuit (bw)	чухула	[tʃuhula]
naar ergens (bw)	цхьанхьа	[tshanha]
rechtdoor (bw)	нийсса дlа	[ni:s:a dəa]
terug (bijv. ~ komen)	юха	[juha]
ergens vandaan (bw)	миччара а	[mitʃara a]
ergens vandaan	цхьанхьара	[tshanhara]
(en dit geld moet ~ komen)		
ten eerste (bw)	цкъа-делахь	[tsqha delah]
ten tweede (bw)	шолгlа-делахь	[ʃɔlɣa delah]
ten derde (bw)	кхоалгlа-делахь	[qɔalɣa delah]
plotseling (bw)	цlеххьана	[tshehana]
in het begin (bw)	юьхьенца	[juhentsa]
voor de eerste keer (bw)	дуьххьара	[dyhara]
lang voor ... (bw)	хьалххе	[halhe]
opnieuw (bw)	юха	[juha]
voor eeuwig (bw)	гуттаренна	[gut:areŋa]
nooit (bw)	цкъа а	[tsqha a]
weer (bw)	кхин цкъа а	[qin tsqha a]
nu (bw)	хlинца	[hintsa]
vaak (bw)	кест-кеста	[kest kesta]
toen (bw)	хlетахь	[hetah]
urgent (bw)	чехка	[tʃehka]
meestal (bw)	нехан санна	[nehan saŋa]
trouwens, ...	шен метта	[ʃən met:a]
(tussen haakjes)		
mogelijk (bw)	тарлун ду	[tarlun du]
waarschijnlijk (bw)	хила мегаш хила	[hila megaʃ hila]
misschien (bw)	хила мега	[hila mega]
trouwens (bw)	цул совнаха, ...	[tsul sɔvnaha]

daarom ...	цундела	[tsundela]
in weerwil van ...	делахь а ...	[delah a]
dankzij ...	бахьана долуш ...	[bahana doluʃ]

wat (vn)	хӀун	[hun]
dat (vw)	а	[a]
iets (vn)	цхьаъ-м	[tsha m]
iets	цхьа хӀума	[tsha huma]
niets (vn)	хӀумма а дац	[hum:a a dats]

wie (~ is daar?)	мила	[mila]
iemand (een onbekende)	цхьаъ	[tsha]
iemand	цхьаъ	[tsha]
(een bepaald persoon)		

niemand (vn)	цхьа а	[tsha a]
nergens (bw)	цхьанххьа а	[tshanha a]
niemands (bn)	цхьаьхннан а	[tshæŋan a]
iemands (bn)	цхьаьхннан	[tshæŋan]

zo (Ik ben ~ blij)	иштта	[iʃt:a]
ook (evenals)	санна	[saŋa]
alsook (eveneens)	а	[a]

18. Functiewoorden. Bijwoorden. Deel 2

Waarom?	ХӀунда?	[hunda]
om een bepaalde reden	цхьанна-м	[tshaŋa m]
omdat ...	цундела	[tsundela]
voor een bepaald doel	цхьана хӀуманна	[tshana humaŋa]

en (vw)	а-а	[a a]
of (vw)	я	[ja]
maar (vw)	амма	[am:a]

te (~ veel mensen)	дукха	[duqa]
alleen (bw)	бен	[ben]
precies (bw)	нийсса	[ni:s:a]
ongeveer (~ 10 kg)	герга	[gerga]

omstreeks (bw)	герггарчу хьесапехь	[gerg:artʃu hesapeh]
bij benadering (bn)	герггарчу хьесапера	[gerg:artʃu hesapera]
bijna (bw)	гергга	[gerg:a]
rest (de)	бухадиснарг	[buhadisnarg]

elk (bn)	хӀор	[hɔr]
om het even welk	муьлхха а	[mylha a]
veel (grote hoeveelheid)	дукха	[duqa]
veel mensen	дуккха а	[duk:a a]
iedereen (alle personen)	дерриг	[der:ig]

in ruil voor ...	цхьана ... хийцина	[tshana hi:tsina]
in ruil (bw)	метта	[met:a]
met de hand (bw)	куьйга	[kyjga]

onwaarschijnlijk (bw)	те	[te]
waarschijnlijk (bw)	схьахетарехь	[shahetareh]
met opzet (bw)	хуъушехь	[hyuʃeh]
toevallig (bw)	ларамаза	[laramaza]
zeer (bw)	чloarla	[ʧhɔaɣa]
bijvoorbeeld (bw)	масала	[masala]
tussen (~ twee steden)	юккъехь	[jukqheh]
tussen (te midden van)	юккъехь	[jukqheh]
vooral (bw)	къасттина	[qhast:ina]

Basisbegrippen Deel 2

19. Dagen van de week

maandag (de)	оршот	[ɔrʃɔt]
dinsdag (de)	шинара	[ʃinara]
woensdag (de)	кхаара	[qɑːra]
donderdag (de)	еара	[eara]
vrijdag (de)	пlераска	[pheraska]
zaterdag (de)	шот	[ʃɔt]
zondag (de)	кlиранде	[kːirande]
vandaag (bw)	тахана	[tahana]
morgen (bw)	кхана	[qana]
overmorgen (bw)	лама	[lama]
gisteren (bw)	селхана	[selhana]
eergisteren (bw)	стомара	[stɔmara]
dag (de)	де	[de]
werkdag (de)	белхан де	[belhan de]
feestdag (de)	деза де	[deza de]
verlofdag (de)	мукъа де	[muqha de]
weekend (het)	мукъа денош	[muqha denɔʃ]
de hele dag (bw)	деррига де	[derːiga de]
de volgende dag (bw)	шолгlачу дийнахь	[ʃɔlɣatʃu diːnah]
twee dagen geleden	ши де хьалха	[ʃi de halha]
aan de vooravond (bw)	де хьалха	[de halha]
dag-, dagelijks (bn)	хlоp денна хуьлу	[hɔr deŋa hylu]
elke dag (bw)	хlоp денна хуьлу	[hɔr deŋa hylu]
week (de)	кlира	[kːira]
vorige week (bw)	дlадаханчу кlирнахь	[dəadahantʃu kːirnah]
volgende week (bw)	тlедоglучу кlирнахь	[thedɔɣutʃu kːirnah]
wekelijks (bn)	хlоp кlиранан	[hɔr kːiranan]
elke week (bw)	хlоp кlирна	[hɔr kːirna]
twee keer per week	кlирнахь шозза	[kːirnah ʃɔzːa]
elke dinsdag	хlоp шинара	[hɔr ʃinara]

20. Uren. Dag en nacht

morgen (de)	lуьйре	[əyjre]
's morgens (bw)	lуьйранна	[əyjraŋa]
middag (de)	делкъе	[delqhe]
's middags (bw)	делкъан тlаьхьа	[delqhan thæha]
avond (de)	суьйре	[syjre]
's avonds (bw)	сарахь	[sarah]

nacht (de)	буьса	[bysa]
's nachts (bw)	буса	[busa]
middernacht (de)	буьйсанан юкъ	[byjsanan juqh]

seconde (de)	секунд	[sekund]
minuut (de)	минот	[minɔt]
uur (het)	сахьт	[saht]
halfuur (het)	ахсахьт	[ahsaht]
kwartier (het)	сахьтах пхийтта	[sahtah phi:t:a]
vijftien minuten	15 минот	[phi:t:a minɔt]
etmaal (het)	де-буьйса	[de byjsa]

zonsopgang (de)	малх схьакхетар	[malh shaqetar]
dageraad (de)	сатасар	[satasar]
vroege morgen (de)	Iуьйранна хьалхехь	[əyjraŋa halheh]
zonsondergang (de)	чубузар	[tʃubuzar]

's morgens vroeg (bw)	Iуьйранна хьалххе	[əyjraŋa halhe]
vanmorgen (bw)	тахан Iуьйранна	[tahan əyjraŋa]
morgenochtend (bw)	кхана Iуьйранна	[qana əyjraŋa]
vanmiddag (bw)	тахана дийнахь	[tahana di:nah]
's middags (bw)	делкъан тIаьхьа	[delqhan thæha]
morgenmiddag (bw)	кхана делкъан тIаьхьа	[qana delqhan thæha]
vanavond (bw)	тахана суьйранна	[tahana syjraŋa]
morgenavond (bw)	кхана суьйранна	[qana syjraŋa]

klokslag drie uur	нийсса кхоъ сахьт даьлча	[ni:s:a qø saht dæltʃa]
ongeveer vier uur	диъ сахьт гергга	[di saht gerg:a]
tegen twaalf uur	шийтта сахьт долаж	[ʃi:t:a saht dɔlaʒ]

over twintig minuten	ткъа минот яьлча	[tqha minɔt jaltʃa]
over een uur	цхьа сахьт даьлча	[tsha saht dæltʃa]
op tijd (bw)	шен хеннахь	[ʃən heŋah]

kwart voor ...	сахьтах пхийтта яьлча	[sahtah phi:t:a jaltʃa]
binnen een uur	сахьт даллалц	[saht dal:alts]
elk kwartier	хIор пхийтта минот	[hɔr phi:t:a minɔt]
de klok rond	дуьззина де-буьйса	[dyz:ina de byjsa]

21. Maanden. Seizoenen

januari (de)	январь	[janvarʲ]
februari (de)	февраль	[fevraʎ]
maart (de)	март	[mart]
april (de)	апрель	[apreʎ]
mei (de)	май	[maj]
juni (de)	июнь	[ijuɲ]

juli (de)	июль	[ijuʎ]
augustus (de)	август	[avgust]
september (de)	сентябрь	[sentʲabrʲ]
oktober (de)	октябрь	[ɔktʲabrʲ]
november (de)	ноябрь	[nɔjabrʲ]
december (de)	декабрь	[dekabrʲ]

lente (de)	бlаьсте	[bəæste]
in de lente (bw)	бlаьста	[bəæsta]
lente- (abn)	бlаьстенан	[bəæstenan]

zomer (de)	аьхке	[æhke]
in de zomer (bw)	аьхка	[æhka]
zomer-, zomers (bn)	аьхкенан	[æhkenan]

herfst (de)	гуьйре	[gyjre]
in de herfst (bw)	гурахь	[gurah]
herfst- (abn)	гуьйренан	[gyjrenan]

winter (de)	la	[əa]
in de winter (bw)	lай	[əaj]
winter- (abn)	lаьнан	[əænan]

maand (de)	бутт	[but:]
deze maand (bw)	кху баттахь	[qu bat:ah]
volgende maand (bw)	тlеборlу баттахь	[theboɣu bat:ah]
vorige maand (bw)	байна баттахь	[bajna bat:ah]

een maand geleden (bw)	цхьа бутт хьалха	[tsha but: halha]
over een maand (bw)	цхьа бутт баьлча	[tsha but: bæltʃa]
over twee maanden (bw)	ши бутт баьлча	[ʃi but: bæltʃa]
de hele maand (bw)	беррига бутт	[ber:iga but:]
een volle maand (bw)	дийнна бутт	[di:ŋa but:]

maand-, maandelijks (bn)	хlоp беттан	[hɔr bet:an]
maandelijks (bw)	хlоp баттахь	[hɔr bat:ah]
elke maand (bw)	хlоp бутт	[hɔr but:]
twee keer per maand	баттахь 2	[bat:ah ʃɔz:a]

jaar (het)	шо	[ʃɔ]
dit jaar (bw)	кхушара	[quʃara]
volgend jaar (bw)	тlедоrlучу шарахь	[thedɔɣutʃu ʃarah]
vorig jaar (bw)	стохка	[stɔhka]

een jaar geleden (bw)	шо хьалха	[ʃɔ halha]
over een jaar	шо даьлча	[ʃɔ dæltʃa]
over twee jaar	ши шо даьлча	[ʃi ʃɔ dæltʃa]
het hele jaar	деррига шо	[der:iga ʃɔ]
een vol jaar	дийнна шо	[di:ŋa ʃɔ]

elk jaar	хlоp шо	[hɔr ʃɔ]
jaar-, jaarlijks (bn)	хlоp шеран	[hɔr ʃeran]
jaarlijks (bw)	хlоp шарахь	[hɔr ʃarah]
4 keer per jaar	шарахь 4	[ʃarah døaz:a]

datum (de)	де	[de]
datum (de)	терахь	[terah]
kalender (de)	календарь	[kalendarʲ]

een half jaar	ахшо	[ahʃɔ]
zes maanden	ахшо	[ahʃɔ]
seizoen (bijv. lente, zomer)	зам	[zam]
eeuw (de)	оьмар	[ømar]

22. Tijd. Diversen

tijd (de)	хан	[han]
ogenblik (het)	бӀарган неӀап туху юкъ	[bəargan neɣar tuhu juqh]
moment (het)	бӀарган неӀап туху юкъ	[bəargan neɣar tuhu juqh]
ogenblikkelijk (bn)	цӀеххьана	[tshehana]
tijdsbestek (het)	хенан юкъ	[henan juqh]
leven (het)	дахар	[dahar]
eeuwigheid (de)	абаде	[abade]
epoche (de), tijdperk (het)	мур	[mur]
era (de), tijdperk (het)	зама	[zama]
cyclus (de)	цикл	[tsikl]
periode (de)	мур	[mur]
termijn (vastgestelde periode)	хан	[han]
toekomst (de)	тӀедоӀу	[thedɔɣu]
toekomstig (bn)	тӀедоӀу	[thedɔɣu]
de volgende keer	тӀаьхьахула	[thæhahula]
verleden (het)	дӀадахнарг	[dəadahnarg]
vorig (bn)	дӀадахнар	[dəadahnar]
de vorige keer	тохар	[tɔhar]
later (bw)	тӀаккха	[thak:a]
na (~ het diner)	тӀаьхьа	[thæha]
tegenwoordig (bw)	хӀинца	[hintsa]
nu (bw)	хӀинцца	[hintsa]
onmiddellijk (bw)	хьем ца беш	[hem tsa beʃ]
snel (bw)	кеста	[kesta]
bij voorbaat (bw)	хьалхе	[halhe]
lang geleden (bw)	тоххара	[tɔhara]
kort geleden (bw)	дукха хан йоццуш	[duqa han jotsuʃ]
noodlot (het)	кхел	[qel]
herinneringen (mv.)	дицца далар	[ditsadalar]
archief (het)	архив	[arhiv]
tijdens ... (ten tijde van)	хеннахь ...	[heɳah]
lang (bw)	дукха	[duqa]
niet lang (bw)	дукха дац	[duqa dats]
vroeg (bijv. ~ in de ochtend)	хьалха	[halhə]
laat (bw)	тӀаьхьа	[thæha]
voor altijd (bw)	даиманна	[daimaɳa]
beginnen (ww)	доло	[dɔlɔ]
uitstellen (ww)	тӀаьхьадаккха	[thæhadak:a]
tegelijkertijd (bw)	цхьана хеннахь	[tshana heɳah]
voortdurend (bw)	даимлера	[daimlera]
constant (bijv. ~ lawaai)	хаддаза	[had:aza]
tijdelijk (bn)	ханна	[haɳa]
soms (bw)	наггахь	[nag:ah]
zelden (bw)	кеста ца хуьлу	[kesta tsa hylu]
vaak (bw)	кест-кеста	[kest kesta]

23. Tegenovergestelden

rijk (bn)	хьал долу	[hal dolu]
arm (bn)	къен	[qhen]
ziek (bn)	цомгуш	[tsomguʃ]
gezond (bn)	могуш	[moguʃ]
groot (bn)	доккха	[dɔk:a]
klein (bn)	жима	[ʒima]
snel (bw)	сиха	[siha]
langzaam (bw)	меллаша	[mel:aʃa]
snel (bn)	маса	[masa]
langzaam (bn)	меллаша	[mel:aʃa]
vrolijk (bn)	самукъане	[samuqhane]
treurig (bn)	гӏайгӏане	[ɣajɣane]
samen (bw)	цхьана	[tshana]
apart (bw)	къастина	[qhastina]
hardop (~ lezen)	хезаш	[hezaʃ]
stil (~ lezen)	ша-шена	[ʃa ʃəna]
hoog (bn)	лекха	[leqa]
laag (bn)	лоха	[lɔha]
diep (bn)	кӏоарга	[k:ɔarga]
ondiep (bn)	гомха	[gɔmha]
ja	хьаъ	[ha]
nee	хӏан-хӏа	[han ha]
ver (bn)	генара	[genara]
dicht (bn)	гергара	[gerg:ara]
ver (bw)	гена	[gena]
dichtbij (bw)	юххехь	[juheh]
lang (bn)	деха	[deha]
kort (bn)	доца	[dɔtsa]
vriendelijk (goedhartig)	дика	[dika]
kwaad (bn)	вон	[vɔn]
gehuwd (mann.)	зуда ялийна	[zuda jali:na]
ongehuwd (mann.)	зуд ялоза	[zud jalɔza]
verbieden (ww)	дехка	[dehka]
toestaan (ww)	магийта	[magi:ta]
einde (het)	чаккхе	[tʃak:e]
begin (het)	юьхь	[juh]

| linker (bn) | аьрру | [ær:u] |
| rechter (bn) | аьтту | [æt:u] |

| eerste (bn) | хьалхара | [halhara] |
| laatste (bn) | тlаьххьара | [thæhara] |

| misdaad (de) | зулам | [zulam] |
| bestraffing (de) | талзар | [taəzar] |

| bevelen (ww) | буьйр дан | [byjr dan] |
| gehoorzamen (ww) | муьтlахь хила | [mythah hila] |

| recht (bn) | нийса | [ni:sa] |
| krom (bn) | гона | [gɔna] |

| paradijs (het) | ялсамани | [jalsamani] |
| hel (de) | жоьжахати | [ʒøʒahati] |

| geboren worden (ww) | хила | [hila] |
| sterven (ww) | дала | [dala] |

| sterk (bn) | нуьцкъала | [nyʦqhala] |
| zwak (bn) | гlийла | [ɣi:la] |

| oud (bn) | къена | [qhena] |
| jong (bn) | къона | [qhɔna] |

| oud (bn) | тиша | [tiʃa] |
| nieuw (bn) | цlина | [ʦhina] |

| hard (bn) | чloarla | [ʧhɔaɣa] |
| zacht (bn) | кlеда | [k:eda] |

| warm (bn) | мела | [mela] |
| koud (bn) | шийла | [ʃi:la] |

| dik (bn) | стомма | [stɔm:a] |
| dun (bn) | оза | [ɔza] |

| smal (bn) | готта | [gɔt:a] |
| breed (bn) | шуьйра | [ʃyjra] |

| goed (bn) | дика | [dika] |
| slecht (bn) | вон | [vɔn] |

| moedig (bn) | майра | [majra] |
| laf (bn) | осала | [ɔsala] |

24. Lijnen en vormen

vierkant (het)	квадрат	[kvadrat]
vierkant (bn)	квадратан	[kvadratan]
cirkel (de)	го	[gɔ]
rond (bn)	горга	[gɔrga]

| driehoek (de) | кхосаберг | [qɔsaberg] |
| driehoekig (bn) | кхо са болу | [qɔ sa bolu] |

ovaal (het)	овал	[ɔval]
ovaal (bn)	овалан	[ɔvalan]
rechthoek (de)	нийса саберг	[ni:sa saberg]
rechthoekig (bn)	нийса сенаш долу	[ni:sa senaʃ dɔlu]

piramide (de)	пирамида	[piramida]
ruit (de)	ромб	[rɔmb]
trapezium (het)	трапеци	[trapetsi]
kubus (de)	куб	[kub]
prisma (het)	призма	[prizma]

omtrek (de)	хlоз	[hɔz]
bol, sfeer (de)	тlехула	[thehula]
bal (de)	горгал	[gɔrgal]
diameter (de)	диаметр	[diametr]
straal (de)	радиус	[radius]
omtrek (~ van een cirkel)	периметр	[perimetr]
middelpunt (het)	центр	[tsentr]

horizontaal (bn)	ана	[ana]
verticaal (bn)	ирх	[irh]
parallel (de)	параллель	[paral:eʎ]
parallel (bn)	параллельни	[paral:eʎni]

lijn (de)	сиз	[siz]
streep (de)	сиз	[siz]
rechte lijn (de)	нийсаниг	[ni:sanig]
kromme (de)	гома сиз	[gɔma siz]
dun (bn)	дуткъа	[dutqha]
omlijning (de)	гlаларт	[ɣalart]

snijpunt (het)	хадор	[hadɔr]
rechte hoek (de)	нийса саберг	[ni:sa saberg]
segment (het)	сегмент	[segment]
sector (de)	сектор	[sektɔr]
zijde (de)	arlo	[aɣɔ]
hoek (de)	са	[sa]

25. Meeteenheden

gewicht (het)	дозалла	[dɔzal:a]
lengte (de)	йохалла	[johal:a]
breedte (de)	шоралла	[ʃɔral:a]
hoogte (de)	лакхалла	[laqal:a]

diepte (de)	кlоргалла	[k:ɔrgal:a]
volume (het)	дукхалла	[duqal:a]
oppervlakte (de)	майда	[majda]

| gram (het) | грамм | [gram:] |
| milligram (het) | миллиграмм | [mil:igram:] |

33

kilogram (het)	килограмм	[kilɔgram:]
ton (duizend kilo)	тонна	[tɔŋa]
pond (het)	герка	[gerka]
ons (het)	унци	[untsi]

meter (de)	метр	[metr]
millimeter (de)	миллиметр	[mil:imetr]
centimeter (de)	сантиметр	[santimetr]
kilometer (de)	километр	[kilɔmetr]
mijl (de)	миля	[miʎa]

duim (de)	дюйм	[dyjm]
voet (de)	фут	[fut]
yard (de)	ярд	[jard]

| vierkante meter (de) | квадратни метр | [kvadratni metr] |
| hectare (de) | гектар | [gektar] |

liter (de)	литр	[litr]
graad (de)	градус	[gradus]
volt (de)	вольт	[vɔʎt]
ampère (de)	ампер	[amper]
paardenkracht (de)	говран ницкъ	[gɔvran nitsqh]

hoeveelheid (de)	дукхалла	[duqal:a]
een beetje ...	кӏезиг	[k:ezig]
helft (de)	ах	[ah]
dozijn (het)	цӏов	[tshɔv]
stuk (het)	цхьаъ	[tsha]

| afmeting (de) | барам | [baram] |
| schaal (bijv. ~ van 1 op 50) | масштаб | [masʃtab] |

minimaal (bn)	уггар кӏезиг	[ug:ar k:ezig]
minste (bn)	уггара кӏезигаха долу	[ug:ara k:ezigaha dɔlu]
medium (bn)	юккъера	[jukqhera]
maximaal (bn)	уггар дукха	[ug:ar duqa]
grootste (bn)	уггара дукхаха долу	[ug:ara duqaha dɔlu]

26. Containers

glazen pot (de)	банка	[baŋka]
blik (conserven~)	банка	[baŋka]
emmer (de)	ведар	[wedar]
ton (bijv. regenton)	боьшка	[bøʃka]

ronde waterbak (de)	тас	[tas]
tank (bijv. watertank-70-ltr)	бак	[bak]
heupfles (de)	фляжк	[fʎaʒk]
jerrycan (de)	канистр	[kanistr]
tank (bijv. ketelwagen)	цистерна	[tsisterna]

| beker (de) | кружка | [kruʒka] |
| kopje (het) | кад | [kad] |

schoteltje (het)	бошхап	[boʃhap]
glas (het)	стака	[staka]
wijnglas (het)	кад	[kad]
steelpan (de)	яй	[jaj]

| fles (de) | шиша | [ʃiʃa] |
| flessenhals (de) | бертиг | [bertig] |

karaf (de)	сурийла	[suri:la]
kruik (de)	кӀудал	[k:udal]
vat (het)	пхьерла	[pheɣa]
pot (de)	кхаба	[qaba]
vaas (de)	ваза	[vaza]

flacon (de)	флакон	[flakɔn]
flesje (het)	шиша	[ʃiʃa]
tube (bijv. ~ tandpasta)	тюбик	[tybik]

zak (bijv. ~ aardappelen)	гали	[gali]
tasje (het)	пакет	[paket]
pakje (~ sigaretten, enz.)	ботт	[bot:]

doos (de)	гӀутакх	[ɣutaq]
kist (de)	яьшка	[jaʃka]
mand (de)	тускар	[tuskar]

27. Materialen

materiaal (het)	коьчал	[køʧal]
hout (het)	дитт	[dit:]
houten (bn)	дечиган	[deʧigan]

| glas (het) | ангали | [aŋali] |
| glazen (bn) | ангалин | [aŋalin] |

| steen (de) | тӀулг | [thulg] |
| stenen (bn) | тӀулган | [thulgan] |

| plastic (het) | пластик | [plastik] |
| plastic (bn) | пластмассови | [plastmas:ɔwi] |

| rubber (het) | резина | [rezina] |
| rubber-, rubberen (bn) | резинин | [rezinin] |

| stof (de) | кӀади | [k:adi] |
| van stof (bn) | кӀадах | [k:adah] |

| papier (het) | кехат | [kehat] |
| papieren (bn) | кехатан | [kehatan] |

karton (het)	мужалт	[muʒalt]
kartonnen (bn)	мужалтан	[muʒaltan]
polyethyleen (het)	полиэтилен	[poliɛtilen]
cellofaan (het)	целлофан	[tsel:ɔfan]

multiplex (het)	фанера	[fanera]
porselein (het)	кӏайн кхийра	[k:ɑjn qi:ra]
porseleinen (bn)	кӏайчу кхийран	[k:ɑjʧu qi:ran]
klei (de)	поппар	[pɔp:ar]
klei-, van klei (bn)	кхийра	[qi:ra]
keramiek (de)	кхийра	[qi:ra]
keramieken (bn)	кхийран	[qi:ran]

28. Metalen

metaal (het)	металл	[metal:]
metalen (bn)	металлан	[metal:an]
legering (de)	лалам	[lalam]
goud (het)	деши	[deʃi]
gouden (bn)	дашо	[daʃo]
zilver (het)	дети	[deti]
zilveren (bn)	дато	[datɔ]
IJzer (het)	эчиг	[ɛʧig]
IJzeren (bn)	аьчка	[æʧka]
staal (het)	болат	[bɔlat]
stalen (bn)	болатан	[bɔlatan]
koper (het)	цӏаста	[tshasta]
koperen (bn)	цӏастан	[tshastan]
aluminium (het)	наштар	[naʃtar]
aluminium (bn)	наштаран	[naʃtaran]
brons (het)	борза	[bɔrza]
bronzen (bn)	борзанан	[bɔrzanan]
messing (het)	латунь	[latuɲ]
nikkel (het)	никель	[nikeʎ]
platina (het)	кӏайн деши	[k:ɑjn deʃi]
kwik (het)	гинсу	[ginsu]
tin (het)	гӏели	[ɣeli]
lood (het)	даш	[daʃ]
zink (het)	цинк	[tsiŋk]

MENS

Mens. Het lichaam

29. Mensen. Basisbegrippen

mens (de)	стаг	[stag]
man (de)	боьрша стаг	[børʃa stag]
vrouw (de)	зуда	[zuda]
kind (het)	бер	[ber]
meisje (het)	жима йоl	[ʒima joə]
jongen (de)	кlант	[k:ant]
tiener, adolescent (de)	кхиазхо	[qiazho]
oude man (de)	воккха стаг	[vɔk:a stag]
oude vrouw (de)	йоккха стаг	[jok:a stag]

30. Menselijke anatomie

organisme (het)	организм	[ɔrganizm]
hart (het)	дог	[dɔg]
bloed (het)	цlий	[tʃhi;]
slagader (de)	дегапха	[degapha]
ader (de)	пха	[pha]
hersenen (mv.)	хье	[he]
zenuw (de)	нерв	[nerv]
zenuwen (mv.)	нерваш	[nervaʃ]
wervel (de)	букъдаьlахк	[buqhdææahk]
ruggengraat (de)	букъсурт	[buqhsurt]
maag (de)	хьер	[her]
darmen (mv.)	чуьйраш	[tʃyjraʃ]
darm (de)	йоьхь	[jøh]
lever (de)	доlax	[dɔəah]
nier (de)	члениг	[tʃhenig]
been (deel van het skelet)	даьlахк	[dææahk]
skelet (het)	скелет	[skelet]
rib (de)	пlенда	[phenda]
schedel (de)	туьта	[tyta]
spier (de)	дилха	[dilha]
biceps (de)	пхьаьрсан пхьид	[phærsan phid]
triceps (de)	трицепс	[tritseps]
pees (de)	хьорзам	[hɔrzam]
gewricht (het)	хоттар	[hot:ar]

longen (mv.)	пехаш	[pehaʃ]
geslachtsorganen (mv.)	стен-боьршаллин органаш	[sten børʃal:in ɔrganaʃ]
huid (de)	цӀока	[tshɔka]

31. Hoofd

hoofd (het)	корта	[kɔrta]
gezicht (het)	юьхь	[juh]
neus (de)	мара	[mara]
mond (de)	бага	[baga]

oog (het)	бӀаьрга	[bæærga]
ogen (mv.)	бӀаьргаш	[bæærgaʃ]
pupil (de)	йолбӀаьрг	[joebæærg]
wenkbrauw (de)	цӀоцкъам	[tshɔtsqham]
wimper (de)	бӀарган неӀларийн чоьш	[beargan neɣari:n ʧøʃ]
ooglid (het)	бӀаьрганеӀлар	[bæærganeɣar]

tong (de)	мотт	[mɔt:]
tand (de)	церг	[tserg]
lippen (mv.)	балдаш	[baldaʃ]
jukbeenderen (mv.)	бӀаьрадаьлахкаш	[bææradæeahkaʃ]
tandvlees (het)	доьлаш	[dølaʃ]
gehemelte (het)	стигал	[stigal]

neusgaten (mv.)	меран Ӏуьргаш	[meran əyrgaʃ]
kin (de)	члениг	[ʧhenig]
kaak (de)	мочхал	[mɔʧhal]
wang (de)	бесни	[besni]
voorhoofd (het)	хьаж	[haʒ]
slaap (de)	лергаюх	[lergajuh]
oor (het)	лерг	[lerg]
achterhoofd (het)	кӀесаркӀаг	[k:esark:ag]
hals (de)	ворта	[vɔrta]
keel (de)	къамкъарг	[qhamqharg]

haren (mv.)	месаш	[mesaʃ]
kapsel (het)	тойина месаш	[tojina mesaʃ]
haarsnit (de)	месаш дӀахедор	[mesaʃ dəahedɔr]
pruik (de)	парик	[parik]

snor (de)	мекхаш	[meqaʃ]
baard (de)	маж	[maʒ]
dragen (een baard, enz.)	лело	[lelɔ]
vlecht (de)	кӀажар	[k:aʒar]
bakkebaarden (mv.)	бакенбардаш	[bakenbardaʃ]

ros (roodachtig, rossig)	хьаьрса	[hæærsa]
grijs (~ haar)	къоьжа	[qhøʒa]
kaal (bn)	кӀунзал	[k:unzal]
kale plek (de)	кӀунзал	[k:unzal]
paardenstaart (de)	цӀога	[tshɔga]
pony (de)	кӀужал	[k:uʒal]

32. Menselijk lichaam

hand (de)	тӀара	[tharɑ]
arm (de)	куьйг	[kyjg]

vinger (de)	пӏелг	[phelg]
duim (de)	нана пӏелг	[nɑnɑ phelg]
pink (de)	цӏаза-пӏелг	[tshɑzɑ phelg]
nagel (de)	мӏара	[meɑrɑ]

vuist (de)	буй	[buj]
handpalm (de)	кераюкъ	[kerɑjuqh]
pols (de)	куьйган хьакхолг	[kyjgɑn hɑqɔlg]
voorarm (de)	пхьарс	[phɑrs]
elleboog (de)	гола	[gɔlɑ]
schouder (de)	белш	[belʃ]

been (rechter ~)	ког	[kɔg]
voet (de)	коган кӏело	[kɔgɑn k:elɔ]
knie (de)	гола	[gɔlɑ]
kuit (de)	пхьид	[phid]
heup (de)	варе	[vɑre]
hiel (de)	кӏажа	[k:ɑʒɑ]

lichaam (het)	дерӏ	[deɣ]
buik (de)	гай	[gɑj]
borst (de)	накха	[nɑqɑ]
borst (de)	накха	[nɑqɑ]
zijde (de)	арло	[ɑɣɔ]
rug (de)	букъ	[buqh]
lage rug (de)	хоттарш	[hot:arʃ]
taille (de)	гӏодаюкъ	[ɣɔdɑjuqh]

navel (de)	цӏонга	[tshɔŋɑ]
billen (mv.)	хенан маьлиг	[henɑn mæəig]
achterwerk (het)	тӀехье	[thehe]

huidvlek (de)	кӏеда	[k:edɑ]
moedervlek (de)	минга	[miŋɑ]
tatoeage (de)	дагар	[dɑgɑr]
litteken (het)	мо	[mɔ]

Kleding en accessoires

33. Bovenkleding. Jassen

kleren (mv.), kleding (de)	бедар	[bedar]
bovenkleding (de)	тlехула юху бедар	[thehula juhu bedar]
winterkleding (de)	Iаьнан барзакъ	[aænan barzaqh]
jas (de)	пальто	[paʌtɔ]
bontjas (de)	кетар	[ketar]
bontjasje (het)	йоца кетар	[jotsa ketar]
donzen jas (de)	месийн гоь	[mesi:n gø]
jasje (bijv. een leren ~)	куртка	[kurtka]
regenjas (de)	плащ	[plaɕ]
waterdicht (bn)	хи чекх ца долу	[hi tʃeq tsa dɔlu]

34. Heren & dames kleding

overhemd (het)	коч	[kotʃ]
broek (de)	хеча	[hetʃa]
jeans (de)	джинсаш	[dʒinsaʃ]
colbert (de)	пиджак	[pidʒak]
kostuum (het)	костюм	[kɔstym]
jurk (de)	бедар	[bedar]
rok (de)	юпка	[jupka]
blouse (de)	блузка	[bluzka]
wollen vest (de)	кофта	[kɔfta]
blazer (kort jasje)	жакет	[ʒaket]
T-shirt (het)	футболк	[futbɔlk]
shorts (mv.)	шорташ	[ʃortaʃ]
trainingspak (het)	спортан костюм	[sportan kɔstym]
badjas (de)	оба	[ɔba]
pyjama (de)	пижама	[piʒama]
sweater (de)	свитер	[switer]
pullover (de)	пуловер	[pulɔwer]
gilet (het)	жилет	[ʒilet]
rokkostuum (het)	фрак	[frak]
smoking (de)	смокинг	[smɔkiŋ]
uniform (het)	форма	[fɔrma]
werkkleding (de)	белхан бедар	[belhan bedar]
overall (de)	комбинезон	[kɔmbinezɔn]
doktersjas (de)	оба	[ɔba]

35. Kleding. Ondergoed

ondergoed (het)	чухулаюху хӀуманаш	[ʧuhulajuhu humanaʃ]
onderhemd (het)	майка	[majka]
sokken (mv.)	пазаташ	[pazataʃ]
nachthemd (het)	вуьжуш юху коч	[vyʒuʃ juhu kotʃ]
beha (de)	бюстгалтер	[bystgalter]
kniekousen (mv.)	пазаташ	[pazataʃ]
panty (de)	колготкаш	[kɔlgotkaʃ]
nylonkousen (mv.)	пазаташ	[pazataʃ]
badpak (het)	луьйчушъюхург	[lyjʧuʃjuhurg]

36. Hoofddeksels

hoed (de)	куй	[kuj]
deukhoed (de)	шляпа	[ʃʎapa]
honkbalpet (de)	бейсболк	[bejsbɔlk]
kleppet (de)	кепка	[kepka]
baret (de)	берет	[beret]
kap (de)	бошлакх	[bɔʃlaq]
panamahoed (de)	панамка	[panamka]
gebreide muts (de)	юьйцина куй	[jujtsina kuj]
hoofddoek (de)	йовлакх	[jovlaq]
dameshoed (de)	шляпин цуьрг	[ʃʎapin tsyrg]
veiligheidshelm (de)	каска	[kaska]
veldmuts (de)	пилотка	[pilɔtka]
helm, valhelm (de)	гӀем	[ɣem]
bolhoed (de)	яй	[jaj]
hoge hoed (de)	цилиндр	[tsilindr]

37. Schoeisel

schoeisel (het)	мача	[matʃa]
schoenen (mv.)	батенкаш	[batenkaʃ]
vrouwenschoenen (mv.)	туфлеш	[tufleʃ]
laarzen (mv.)	эткаш	[ɛtkaʃ]
pantoffels (mv.)	кӀархаш	[k:arhaʃ]
sportschoenen (mv.)	красовкаш	[krasɔvkaʃ]
sneakers (mv.)	кеди	[kedi]
sandalen (mv.)	сандалеш	[sandaleʃ]
schoenlapper (de)	эткийн пхьар	[ɛtki:n phar]
hiel (de)	кӀажа	[k:aʒa]
paar (een ~ schoenen)	шиъ	[ʃi]
veter (de)	чимчаргӀа	[ʧimtʃarɣa]

rijgen (schoenen ~)	чимчаргӀа дӀадехка	[tʃimtʃarɣa dəadehka]
schoenlepel (de)	лайг	[əajg]
schoensmeer (de/het)	мачийн крем	[matʃiːn krem]

38. Textiel. Weefsel

katoen (de/het)	бамба	[bamba]
katoenen (bn)	бамбан	[bamban]
vlas (het)	вета	[weta]
vlas-, van vlas (bn)	ветан	[wetan]

zijde (de)	чилла	[tʃilːa]
zijden (bn)	чилланан	[tʃilːanan]
wol (de)	тӀапрӀа	[tharɣa]
wollen (bn)	тӀепрӀан	[therɣan]

fluweel (het)	бархат	[barhat]
suède (de)	замша	[zamʃa]
ribfluweel (het)	хут	[hut]

nylon (de/het)	нейлон	[nejlɔn]
nylon-, van nylon (bn)	нейлонан	[nejlɔnan]
polyester (het)	полиэстер	[pɔliɛster]
polyester- (abn)	полиэстеран	[pɔliɛsteran]

leer (het)	тӀаьрсиг	[thærsig]
leren (van leer gemaak)	тӀаьрсиган	[thærsigan]
bont (het)	чо	[tʃo]
bont- (abn)	чо болу	[tʃo bɔlu]

39. Persoonlijke accessoires

handschoenen (mv.)	карнаш	[karnaʃ]
wanten (mv.)	каранаш	[karanaʃ]
sjaal (fleece ~)	шарф	[ʃarf]

bril (de)	куьзганаш	[kyzganaʃ]
brilmontuur (het)	куьзганийн гура	[kyzganiːn gurn]
paraplu (de)	зонтик	[zɔntik]
wandelstok (de)	Ӏасалг	[əasalg]
haarborstel (de)	щётка	[ɕɔtka]
waaier (de)	мохтухург	[mɔhtuhurg]

das (de)	галстук	[galstuk]
strikje (het)	галстук-бабочка	[galstuk babɔtʃka]
bretels (mv.)	доьхкарш	[døhkarʃ]
zakdoek (de)	мерах хьокху йовлакх	[merah hɔqu jovlaq]

kam (de)	ехк	[ehk]
haarspeldje (het)	маха	[maha]
schuifspeldje (het)	мӀара	[məara]
gesp (de)	кӀега	[kːega]

| broekriem (de) | доьхка | [døhka] |
| draagriem (de) | бухка | [buhka] |

handtas (de)	тӏормиг	[thɔrmig]
damestas (de)	тӏормиг	[thɔrmig]
rugzak (de)	рюкзак	[rykzak]

40. Kleding. Diversen

mode (de)	мода	[mɔda]
de mode (bn)	модехь долу	[mɔdeh dɔlu]
kledingstilist (de)	модельхо	[mɔdeʎhɔ]

kraag (de)	кач	[katʃ]
zak (de)	киса	[kisa]
zak- (abn)	кисанан	[kisanan]
mouw (de)	пхьош	[phɔʃ]
lusje (het)	лалам	[lalam]
gulp (de)	ширинка	[ʃiriŋka]

rits (de)	дорӏа	[dɔɣa]
sluiting (de)	туьйдарг	[tyjdarg]
knoop (de)	нуьйда	[nyjda]
knoopsgat (het)	туьйдарг	[tyjdarg]
losraken (bijv. knopen)	дӏадала	[dəadala]

naaien (kleren, enz.)	тега	[tega]
borduren (ww)	дага	[daga]
borduursel (het)	дагар	[dagar]
naald (de)	маха	[maha]
draad (de)	тай	[taj]
naad (de)	эвна	[ɛvna]

vies worden (ww)	бехдала	[behdala]
vlek (de)	таммаrӏа	[tam:aɣa]
gekreukt raken (ov. kleren)	хьерча	[hertʃa]
scheuren (ov.ww.)	датӏо	[dathɔ]
mot (de)	неца	[netsa]

41. Persoonlijke verzorging. Schoonheidsmiddelen

tandpasta (de)	цергийн паста	[tsergi:n pasta]
tandenborstel (de)	цергийг щётка	[tsergi:g ɕatka]
tanden poetsen (ww)	цергаш цӏанъян	[tsergaʃ tshanʰjan]

scheermes (het)	урс	[urs]
scheerschuim (het)	маж йошуш хьокху крем	[maʒ jɔʃuʃ hɔqu krem]
zich scheren (ww)	даша	[daʃa]

zeep (de)	саба	[saba]
shampoo (de)	шампунь	[ʃampuɲ]
schaar (de)	тукар	[tukar]

43

nagelvijl (de)	ков	[kɔv]
nagelknipper (de)	маӀраш йоху морзах	[maeraʃ johu mɔrzah]
pincet (het)	пинцет	[pintset]

cosmetica (de)	косметика	[kɔsmetika]
masker (het)	маска	[maska]
manicure (de)	маникюр	[manikyr]
manicure doen	маникюр ян	[manikyr jan]
pedicure (de)	педикюр	[pedikyr]

cosmetica tasje (het)	косметичка	[kɔsmetitʃka]
poeder (de/het)	пудра	[pudra]
poederdoos (de)	пудрадухкург	[pudraduhkurg]
rouge (de)	цӀен басарш	[tshen basarʃ]

parfum (de/het)	духӀи	[duhi]
eau de toilet (de)	туалетан хи	[tualetan hi]
lotion (de)	лосьон	[lɔsʲɔn]
eau de cologne (de)	laтӀap	[əathar]

oogschaduw (de)	тенеш	[teneʃ]
oogpotlood (het)	бӀаргах хьокху къолам	[beargah hɔqu qhɔlam]
mascara (de)	тушь	[tuʃ]

lippenstift (de)	балдех хьокху хьакхар	[baldeh hɔqu haqar]
nagellak (de)	маӀрат хьокху лак	[maerat hɔqu lak]
haarlak (de)	месашт хьокху лак	[mesaʃt hɔqu lak]
deodorant (de)	дезодарант	[dezɔdarant]

crème (de)	крем	[krem]
gezichtscrème (de)	юьхьах хьокху крем	[juhah hɔqu krem]
handcrème (de)	куьйгах хьокху крем	[kyjgah hɔqu krem]
antirimpelcrème (de)	хершнаш дуьхьал крем	[herʃnaʃ dyhal krem]
dag- (abn)	дийнан	[di:nan]
nacht- (abn)	буьйсанан	[byjsanan]

tampon (de)	тампон	[tampɔn]
toiletpapier (het)	хьаштаӀан кехат	[haʃtaɣan kehat]
föhn (de)	месашъякъорг	[mesaʃʲjaqhɔrg]

42. Juwelen

sieraden (mv.)	мехела хӀума	[mehela huma]
edel (bijv. ~ stenen)	мехала	[mehala]
keurmerk (het)	цӀеналла	[tshenal:a]

ring (de)	чӀуг	[tʃhug]
trouwring (de)	тӀорд	[thɔrd]
armband (de)	хӀоз	[hɔz]

oorringen (mv.)	чӀагарш	[tʃhagarʃ]
halssnoer (het)	туьтеш	[tyteʃ]
kroon (de)	таж	[taʒ]
kralen snoer (het)	туьтеш	[tyteʃ]

diamant (de)	бриллиант	[bril:iant]
smaragd (de)	изумруд	[izumrud]
robijn (de)	цlен алмаз	[ʦhen almaz]
saffier (de)	сапфир	[sapfir]
parel (de)	жовхlар	[ʒɔvhar]
barnsteen (de)	янтар	[jantar]

43. Horloges. Klokken

polshorloge (het)	пхьаьрсах доьхку сахьт	[phærsah døhku saht]
wijzerplaat (de)	циферблат	[ʦiferblat]
wijzer (de)	сахьтан цамза	[sahtan ʦamza]
metalen horlogeband (de)	сахьтан хlоз	[sahtan hɔz]
horlogebandje (het)	ремешок	[remeʃɔk]

batterij (de)	батарейка	[batarejka]
leeg zijn (ww)	охьахаа	[ɔhaha:]
batterij vervangen	хийца	[hi:ʦa]
voorlopen (ww)	сихадала	[sihadala]
achterlopen (ww)	тlехь лела	[theh lela]

wandklok (de)	пенах уллу сахьт	[penah ul:u saht]
zandloper (de)	гlамаран сахьт	[ɣamaran saht]
zonnewijzer (de)	маьлхан сахьт	[mælhan saht]
wekker (de)	сомавоккху сахьт	[sɔmavɔk:u saht]
horlogemaker (de)	сахьтийн пхьар	[sahti:n phar]
repareren (ww)	тадан	[tadan]

Voedsel. Voeding

44. Voedsel

vlees (het)	жижиг	[ʒiʒig]
kip (de)	котам	[kɔtam]
kuiken (het)	кӏорни	[kːɔrni]
eend (de)	бад	[bad]
gans (de)	гӏаз	[ɣaz]
wild (het)	экха	[ɛqa]
kalkoen (de)	москал-котам	[mɔskal kɔtam]
varkensvlees (het)	хьакхин жижиг	[haqin ʒiʒig]
kalfsvlees (het)	эсан жижиг	[ɛsan ʒiʒig]
schapenvlees (het)	уьстагӏан жижиг	[ystaɣan ʒiʒig]
rundvlees (het)	бежанан жижиг	[beʒanan ʒiʒig]
konijnenvlees (het)	пхьагал	[phagal]
worst (de)	марш	[marʃ]
saucijs (de)	йоьхь	[jøh]
spek (het)	бекон	[bekɔn]
ham (de)	дакъийна хьакхин жижиг	[daqhiːna haqin ʒiʒig]
gerookte achterham (de)	хьакхин гӏогӏ	[haqin ɣɔɣ]
paté, pastei (de)	паштет	[paʃtet]
lever (de)	долах	[dɔəah]
varkensvet (het)	хьакхин дума	[haqin duma]
gehakt (het)	аьхьана жижиг	[æhana ʒiʒig]
tong (de)	мотт	[mɔtː]
ei (het)	хӏоа	[hɔa]
eieren (mv.)	хӏоаш	[hɔaʃ]
eiwit (het)	кӏайн хӏоа	[kːajn hɔa]
eigeel (het)	буьйра	[byjra]
vis (de)	чӏара	[ʧharə]
zeevruchten (mv.)	хӏордан сурсаташ	[hɔrdan sursataʃ]
kaviaar (de)	зирх	[zirh]
krab (de)	краб	[krab]
garnaal (de)	креветка	[krewetka]
oester (de)	устрица	[ustritsa]
langoest (de)	лангуст	[laŋust]
octopus (de)	бархӏкогберг	[barhkɔgberg]
inktvis (de)	кальмар	[kaʎmar]
steur (de)	иргӏу	[irɣu]
zalm (de)	лосось	[lɔsɔsʲ]
heilbot (de)	палтус	[paltus]
kabeljauw (de)	треска	[treska]

makreel (de)	скумбри	[skumbri]
tonijn (de)	тунец	[tunets]
paling (de)	жIаьлIин чIара	[ʒeælin ʧhara]

forel (de)	бакъ чIара	[baqh ʧhara]
sardine (de)	сардина	[sardina]
snoek (de)	гIазкхийн чIара	[ɣazqi:n ʧhara]
haring (de)	сельдь	[seʌdʲ]

brood (het)	бепиг	[bepig]
kaas (de)	нехча	[nehʧa]
suiker (de)	шекар	[ʃekar]
zout (het)	туьха	[tyha]

rijst (de)	дуга	[duga]
pasta (de)	макаронаш	[makarɔnaʃ]
noedels (mv.)	гарзанаш	[garzanaʃ]

boter (de)	налха	[nalha]
plantaardige olie (de)	ораматийн даьтта	[ɔramati:n dæt:a]
zonnebloemolie (de)	хIун даьтта	[hun dæt:a]
margarine (de)	маргарин	[margarin]

| olijven (mv.) | оливкаш | [ɔlivkaʃ] |
| olijfolie (de) | оливкан даьтта | [ɔlivkan dæt:a] |

melk (de)	шура	[ʃura]
gecondenseerde melk (de)	юкъйина шура	[juqhjına ʃura]
yoghurt (de)	йогурт	[jogurt]
zure room (de)	тIо	[thɔ]
room (de)	гIаймакх	[ɣajmaq]

| mayonaise (de) | майнез | [majnez] |
| crème (de) | крем | [krem] |

graan (het)	Iов	[əɔv]
meel (het), bloem (de)	дама	[dama]
conserven (mv.)	консерваш	[kɔnservaʃ]

maïsvlokken (mv.)	хьаьжкIийн чуьппалгаш	[hæʒk:i:n ʧyp:algaʃ]
honing (de)	моз	[mɔz]
jam (de)	джем	[ʤem]
kauwgom (de)	серлаз	[seɣaz]

45. Drankjes

water (het)	хи	[hi]
drinkwater (het)	молу хи	[mɔlu hi]
mineraalwater (het)	дарбане хи	[darbane hi]

zonder gas	газ йоцуш	[gaz jotsuʃ]
koolzuurhoudend (bn)	газ тоьхна	[gaz tøhna]
bruisend (bn)	газ йолуш	[gaz joluʃ]
IJs (het)	ша	[ʃa]

met ijs	ша болуш	[ʃa boluʃ]
alcohol vrij (bn)	алкоголь йоцу	[alkɔgɔʎ jotsu]
alcohol vrije drank (de)	алкоголь йоцу маларш	[alkɔgɔʎ jotsu malarʃ]
frisdrank (de)	хьогаллин малар	[hɔgal:in malar]
limonade (de)	лимонад	[limɔnad]

alcoholische dranken (mv.)	алкоголь йолу маларш	[alkɔgɔʎ jolu malarʃ]
wijn (de)	чагар	[ʧaɣar]
witte wijn (de)	кӀай чагар	[k:aj ʧaɣar]
rode wijn (de)	цӀен чагар	[tshen ʧaɣar]

likeur (de)	ликёр	[likзr]
champagne (de)	шампански	[ʃampanski]
vermout (de)	вермут	[wermut]

whisky (de)	виски	[wiski]
wodka (de)	къаьракъа	[qhæraqha]
gin (de)	джин	[dʒin]
cognac (de)	коньяк	[kɔɲjak]
rum (de)	ром	[rɔm]

koffie (de)	къахьо	[qhahɔ]
zwarte koffie (de)	Ӏаьржа къахьо	[əærʒa qhahɔ]
koffie (de) met melk	шура тоьхна къахьо	[ʃura tøhna qhahɔ]
cappuccino (de)	гӀаймакх тоьхна къахьо	[ɣajmaq tøhna qhahɔ]
oploskoffie (de)	дешаш долу къахьо	[deʃaʃ dɔlu qhahɔ]

melk (de)	шура	[ʃura]
cocktail (de)	коктейль	[kɔktejʎ]
milkshake (de)	шурин коктейль	[ʃurin kɔktejʎ]

sap (het)	мутта	[mut:a]
tomatensap (het)	помидорийн мутта	[pɔmidɔri:n mut:a]
sinaasappelsap (het)	апельсинан мутта	[apeʎsinan mut:a]
vers geperst sap (het)	керла йаккха мутта	[kerla jak:a mut:a]

bier (het)	йий	[ji:]
licht bier (het)	сирла йий	[sirla ji:]
donker bier (het)	Ӏаьржа йий	[əærʒa ji:]

thee (de)	чай	[ʧaj]
zwarte thee (de)	Ӏаьржа чай	[əæɹʒu ʧuʃ]
groene thee (de)	баьццара чай	[bætsara ʧaj]

46. Groenten

groenten (mv.)	хасстоьмаш	[has:tømaʃ]
verse kruiden (mv.)	гӀабуц	[ɣabuts]

tomaat (de)	помидор	[pɔmidɔr]
augurk (de)	наьрс	[nærs]
wortel (de)	жӀонка	[ʒəɔŋka]
aardappel (de)	картол	[kartɔl]
ui (de)	хох	[hoh]

knoflook (de)	саьрмасекх	[særmɑseq]
kool (de)	копаста	[kɔpɑstɑ]
bloemkool (de)	къорза копаста	[qhɔrzɑ kɔpɑstɑ]
spruitkool (de)	брюссельски копаста	[brys:eʌ́ski kɔpɑstɑ]
broccoli (de)	брокколи копаст	[brɔk:ɔli kɔpɑst]

rode biet (de)	бурак	[burɑk]
aubergine (de)	баклажан	[bɑklɑʒɑn]
courgette (de)	кабачок	[kɑbɑʧɔk]
pompoen (de)	гӀабакх	[ɣɑbɑq]
raap (de)	хорсам	[horsɑm]

peterselie (de)	чам-буц	[ʧɑm buts]
dille (de)	оччам	[ɔʧɑm]
sla (de)	салат	[sɑlɑt]
selderij (de)	сельдерей	[seʌ́derej]
asperge (de)	спаржа	[spɑrʒɑ]
spinazie (de)	шпинат	[ʃpinɑt]

erwt (de)	кхоьш	[qøʃ]
bonen (mv.)	кхоьш	[qøʃ]
maïs (de)	хьаьжкӀа	[hæʒk:ɑ]
boon (de)	кхоь	[qø]

peper (de)	бурч	[burʧ]
radijs (de)	цӀен хорсам	[tshen horsɑm]
artisjok (de)	артишок	[artiʃɔk]

47. Vruchten. Noten

vrucht (de)	стом	[stɔm]
appel (de)	Ӏаж	[əɑʒ]
peer (de)	кхор	[qɔr]
citroen (de)	лимон	[limɔn]
sinaasappel (de)	апельсин	[apeʌ́sin]
aardbei (de)	цӀазам	[tshɑzɑm]

mandarijn (de)	мандарин	[mɑndɑrin]
pruim (de)	хьач	[haʧ]
perzik (de)	гӀаммагӀа	[ɣɑm:ɑɣɑ]
abrikoos (de)	туьрк	[tyrk]
framboos (de)	комар	[kɔmɑr]
ananas (de)	ананас	[ɑnɑnɑs]

banaan (de)	банан	[bɑnɑn]
watermeloen (de)	хорбаз	[horbɑz]
druif (de)	кемсаш	[kemsɑʃ]
kers (de)	балл	[bɑl:]
meloen (de)	гӀабакх	[ɣɑbɑq]

grapefruit (de)	грейпфрут	[grejpfrut]
avocado (de)	авокадо	[avɔkɑdɔ]
papaja (de)	папайя	[pɑpɑjɑ]
mango (de)	манго	[mɑŋɔ]

granaatappel (de)	гранат	[granat]
rode bes (de)	цlен кхезарш	[ʦhen qezarʃ]
zwarte bes (de)	lаьржа кхезарш	[əærʒa qezarʃ]
kruisbes (de)	кlудалгаш	[k:udalgaʃ]
bosbes (de)	lаьржа балл	[əærʒa bal:]
braambes (de)	мангалкомар	[maŋalkɔmar]

rozijn (de)	кишмаш	[kiʃmaʃ]
vijg (de)	инжир	[inʒir]
dadel (de)	хурма	[hurma]

pinda (de)	орахис	[ɔrahis]
amandel (de)	миндаль	[mindaʎ]
walnoot (de)	бочаблар	[bɔʧabəar]
hazelnoot (de)	хlунан блар	[hunan bəar]
kokosnoot (de)	кокосови блар	[kɔkɔsɔwi bəar]
pistaches (mv.)	фисташкаш	[fistaʃkaʃ]

48. Brood. Snoep

suikerbakkerij (de)	кхачанан хlуманаш	[qaʧanan humanaʃ]
brood (het)	бепиг	[bepig]
koekje (het)	пичени	[piʧeni]

chocolade (de)	шоколад	[ʃɔkɔlad]
chocolade- (abn)	шоколадан	[ʃɔkɔladan]
snoepje (het)	кемпет	[kempet]
cakeje (het)	пирожни	[pirɔʒni]
taart (bijv. verjaardags~)	торт	[tɔrt]

pastei (de)	чуда	[ʧuda]
vulling (de)	чуйоьллинарг	[ʧujøl:inarg]

confituur (de)	варени	[vareni]
marmelade (de)	мармелад	[marmelad]
wafel (de)	вафлеш	[vafleʃ]
IJsje (het)	морожени	[mɔrɔʒeni]

49. Bereide gerechten

gerecht (het)	даар	[da:r]
keuken (bijv. Franse ~)	даарш	[da:rʃ]
recept (het)	рецепт	[reʦept]
portie (de)	порци	[pɔrʦi]

salade (de)	салат	[salat]
soep (de)	чорпа	[ʧɔrpa]

bouillon (de)	чорпа	[ʧɔrpa]
boterham (de)	бутерброд	[buterbrɔd]
spiegelei (het)	хlоаш	[hɔaʃ]
hamburger (de)	котлет	[kɔtlet]

hamburger (de)	гамбургер	[gamburger]
biefstuk (de)	бифштекс	[bifʃteks]
hutspot (de)	гӀурма	[ɣurma]

garnering (de)	гарнир	[garnir]
spaghetti (de)	спагетти	[spaget:i]
aardappelpuree (de)	картолийн худар	[kartoli:n hudar]
pizza (de)	пицца	[pitsa]
pap (de)	худар	[hudar]
omelet (de)	омлет	[ɔmlet]

gekookt (in water)	кхехкийна	[qehki:na]
gerookt (bn)	кхаьгна	[qægna]
gebakken (bn)	кхерзина	[qerzina]
gedroogd (bn)	дакъийна	[daqhi:na]
diepvries (bn)	гӀорийна	[ɣori:na]
gemarineerd (bn)	берамала доьллина	[beramala døl:ina]

zoet (bn)	мерза	[merza]
gezouten (bn)	дуьра	[dyra]
koud (bn)	шийла	[ʃi:la]
heet (bn)	довха	[dɔvha]
bitter (bn)	къаьхьа	[qhæha]
lekker (bn)	чоме	[tʃɔme]

koken (in kokend water)	кхехко	[qehkɔ]
bereiden (avondmaaltijd ~)	кечдан	[ketʃdan]
bakken (ww)	кхарза	[qarza]
opwarmen (ww)	дохдан	[dɔhdan]

zouten (ww)	туьха таса	[tyha tasa]
peperen (ww)	бурч таса	[burtʃ tasa]
raspen (ww)	сатоха	[satɔha]
schil (de)	чкъуьйриг	[tʃqhyjrig]
schillen (ww)	цӀанъян	[tshanʰjan]

50. Kruiden

zout (het)	туьха	[tyha]
gezouten (bn)	дуьра	[dyra]
zouten (ww)	туьха таса	[tyha tasa]

zwarte peper (de)	Ӏаьржа бурч	[əærʒa burtʃ]
rode peper (de)	цӀен бурч	[tshen burtʃ]
mosterd (de)	кӀолла	[k:ɔl:a]
mierikswortel (de)	кӀон орам	[k:ɔn ɔram]

condiment (het)	чамбийриг	[tʃambi:rig]
specerij , kruiderij (de)	мерза юург	[merza ju:rg]
saus (de)	берам	[beram]
azijn (de)	къонза	[qhɔnza]

anijs (de)	анис	[anis]
basilicum (de)	базилик	[bazilik]

kruidnagel (de)	гвоздика	[gvɔzdika]
gember (de)	lамбар	[əambar]
koriander (de)	кориандр	[kɔriandr]
kaneel (de/het)	корица	[kɔritsa]

sesamzaad (het)	кунжут	[kunʒut]
laurierblad (het)	лавран rla	[lavran ɣa]
paprika (de)	паприка	[paprika]
komijn (de)	циц	[tsits]
saffraan (de)	шафран	[ʃafran]

51. Maaltijden

eten (het)	даар	[da:r]
eten (ww)	яаа	[ja::]

ontbijt (het)	марта	[marta]
ontbijten (ww)	марта даа	[marta da:]
lunch (de)	делкъан кхача	[delqhan qatʃa]
lunchen (ww)	делкъана хlума яа	[delqhana huma ja:]
avondeten (het)	пхьор	[phɔr]
souperen (ww)	пхьор дан	[phɔr dan]

eetlust (de)	аппетит	[ap:etit]
Eet smakelijk!	Гоза дойла!	[ɣɔza dɔi:la]

openen (een fles ~)	схьаела	[shaela]
morsen (koffie, enz.)	lано	[əanɔ]
zijn gemorst	lана	[əana]

koken (water kookt bij 100°C)	кхехка	[qehka]
koken (Hoe om water te ~)	кхехко	[qehkɔ]
gekookt (~ water)	кхехкийна	[qehki:na]

afkoelen (koeler maken)	шелдан	[ʃəldan]
afkoelen (koeler worden)	шелдала	[ʃəldala]

smaak (de)	чам	[tʃam]
nasmaak (de)	кхин чам	[qin tʃam]

volgen een dieet	аздала	[azdala]
dieet (het)	диета	[dieta]
vitamine (de)	втамин	[vtamin]
calorie (de)	калорий	[kalɔri:]

vegetariër (de)	дилхазахо	[dilhazaho]
vegetarisch (bn)	дилхаза	[dilhaza]

vetten (mv.)	дилхдаьтта	[dilhdæt:a]
eiwitten (mv.)	кlайн хlоа	[k:ajn hɔa]
koolhydraten (mv.)	углеводаш	[uglevɔdaʃ]
snede (de)	цастар	[tsastar]
stuk (bijv. een ~ taart)	юьхк	[juhk]
kruimel (de)	цуьрг	[tsyrg]

52. Tafelschikking

lepel (de)	лайг	[əajg]
mes (het)	урс	[urs]
vork (de)	мІара	[məara]
kopje (het)	кад	[kad]
bord (het)	бошхап	[boʃhap]
schoteltje (het)	бошхап	[boʃhap]
servet (het)	салфетка	[salfetka]
tandenstoker (de)	цергахъІуттург	[tsergahʰəut:urg]

53. Restaurant

restaurant (het)	ресторан	[restoran]
koffiehuis (het)	кофейни	[kofejni]
bar (de)	бар	[bar]
tearoom (de)	чайнан салон	[tʃajnan salon]
kelner, ober (de)	официант	[ofitsiant]
serveerster (de)	официантка	[ofitsiantka]
barman (de)	бармен	[barmen]
menu (het)	меню	[meny]
wijnkaart (de)	чаІаран карта	[tʃaɣaran karta]
een tafel reserveren	стол цхьанна тІехь чІарІдан	[stol tshaŋa theh tʃhaɣdan]
gerecht (het)	даар	[da:r]
bestellen (eten ~)	заказ ян	[zakaz jan]
een bestelling maken	заказ ян	[zakaz jan]
aperitief (de/het)	аперетив	[aperetiv]
voorgerecht (het)	тІекхоллург	[theqol:urg]
dessert (het)	десерт	[desert]
rekening (de)	счёт	[stʃot]
de rekening betalen	счётан мах бала	[stʃotan mah bala]
wisselgeld teruggeven	юхадоІург дала	[juhadoɣurg dala]
fooi (de)	чайнна хІума	[tʃajŋa huma]

Familie, verwanten en vrienden

54. Persoonlijke informatie. Formulieren

naam (de)	цIе	[tshe]
achternaam (de)	фамили	[famili]
geboortedatum (de)	вина терахь	[wina terah]
geboorteplaats (de)	вина меттиг	[wina met:ig]
nationaliteit (de)	къам	[qham]
woonplaats (de)	веха меттиг	[weha met:ig]
land (het)	мохк	[mɔhk]
beroep (het)	говзалла	[gɔvzal:a]
geslacht (ov. het vrouwelijk ~)	стен-боьршалла	[sten børʃal:a]
lengte (de)	локхалла	[lɔqal:a]
gewicht (het)	дозалла	[dɔzal:a]

55. Familieleden. Verwanten

moeder (de)	нана	[nana]
vader (de)	да	[da]
zoon (de)	вол	[vɔə]
dochter (de)	йол	[joə]
jongste dochter (de)	жимаха йол	[ʒimaha joə]
jongste zoon (de)	жимаха вол	[ʒimaha vɔə]
oudste dochter (de)	йоккхаха йол	[jok:aha joə]
oudste zoon (de)	воккхаха вол	[vɔk:aha vɔə]
broer (de)	ваша	[vaʃa]
zuster (de)	йиша	[jiʃa]
neet (zoon van oom/tante)	шича	[ʃitʃa]
nicht (dochter van oom/tante)	шича	[ʃitʃa]
mama (de)	нана	[nana]
papa (de)	дада	[dada]
ouders (mv.)	да-нана	[da nana]
kind (het)	бер	[ber]
kinderen (mv.)	бераш	[beraʃ]
oma (de)	баба	[baba]
opa (de)	дада	[dada]
kleinzoon (de)	кIентан, йолан кIант	[k:entan], [joəan k:ant]
kleindochter (de)	кIентан, йолан йол	[k:entan], [joəan joə]
kleinkinderen (mv.)	кIентан, йолан бераш	[k:entan], [joəan beraʃ]
oom (de)	ден ваша, ненан ваша	[den vaʃa], [nenan vaʃa]

tante (de)	деца, неца	[detsa], [netsa]
neef (zoon van broer/zus)	вешин кӏант, йишин кӏант	[weʃin k:ant], [jiʃin k:ant]
nicht (dochter van broer/zus)	вешин йоӏ, йишин йоӏ	[weʃin joə], [jiʃin joə]

schoonmoeder (de)	стуннана	[stuŋana]
schoonvader (de)	марда	[marda]
schoonzoon (de)	нуц	[nuts]
stiefmoeder (de)	десте	[deste]
stiefvader (de)	ненан майра	[nenan majra]

zuigeling (de)	декхаш долу бер	[deqaʃ dolu ber]
wiegenkind (het)	бер	[ber]
kleuter (de)	жиманиг	[ʒimanig]

vrouw (de)	зуда	[zuda]
man (de)	майра	[majra]
echtgenoot (de)	майра	[majra]
echtgenote (de)	сесар	[sesag]

gehuwd (mann.)	зуда ялийна	[zuda jali:na]
gehuwd (vrouw.)	марехь	[mareh]
ongehuwd (mann.)	зуда ялоза	[zuda jaloza]
vrijgezel (de)	зуда йоцург	[zuda jotsurg]
gescheiden (bn)	йитина	[jitina]
weduwe (de)	жеро	[ʒerɔ]
weduwnaar (de)	жера-стаг	[ʒera stag]

familielid (het)	гергара стаг	[gergara stag]
dichte familielid (het)	юххера гергара стаг	[juhera gergara stag]
verre familielid (het)	генара гергара стаг	[genara gergara stag]
familieleden (mv.)	гергара нах	[gergara nah]

wees (de), weeskind (het)	бо	[bɔ]
voogd (de)	верас	[weras]
adopteren (een jongen te ~)	кӏантан хӏотта	[k:antan hɔt:a]
adopteren (een meisje te ~)	йоьлан да хӏотта	[jøəan da hɔt:a]

56. Vrienden. Collega's

vriend (de)	доттагӏ	[dot:aɣ]
vriendin (de)	доттагӏ	[dot:aɣ]
vriendschap (de)	доттагӏалла	[dot:aɣal:a]
bevriend zijn (ww)	доттагӏалла лело	[dot:aɣal:a lelɔ]

makker (de)	доттагӏ	[dot:aɣ]
vriendin (de)	доттагӏ	[dot:aɣ]
partner (de)	декъашхо	[deqhaʃho]

chef (de)	куьйгалхо	[kyjgalho]
baas (de)	хьаькам	[hækam]
ondergeschikte (de)	муьтӏахь верг	[mythah werg]
collega (de)	коллега	[kɔl:ega]
kennis (de)	вевза стаг	[wevza stag]
medereiziger (de)	некъаннакъост	[neqhaŋaqhɔst]

klasgenoot (de)	классхо	[klas:ho]
buurman (de)	лулахо	[lulaho]
buurvrouw (de)	лулахо	[lulaho]
buren (mv.)	лулахой	[lulahoj]

57. Man. Vrouw

vrouw (de)	зуда	[zuda]
meisje (het)	йол	[joə]
bruid (de)	нускал	[nuskal]

mooi(e) (vrouw, meisje)	хаза	[haza]
groot, grote (vrouw, meisje)	лекха зуда	[leqa zuda]
slank(e) (vrouw, meisje)	куц долу зуда	[kuts dɔlu zuda]
korte, kleine (vrouw, meisje)	лохачу дегlахь стаг	[lɔhatʃu deɣah stag]

| blondine (de) | блондинка | [blɔndiŋka] |
| brunette (de) | брюнетка | [brynetka] |

dames- (abn)	зударийн	[zudari:n]
maagd (de)	йолстаг	[joəstag]
zwanger (bn)	берахниг	[berahnig]

man (de)	боьрша стаг	[børʃa stag]
blonde man (de)	блондин	[blɔndin]
bruinharige man (de)	брюнет	[brynet]
groot (bn)	лекха	[leqa]
klein (bn)	лохачу дегlахь стаг	[lɔhatʃu deɣah stag]

onbeleefd (bn)	кlоршаме	[k:ɔrʃame]
gedrongen (bn)	воьртала	[vørtala]
robuust (bn)	чlогlа	[tʃhoɣa]
sterk (bn)	нуьцкъала	[nytsqhala]
sterkte (de)	ницкъ	[nitsqh]

mollig (bn)	дерстина	[derstina]
getaand (bn)	lаьржачу аматехь	[əærʒatʃu amateh]
slank (bn)	куц долу стаг	[kuts dɔlu stag]
elegant (bn)	оьзда	[øɛdu]

58. Leeftijd

leeftijd (de)	хан	[han]
jeugd (de)	къоналла	[qhɔnal:a]
jong (bn)	къона	[qhɔna]

| jonger (bn) | жимаха | [ʒimaha] |
| ouder (bn) | воккхаха | [vɔk:aha] |

jongen (de)	къонаниг	[qhɔnanig]
tiener, adolescent (de)	кхиазхо	[qiazho]
kerel (de)	жима стаг	[ʒima stag]

oude man (de)	воккха стаг	[vɔk:a stag]
oude vrouw (de)	йоккха стаг	[jok:a stag]
volwassen (bn)	кхиъна	[qina]
van middelbare leeftijd (bn)	юккъерчу шеран	[juk:ʰertʃu ʃəran]
bejaard (bn)	хан тӀехтилла	[han thehtil:a]
oud (bn)	къена	[qhena]
pensioen (het)	пенси	[pensi]
met pensioen gaan	пенси ваха	[pensi vaha]
gepensioneerde (de)	пенсионер	[pensiɔner]

59. Kinderen

kind (het)	бер	[ber]
kinderen (mv.)	бераш	[beraʃ]
tweeling (de)	шала дина бераш	[ʃala dina beraʃ]
wieg (de)	ага	[aga]
rammelaar (de)	экарг	[ɛkarg]
luier (de)	подгузник	[pɔdguznik]
speen (de)	тӀармаӀа	[tharmaəa]
kinderwagen (de)	гӀудалкх	[ɣudalq]
kleuterschool (de)	берийн беш	[beri:n beʃ]
babysitter (de)	баба	[baba]
kindertijd (de)	бералла	[beral:a]
pop (de)	тайниг	[tajnig]
speelgoed (het)	ловзо хӀума	[lɔvzɔ huma]
bouwspeelgoed (het)	конструктор	[kɔnstruktɔr]
welopgevoed (bn)	бакъхьара	[baqhara]
onopgevoed (bn)	оьздангалла йоцу	[øzdaŋal:a jotsu]
verwend (bn)	боча Ӏамийна	[bɔtʃa əami:na]
stout zijn (ww)	харцхьара лела	[hartshara lela]
stout (bn)	вон лела	[vɔn lela]
stoutheid (de)	харцхьаралла	[hartsharal:a]
stouterd (de)	харцхьарниг	[hartsharnig]
gehoorzaam (bn)	ладугӀу	[laduɣu]
ongehoorzaam (bn)	ладугӀуш доцу	[laduɣuʃ dɔtsu]
braaf (bn)	кхетаме	[qetame]
slim (verstandig)	хьекъале	[heqhale]
wonderkind (het)	вундеркинд	[vunderkind]

60. Gehuwde paren. Gezinsleven

kussen (een kus geven)	барташ даха	[bartaʃ daha]
elkaar kussen (ww)	обанаш баха	[ɔbanaʃ baha]

gezin (het)	доьзал	[døzal]
gezins- (abn)	доьзалан	[døzalan]
paar (het)	шиъ	[ʃi]
huwelijk (het)	брак	[brak]
thuis (het)	цІийнан кхерч	[tshi:nan qertʃ]
dynastie (de)	династи	[dinasti]

| date (de) | вовшехкхетар | [vovʃəhqetar] |
| zoen (de) | уба | [uba] |

liefde (de)	безам	[bezam]
liefhebben (ww)	деза	[deza]
geliefde (bn)	везарг	[wezarg]

tederheid (de)	кІеда-мерзалла	[k:eda merzal:a]
teder (bn)	кІеда-мерза	[k:eda merza]
trouw (de)	тешаме хилар	[teʃame hilar]
trouw (bn)	тешаме	[teʃame]
zorg (bijv. bejaarden~)	гІайгІа	[ɣajɣa]
zorgzaam (bn)	гІайгІа йолу	[ɣajɣa jolu]

jonggehuwden (mv.)	къона мар-нускал	[qhona mar nuskal]
wittebroodsweken (mv.)	нускалан хан	[nuskalan han]
trouwen (vrouw)	маре яха	[mare jaha]
trouwen (man)	зуда яло	[zuda jalɔ]

bruiloft (de)	ловзар	[lɔvzar]
gouden bruiloft (de)	дашо ловзар	[daʃɔ lɔvzar]
verjaardag (de)	шо кхачар	[ʃɔ qatʃar]

| minnaar (de) | везарг | [wezarg] |
| minnares (de) | езарг | [ezarg] |

overspel (het)	ямартло	[jamartlɔ]
overspel plegen (ww)	ямартло яр	[jamartlɔ jar]
jaloers (bn)	эмгаралле	[ɛmgaral:e]
jaloers zijn (echtgenoot, enz.)	эмгаралла дан	[ɛmgaral:a dan]
echtscheiding (de)	дІасакъастар	[dəasaqhastar]
scheiden (ww)	дІасакъаста	[dəasaqhasta]

ruzie hebben (ww)	эрlap	[ɛɣar]
vrede sluiten (ww)	тан	[tan]
samen (bw)	цхьана	[tshana]
seks (de)	секс	[seks]

geluk (het)	ирс	[irs]
gelukkig (bn)	ирсе	[irse]
ongeluk (het)	ирс цахилар	[irs tsahilar]
ongelukkig (bn)	ирс доцу	[irs dɔtsu]

Karakter. Gevoelens. Emoties

61. Gevoelens. Emoties

gevoel (het)	синхаам	[sinha:m]
gevoelens (mv.)	синхаамаш	[sinha:maʃ]
voelen (ww)	хаадала	[ha:dala]
honger (de)	мацалла	[matsal:a]
honger hebben (ww)	хӀума яаа лаа	[huma ja:: la:]
dorst (de)	хьогалла	[hɔgal:a]
dorst hebben	мала лаа	[mala la:]
slaperigheid (de)	наб яр	[nab jar]
willen slapen	наб ян лаа	[nab jan la:]
moeheid (de)	гӀелдалар	[ɣeldalar]
moe (bn)	гӀелделла	[ɣeldel:a]
vermoeid raken (ww)	гӀелдала	[ɣeldala]
stemming (de)	дог-ойла	[dɔg ɔjla]
verveling (de)	сахьийзар	[sahi:zar]
zich vervelen (ww)	сагатдала	[sagatdala]
afzondering (de)	ша къастар	[ʃa qhastar]
zich afzonderen (ww)	ша къаста	[ʃa qhasta]
bezorgd maken (ww)	сагатдан	[sagatdan]
zich bezorgd maken	сагатдан	[sagatdan]
zorg (bijv. geld~en)	сагатдар	[sagatdar]
ongerustheid (de)	сагатдар	[sagatdar]
ongerust (bn)	гӀайгӀане	[ɣajɣane]
zenuwachtig zijn (ww)	дог этӀа	[dɔg ɛtha]
in paniek raken	доха	[dɔha]
hoop (de)	сатуьйсийла	[satyjsi:la]
hopen (ww)	догдаха	[dɔgdaha]
zekerheid (de)	тешна хилар	[teʃna hilar]
zeker (bn)	тешна	[teʃna]
onzekerheid (de)	тешна цахилар	[teʃna tsahilar]
onzeker (hn)	тешна доцу	[teʃna dɔtsu]
dronken (bn)	вехна	[wehna]
nuchter (bn)	дахазниг	[dahaznig]
zwak (bn)	гӀийла	[ɣi:la]
gelukkig (bn)	ирсе	[irse]
doen schrikken (ww)	кхеро	[qerɔ]
toorn (de)	хьерадалар	[heradalar]
woede (de)	луьралла	[lyral:a]
depressie (de)	депресси	[depres:i]
ongemak (het)	дискомфорт	[diskɔmfɔrt]

gemak, comfort (het)	комфорт	[kɔmfɔrt]
spijt hebben (ww)	дагахьбаллам хила	[dagahbal:am hila]
spijt (de)	дагахьбаллам	[dagahbal:am]
pech (de)	аьтто боцуш хилар	[æt:ɔ bɔtsuʃ hilar]
bedroefdheid (de)	халахетар	[halahetar]

schaamte (de)	эхь	[ɛh]
pret (de), plezier (het)	синкъерам	[sinqheram]
enthousiasme (het)	энтузиазм	[ɛntuziazm]
enthousiasteling (de)	энтузиаст	[ɛntuziast]
enthousiasme vertonen	энтузиазм гучаяккха	[ɛntuziazm guʧajak:a]

62. Karakter. Persoonlijkheid

karakter (het)	амал	[amal]
karakterfout (de)	эшар	[ɛʃar]
rede (de), verstand (het)	хьекъал	[heqhal]

geweten (het)	эхь-бехк	[ɛh behk]
gewoonte (de)	марзделларг	[marzdel:arg]
bekwaamheid (de)	хьунар хилар	[hunar hilar]
kunnen (bijv., ~ zwemmen)	хаа	[ha:]

geduldig (bn)	собаре	[sɔbare]
ongeduldig (bn)	собар доцу	[sɔbar dɔtsu]
nieuwsgierig (bn)	хаа гӏерта	[ha: ɣerta]
nieuwsgierigheid (de)	хаа гӏертар	[ha: ɣertar]

bescheidenheid (de)	эсалалла	[ɛsalal:a]
bescheiden (bn)	эсала	[ɛsala]
onbescheiden (bn)	оьзда доцу	[øzda dɔtsu]

luiheid (de)	мало	[malɔ]
lui (bn)	мела	[mela]
luiwammes (de)	малонча	[malɔnʧa]

sluwheid (de)	хӏилла	[hil:a]
sluw (bn)	хӏиллане	[hil:ane]
wantrouwen (het)	цатешам	[tsateʃam]
wantrouwig (bn)	тешамза	[toʃamza]

gulheid (de)	комаьршалла	[kɔmærʃal:a]
gul (bn)	комаьрша	[kɔmærʃa]
talentrijk (bn)	похӏме	[pɔhme]
talent (het)	похӏма	[pɔhma]

moedig (bn)	майра	[majra]
moed (de)	майралла	[majral:a]
eerlijk (bn)	дог цена	[dɔg tshena]
eerlijkheid (de)	дог ценалла	[dɔg tshenal:a]

voorzichtig (bn)	ларлуш долу	[larluʃ dɔlu]
manhaftig (bn)	майра	[majra]
ernstig (bn)	ладаме	[ladame]

streng (bn)	къовламе	[qhɔvlame]
resoluut (bn)	хадам боллуш	[hadam bɔl:uʃ]
onzeker, irresoluut (bn)	ирке	[irke]
schuchter (bn)	стешха	[steʃha]
schuchterheid (de)	стешхалла	[steʃhal:a]

vertrouwen (het)	тешам	[teʃam]
vertrouwen (ww)	теша	[teʃa]
goedgelovig (bn)	тешаш долу	[teʃaʃ dɔlu]

oprecht (bw)	даггара	[dag:ara]
oprecht (bn)	даггара	[dag:ara]
oprechtheid (de)	догӀеналла	[dogtshenal:a]
open (bn)	дуьххьал дӀа	[dyhal dəa]

rustig (bn)	тийна	[ti:na]
openhartig (bn)	дог цӀена	[dɔg tshena]
naïef (bn)	дог диллина стаг	[dɔg dil:ina stag]
verstrooid (bn)	тидаме доцу	[tidame dɔtsu]
leuk, grappig (bn)	беламе	[belame]

gierigheid (de)	сутаралла	[sutaral:a]
gierig (bn)	сутара	[sutara]
inhalig (bn)	бӀаьрмециган	[bəærmetsigan]
kwaad (bn)	вон	[vɔn]
koppig (bn)	духахьара	[duhahara]
onaangenaam (bn)	там боцу	[tam bɔtsu]

egoïst (de)	эгоист	[ɛgɔist]
egoïstisch (bn)	эгоизме	[ɛgɔizme]
lafaard (de)	стешха стаг	[steʃha stag]
laf (bn)	осала	[ɔsala]

63. Slaap. Dromen

slapen (ww)	наб ян	[nab jan]
slaap (in ~ vallen)	наб	[nab]
droom (de)	гӀан	[ɣan]
dromen (in de slaap)	гӀенаш ган	[ɣenaʃ gan]
slaperig (bn)	набаран	[nabaran]

bed (het)	маьнга	[mæŋa]
matras (de)	гоь	[gø]
deken (de)	юргӀа	[jurɣa]
kussen (het)	гӀайба	[ɣajba]
laken (het)	шаршу	[ʃarʃu]

slapeloosheid (de)	наб цакхетар	[nab tsaqetar]
slapeloos (bn)	наб йоцу	[nab jotsu]
slaapmiddel (het)	наб йойту молханаш	[nab jojtu mɔlhanaʃ]
slaapmiddel innemen	наб йойту молханаш мала	[nab jojtu mɔlhanaʃ mala]

| willen slapen | наб ян лаа | [nab jan la:] |
| geeuwen (ww) | бага гӀетто | [baga ɣet:ɔ] |

gaan slapen	наб я ваха	[nab ja vaha]
het bed opmaken	мотт билла	[mɔt: bil:a]
inslapen (ww)	наб кхета	[nab qeta]

nachtmerrie (de)	lаламат	[əalamat]
gesnurk (het)	хар	[har]
snurken (ww)	хур-тlур дан	[hur thur dan]

wekker (de)	сомавоккху сахьт	[sɔmavɔk:u saht]
wekken (ww)	самадаккха	[samadak:a]
wakker worden (ww)	самадала	[samadala]
opstaan (ww)	хьалаrlатта	[halaɣat:a]
zich wassen (ww)	дlадиладала	[dəadiladala]

64. Humor. Gelach. Blijdschap

humor (de)	белам	[belam]
gevoel (het) voor humor	синхаам	[sinha:m]
plezier hebben (ww)	сакъера	[saqhera]
vrolijk (bn)	самукъане	[samuqhane]
pret (de), plezier (het)	сакъерар	[saqherar]

glimlach (de)	делакъажар	[delaqhaʒar]
glimlachen (ww)	дела къежа	[dela qheʒa]
beginnen te lachen (ww)	деладала	[deladala]
lachen (ww)	дела	[dela]
lach (de)	белам	[belam]

mop (de)	анекдот	[anekdɔt]
grappig (een ~ verhaal)	беламе	[belame]
grappig (~e clown)	беламе	[belame]

grappen maken (ww)	забарш ян	[zabarʃ jan]
grap (de)	забар	[zabar]
blijheid (de)	хазахетар	[hazahetar]
blij zijn (ww)	хазахета	[hazaheta]
blij (bn)	хазахоьтуьйту	[hazahøtyjtu]

65. Discussie, conversatie. Deel 1

| communicatie (de) | тlекере | [thekere] |
| communiceren (ww) | тlекере хила | [thekere hila] |

conversatie (de)	къамел	[qhamel]
dialoog (de)	диалог	[dialɔg]
discussie (de)	дискусси	[diskus:i]
debat (het)	къовсам	[qhɔvsam]
debatteren, twisten (ww)	къийса	[qhi:sa]

gesprekspartner (de)	къамелхо	[qhamelho]
thema (het)	тема	[tema]
standpunt (het)	хетарг	[hetarg]

mening (de)	хетарг	[hetarg]
toespraak (de)	мотт	[mɔt:]

bespreking (de)	дийцаре диллар	[di:tsare dil:ar]
bespreken (spreken over)	дийцаре дилла	[di:tsare dil:a]
gesprek (het)	къамел	[qhamel]
spreken (converseren)	къамел дан	[qhamel dan]
ontmoeting (de)	дуьхьалдахар	[dyhaldahar]
ontmoeten (ww)	вовшахкхета	[vɔvʃahqeta]

spreekwoord (het)	кица	[kitsa]
gezegde (het)	кица	[kitsa]
raadsel (het)	хӀетал-метал	[hetal metal]
een raadsel opgeven	хӀетал-метал ала	[hetal metal ala]
wachtwoord (het)	пароль	[parɔʎ]
geheim (het)	хьулам	[hulam]

eed (de)	дуй	[duj]
zweren (een eed doen)	дуй баа	[duj ba:]
belofte (de)	валда	[vaəda]
beloven (ww)	валда дан	[vaəda dan]

advies (het)	хьехам	[heham]
adviseren (ww)	хьехам бан	[heham ban]
luisteren (gehoorzamen)	ладоӀла	[ladɔɣa]

nieuws (het)	керланиг	[kerlanig]
sensatie (de)	сенсаци	[sensatsi]
informatie (de)	хабар	[habar]
conclusie (de)	жамӀ	[ʒamə]
stem (de)	аз	[az]
compliment (het)	тамехь дош	[tameh dɔʃ]
vriendelijk (bn)	безаме	[bezame]

woord (het)	дош	[dɔʃ]
zin (de), zinsdeel (het)	фраза	[fraza]
antwoord (het)	жоп	[ʒɔp]

waarheid (de)	бакъдерг	[baqhderg]
leugen (de)	аьшпаш	[æʃpaʃ]

gedachte (de)	ойла	[ɔjla]
idee (de/het)	ойла	[ɔjla]
fantasie (de)	дагадар	[dagadar]

66. Discussie, conversatie. Deel 2

gerespecteerd (bn)	лоруш долу	[lɔruʃ dɔlu]
respecteren (ww)	лара	[lara]
respect (het)	ларам	[laram]
Geachte ... (brief)	хьомсара	[hɔmsara]

voorstellen (Mag ik jullie ~)	довзо	[dɔvzɔ]
intentie (de)	дагахь хилар	[dagah hilar]

intentie hebben (ww)	ойла хилар	[ɔjla hilar]
wens (de)	алар	[alar]
wensen (ww)	ала	[ala]

verbazing (de)	цецдалар	[tsetsdalar]
verbazen (verwonderen)	цецдаккха	[tsetsdak:a]
verbaasd zijn (ww)	цецдала	[tsetsdala]

geven (ww)	дала	[dala]
nemen (ww)	схьаэца	[shaetsa]
teruggeven (ww)	юхадерзо	[juhaderzɔ]
retourneren (ww)	юхадала	[juhadala]

zich verontschuldigen	бехк цабиллар деха	[behk tsabil:ar deha]
verontschuldiging (de)	бехк цабиллар	[behk tsabil:ar]
vergeven (ww)	геч дан	[getʃ dan]

spreken (ww)	къамел дан	[qhamel dan]
luisteren (ww)	ладоrla	[ladɔɣa]
aanhoren (ww)	ладоrla	[ladɔɣa]
begrijpen (ww)	кхета	[qeta]

tonen (ww)	гайта	[gajta]
kijken naar ...	хьежа	[heʒa]
roepen (vragen te komen)	кхайкха	[qajqa]
storen (lastigvallen)	новкъарло ян	[nɔvqharlɔ jan]
doorgeven (ww)	дӀадала	[dəadala]

verzoek (het)	дехар	[dehar]
verzoeken (ww)	деха	[deha]
eis (de)	тӀедожор	[thedɔʒɔr]
eisen (met klem vragen)	тӀедожо	[thedɔʒɔ]

beledigen (beledigende namen geven)	хичаш ян	[hitʃaʃ jan]
uitlachen (ww)	дела	[dela]
spot (de)	кхардам	[qardam]
bijnaam (de)	харц цӀе	[harts tshe]

zinspeling (de)	къадор	[qhadɔr]
zinspelen (ww)	къедо	[qhedɔ]
impliceren (duiden op)	дагахь хипа	[daɣah hila]

beschrijving (de)	сурт хӀоттор	[surt hɔt:ɔr]
beschrijven (ww)	сурт хӀотто	[surt hɔt:ɔ]
lof (de)	хастам	[hastam]
loven (ww)	хесто	[hestɔ]

teleurstelling (de)	безам балар	[bezam balar]
teleurstellen (ww)	безам байа	[bezam baja]
teleurgesteld zijn (ww)	безам бан	[bezam ban]

veronderstelling (de)	моттар	[mɔt:ar]
veronderstellen (ww)	мотта	[mɔt:a]
waarschuwing (de)	лардар	[lardar]
waarschuwen (ww)	лардан	[lardan]

67. Discussie, conversatie. Deel 3

aanpraten (ww)	бертадало	[bertadalɔ]
kalmeren (kalm maken)	дог тедан	[dɔg tedan]
stilte (de)	вистцахилар	[wisttsahilar]
zwijgen (ww)	къамел ца дан	[qhamel tsa dan]
fluisteren (ww)	шабар-шибар дан	[ʃabar ʃibar dan]
gefluister (het)	шабар-шибар	[ʃabar ʃibar]
open, eerlijk (bw)	дог цlена	[dɔg tshena]
volgens mij …	суна хетарехь	[suna hetareh]
detail (het)	ма-дарра хилар	[ma dar:a hilar]
gedetailleerd (bn)	ма-дарра	[ma dar:a]
gedetailleerd (bw)	ма-дарра	[ma dar:a]
hint (de)	дlаалар	[dəa:lar]
een hint geven	дlаала	[dəa:la]
blik (de)	блаьрахьажар	[bəærahaӡar]
een kijkje nemen	хьажа	[haӡa]
strak (een ~ke blik)	хийцалуш йоцу	[hi:tsaluʃ jotsu]
knipperen (ww)	блаьргаш детта	[bəærgaʃ det:a]
knipogen (ww)	блаьрг тало	[bəærg taəɔ]
knikken (ww)	корта тало	[kɔrta taəɔ]
zucht (de)	садаккхар	[sadak:ar]
zuchten (ww)	са даккха	[sa dak:a]
huiveren (ww)	тохадала	[tɔhadala]
gebaar (het)	ишар ян	[iʃar jan]
aanraken (ww)	дlахьакхадала	[dəahaqadala]
grijpen (ww)	леца	[letsa]
een schouderklopje geven	детта	[det:a]
Kijk uit!	Ларло!	[larlɔ]
Echt?	Баккъалла?	[bakqhal:a]
Bent je er zeker van?	Тешна вуй хьо?	[teʃna vuj hɔ]
Succes!	Аьтто хуьлда!	[æt:ɔ hylda]
Juist, ja!	Кхета!	[qeta]
Wat jammer!	Халахета!	[halaheta]

68. Overeenstemming. Weigering

instemming (het)	резахилар	[rezahilar]
instemmen (akkoord gaan)	реза хила	[reza hila]
goedkeuring (de)	магор	[magɔr]
goedkeuren (ww)	маго	[magɔ]
weigering (de)	цадалар	[tsadalar]
weigeren (ww)	дуьхьал хила	[dyhal hila]
Geweldig!	Чlогlа дика ду!	[tʃhɔɣa dika du]
Goed!	Дика ду!	[dika du]

Akkoord!	Мегар ду!	[megar du]
verboden (bn)	цамагийна	[ʦamagi:na]
het is verboden	ца мега	[ʦa mega]
het is onmogelijk	хила йиш яц	[hila jiʃ jaʦ]
onjuist (bn)	нийса доцу	[ni:sa dɔʦu]
afwijzen (ww)	юхатоха	[juhatɔha]
steunen	тlетан	[thetan]
(een goed doel, enz.)		
aanvaarden (excuses ~)	тlеэца	[thɛʦa]
bevestigen (ww)	чlарlдан	[ʧhaɣdan]
bevestiging (de)	чlарlдар	[ʧhaɣdar]
toestemming (de)	пурба	[purba]
toestaan (ww)	магийта	[magi:ta]
beslissing (de)	сацам бар	[saʦam bar]
z'n mond houden (ww)	дист ца хила	[dist ʦa hila]
voorwaarde (de)	диллар	[dil:ar]
smoes (de)	бахьана	[bahana]
lof (de)	хастам	[hastam]
loven (ww)	хестадан	[hestadan]

69. Succes. Veel geluk. Mislukking

succes (het)	кхиам	[qiam]
succesvol (bw)	кхиаме	[qiame]
succesvol (bn)	кхиам болу	[qiam bɔlu]
geluk (het)	аьтто	[æt:ɔ]
Succes!	Аьтто хуьлда!	[æt:ɔ hylda]
geluks- (bn)	аьтто болу	[æt:ɔ bɔlu]
gelukkig (fortuinlijk)	аьтто болу	[æt:ɔ bɔlu]
mislukking (de)	бохам	[bɔham]
tegenslag (de)	аьтто ца хилар	[æt:ɔ ʦa hilar]
pech (de)	аьтто боцуш хилар	[æt:ɔ bɔʦuʃ hilar]
zonder succes (bn)	ца даьлла	[ʦa dæl:a]
catastrofe (de)	ирча бохам	[irʧa bɔham]
fierheid (de)	дозалла	[dɔzal:a]
fier (bn)	кура	[kura]
fier zijn (ww)	дозалла дан	[dɔzal:a dan]
winnaar (de)	толамхо	[tɔlamho]
winnen (ww)	тола	[tɔla]
verliezen (ww)	эша	[ɛʃa]
poging (de)	гlортар	[ɣɔrtar]
pogen, proberen (ww)	гlорта	[ɣɔrta]
kans (de)	хьал	[hal]

70. Ruzies. Negatieve emoties

schreeuw (de)	мохь	[mɔh]
schreeuwen (ww)	мохь бетта	[mɔh bet:a]
beginnen te schreeuwen	мохь тоха	[mɔh tɔha]

ruzie (de)	дов	[dɔv]
ruzie hebben (ww)	эрlап	[ɛɣar]
schandaal (het)	дов	[dɔv]
schandaal maken (ww)	девнаш даха	[devnaʃ daha]
conflict (het)	конфликт	[kɔnflikt]
misverstand (het)	цакхетар	[tsaqetar]

belediging (de)	сийсаздаккхар	[si:sazdak:ar]
beledigen	сий дайа	[si: daja]
(met scheldwoorden)		
beledigd (bn)	юьхьlаьрж хlоттина	[juhəærʒ hɔt:ina]
krenking (de)	халахетар	[halahetar]
krenken (beledigen)	халахетар дан	[halahetar dan]
gekwetst worden (ww)	халахета	[halaheta]

verontwaardiging (de)	эрlаддахар	[ɛrɣad:ahar]
verontwaardigd zijn (ww)	эрlаддала	[ɛrɣad:ala]
klacht (de)	латкъам	[latqham]
klagen (ww)	латкъа	[latqha]

verontschuldiging (de)	бехк цабиллар	[behk tsabil:ar]
zich verontschuldigen	бехк цабиллар деха	[behk tsabil:ar deha]
excuus vragen	бехк цабиллар деха	[behk tsabil:ar deha]

kritiek (de)	критика	[kritika]
bekritiseren (ww)	критиковать дан	[kritikɔvatʲ dan]
beschuldiging (de)	бехкедар	[behkedar]
beschuldigen (ww)	бехкедан	[behkedan]

wraak (de)	чlир	[tʃhir]
wreken (ww)	чlир леха	[tʃhir leha]
wraak nemen (ww)	дlадекъа	[dəadeqha]

minachting (de)	цадашар	[tsadaʃar]
minachten (ww)	ца даша	[tsa daʃa]
haat (de)	цабезам	[tsabezam]
haten (ww)	ца деза	[tsa deza]

zenuwachtig (bn)	нервийн	[nervi:n]
zenuwachtig zijn (ww)	дог этlа	[dɔg ɛtha]
boos (bn)	оьгlазе	[øɣaze]
boos maken (ww)	оьгlаздахийта	[øɣazdahi:ta]

vernedering (de)	кlезиг хетар	[k:ezig hetar]
vernederen (ww)	кlезиг хета	[k:ezig heta]
zich vernederen (ww)	кlезиг хила	[k:ezig hila]

schok (de)	шовкъ	[ʃɔvqh]
schokken (ww)	юьхьlаьржахlотто	[juhəærʒahɔt:ɔ]

67

onaangenaamheid (de)	цатам	[tsatam]
onaangenaam (bn)	там боцу	[tam botsu]
vrees (de)	кхерам	[qeram]
vreselijk (bijv. ~ onweer)	lаламат чlorla	[ɛalamat t͡ʃhɔɣa]
eng (bn)	инзаре	[inzare]
gruwel (de)	lадор	[ɛadɔr]
vreselijk (~ nieuws)	къемате	[qhemate]
huilen (wenen)	делха	[delha]
beginnen te huilen (wenen)	делха	[delha]
traan (de)	бlаьрхи	[bəærhi]
schuld (~ geven aan)	бехк	[behk]
schuldgevoel (het)	бехк	[behk]
schande (de)	эхь	[ɛh]
protest (het)	дуьхьалхилар	[dyhalhilar]
stress (de)	стресс	[stres:]
storen (lastigvallen)	новкъарло ян	[nɔvqharlɔ jan]
kwaad zijn (ww)	оьгlазъэха	[øɣazʰɛha]
kwaad (bn)	вон	[vɔn]
beëindigen (een relatie ~)	дlасацо	[dəasatsɔ]
vloeken (ww)	дов дан	[dɔv dan]
schrikken (schrik krijgen)	тила	[tila]
slaan (iemand ~)	тоха	[tɔha]
vechten (ww)	лета	[leta]
regelen (conflict)	дlадерзо	[dəaderzɔ]
ontevreden (bn)	реза доцу	[reza dɔtsu]
woedend (bn)	буьрса	[byrsa]
Dat is niet goed!	Хlара дика дац!	[hara dika dats]
Dat is slecht!	Хlара вон ду!	[hara vɔn du]

Geneeskunde

71. Ziekten

ziekte (de)	лазар	[lazar]
ziek zijn (ww)	цомгуш хила	[tsɔmguʃ hila]
gezondheid (de)	могушалла	[mɔguʃalːa]
snotneus (de)	шелвалар	[ʃəlvalar]
angina (de)	ангина	[aŋina]
verkoudheid (de)	шелдалар	[ʃəldalar]
verkouden raken (ww)	шелдала	[ʃəldala]
bronchitis (de)	бронхит	[brɔnhit]
longontsteking (de)	пехашна хьу кхетар	[pehaʃna hu qetar]
griep (de)	грипп	[grip:]
bijziend (bn)	блорзагал	[bəɔrzagal]
verziend (bn)	генара гун	[genara gun]
scheelheid (de)	бларлапа хилар	[bəaɣara hilar]
scheel (bn)	бларлапа	[bəaɣara]
grauwe staar (de)	блаьрган марха	[bəærgan marha]
glaucoom (het)	глаукома	[glaukɔma]
beroerte (de)	инсульт	[insuʌt]
hartinfarct (het)	дог датlар	[dɔg dathar]
myocardiaal infarct (het)	миокардан инфаркт	[miɔkardan infarkt]
verlamming (de)	энаш лацар	[ɛnaʃ latsar]
verlammen (ww)	энаша лаца	[ɛnaʃa latsa]
allergie (de)	аллергий	[alːergiː]
astma (de/het)	астма	[astma]
diabetes (de)	диабет	[diabet]
tandpijn (de)	цергийн лазар	[tsergiːn lazar]
tandbederf (het)	кариес	[karies]
diarree (de)	диарея	[diareja]
constipatie (de)	чо юкъялар	[tʃɔ juqhjalar]
maagstoornis (de)	чохлазар	[tʃɔhlazar]
voedselvergiftiging (de)	отравлени	[ɔtravleni]
voedselvergiftiging oplopen	кхачанан отравлени	[qatʃanan ɔtravleni]
artritis (de)	артрит	[artrit]
rachitis (de)	рахит-цамгар	[rahit tsamgar]
reuma (het)	энаш	[ɛnaʃ]
arteriosclerose (de)	атеросклероз	[aterɔsklerɔz]
gastritis (de)	гастрит	[gastrit]
blindedarmontsteking (de)	сов йоьхь дестар	[sɔv jøh destar]

galblaasontsteking (de)	холецистит	[holetsistit]
zweer (de)	дал	[daə]

mazelen (mv.)	кхартанаш	[qartanaʃ]
rodehond (de)	хьара	[hara]
geelzucht (de)	маждар	[maʒdar]
leverontsteking (de)	гепатит	[gepatit]

schizofrenie (de)	шизофрени	[ʃizɔfreni]
dolheid (de)	хьарадалар	[haradalar]
neurose (de)	невроз	[nevrɔz]
hersenschudding (de)	хье лазор	[he lazɔr]

kanker (de)	дал	[daə]
sclerose (de)	склероз	[sklerɔz]
multiple sclerose (de)	тидаме доцу	[tidame dɔtsu]

alcoholisme (het)	алкоголан цамгар	[alkɔgɔlan tsamgar]
alcoholicus (de)	алкоголхо	[alkɔgɔlho]
syfilis (de)	чӏурамцамгар	[tʃhuramtsamgar]
AIDS (de)	СПИД	[spid]

tumor (de)	дестар	[destar]
kwaadaardig (bn)	кхераме	[qerame]
goedaardig (bn)	зуламе доцу	[zulame dɔtsu]

koorts (de)	хорша	[horʃa]
malaria (de)	хорша	[horʃa]
gangreen (het)	гангрена	[gaŋrena]
zeeziekte (de)	хӏорд хьахар	[hɔrd hahar]
epilepsie (de)	эпилепси	[ɛpilepsi]

epidemie (de)	ун	[un]
tyfus (de)	тиф	[tif]
tuberculose (de)	йовхарийн цамгар	[jovhari:n tsamgar]
cholera (de)	чоьнан ун	[tʃønan un]
pest (de)	lаьржа ун	[əærʒa un]

72. Symptomen. Behandelingen. Deel 1

symptoom (het)	билгало	[bilgalɔ]
temperatuur (de)	температура	[temperatura]
verhoogde temperatuur (de)	лекха температур	[leqa temperatur]
polsslag (de)	синпха	[sinpha]

duizeling (de)	корта хьовзар	[kɔrta hɔvzar]
heet (erg warm)	довха	[dovha]
koude rillingen (mv.)	шелона дегадар	[ʃelona degadar]
bleek (bn)	беда	[beda]

hoest (de)	йовхарш	[jovharʃ]
hoesten (ww)	йовхарш етта	[jovharʃ et:a]
niezen (ww)	хьоршамаш детта	[hɔrʃamaʃ det:a]
flauwte (de)	дог вон хилар	[dɔg vɔn hilar]

flauwvallen (ww)	дог кӏадделла охьавожа	[dɔg k:ad:el:a ɔhavɔʒa]
blauwe plek (de)	ларждарг	[earʒdarg]
buil (de)	бӏара	[beara]
zich stoten (ww)	дӏакхета	[deaqeta]
kneuzing (de)	дӏатохар	[deatɔhar]
kneuzen (gekneusd zijn)	дӏакхета	[deaqeta]

hinken (ww)	астаӏлелха	[astaɣlelha]
verstuiking (de)	чуьрдаккхар	[ʧyrdak:ar]
verstuiken (enkel, enz.)	чуьрдаккхар	[ʧyrdak:ar]
breuk (de)	кагдалар	[kagdalar]
een breuk oplopen	кагдар	[kagdar]

snijwond (de)	хадор	[hadɔr]
zich snijden (ww)	хада	[hada]
bloeding (de)	цӏий эхар	[tshi: ɛhar]

| brandwond (de) | дагор | [dagɔr] |
| zich branden (ww) | даго | [dagɔ] |

prikken (ww)	ӏотта	[eɔt:a]
zich prikken (ww)	ӏоттадала	[eɔt:adala]
blesseren (ww)	лазо	[lazɔ]
blessure (letsel)	лазор	[lazɔr]
wond (de)	чов	[ʧɔv]
trauma (het)	лазор	[lazɔr]

IJlen (ww)	харц лен	[harts len]
stotteren (ww)	толкха лен	[tɔlqa len]
zonnesteek (de)	малх хьахар	[malh hahar]

73. Symptomen. Behandelingen. Deel 2

| pijn (de) | лазар | [lazar] |
| splinter (de) | сирхат | [sirhat] |

zweet (het)	хьацар	[hatsar]
zweten (ww)	хьацар дала	[hatsar dala]
braking (de)	ӏеттор	[eet:ɔr]
stuiptrekkingen (mv.)	пхенаш озор	[phenaʃ ɔzɔr]

zwanger (bn)	берахниг	[berahnig]
geboren worden (ww)	хила	[hila]
geboorte (de)	бер хилар	[ber hilar]
baren (ww)	бер дар	[ber dar]
abortus (de)	аборт	[abɔrt]

ademhaling (de)	са дахар	[sa dahar]
inademing (de)	са чуозар	[sa ʧuɔzar]
uitademing (de)	са арахецар	[sa arahetsar]
uitademen (ww)	са арахеца	[sa arahetsa]
inademen (ww)	са чуоза	[sa ʧuɔza]
invalide (de)	заьӏапхо	[zæeapho]
gehandicapte (de)	заьӏапхо	[zæeapho]

drugsverslaafde (de)	наркоман	[narkɔman]
doof (bn)	къора	[qhɔra]
stom (bn)	мотт ца хуург	[mɔt: ʦa hu:rg]
doofstom (bn)	мотт ца хуург	[mɔt: ʦa hu:rg]

krankzinnig (bn)	хьерадӏалла	[heradʲal:a]
krankzinnige (man)	хьераваьлларг	[heravæl:arg]
krankzinnige (vrouw)	хьерайалларг	[herajal:arg]
krankzinnig worden	хьервалар	[hervalar]

gen (het)	ген	[gen]
immuniteit (de)	иммунитет	[im:unitet]
aangeboren (bn)	вешшехь хилла	[weʃəh hil:a]

virus (het)	вирус	[wirus]
microbe (de)	микроб	[mikrɔb]
bacterie (de)	бактери	[bakteri]
infectie (de)	инфекци	[infekʦi]

74. Symptomen. Behandelingen. Deel 3

ziekenhuis (het)	больница	[bɔʎniʦa]
patiënt (de)	пациент	[paʦient]

diagnose (de)	диагноз	[diagnɔz]
genezing (de)	дарбанаш лелор	[darbanaʃ lelɔr]
medische behandeling (de)	дарба лелор	[darba lelɔr]
onder behandeling zijn	дарбанаш лелор	[darbanaʃ lelɔr]
behandelen (ww)	дарба лело	[darba lelɔ]
zorgen (zieken ~)	лело	[lelɔ]
ziekenzorg (de)	лелор	[lelɔr]

operatie (de)	этӏор	[ɛthɔr]
verbinden (een arm ~)	дӏадехка	[dəadehka]
verband (het)	йоьхкург	[jøhkurg]

vaccin (het)	маха тохар	[maha tɔhar]
inenten (vaccineren)	маха тоха	[maha tɔha]
injectie (de)	маха тохар	[maha tɔhar]
een injectie geven	маха тоха	[maha tɔha]

amputatie (de)	ампутаци	[amputaʦi]
amputeren (ww)	дӏадаккха	[dəadak:a]
coma (het)	кома	[kɔma]
in coma liggen	коме хила	[kɔme hila]
intensieve zorg, ICU (de)	реанимаци	[reanimaʦi]

zich herstellen (ww)	тодала	[tɔdala]
toestand (de)	хьал	[hal]
bewustzijn (het)	кхетам	[qetam]
geheugen (het)	эс	[ɛs]

trekken (een kies ~)	дӏадаккха	[dəadak:a]
vulling (de)	йома	[joma]

vullen (ww)	йома йилла	[joma jıl:a]
hypnose (de)	гипноз	[gipnɔz]
hypnotiseren (ww)	гипноз ян	[gipnɔz jan]

75. Artsen

dokter, arts (de)	лор	[lɔr]
ziekenzuster (de)	лорйиша	[lɔrjıʃa]
lijfarts (de)	шен лор	[ʃen lɔr]

tandarts (de)	дантист	[dantist]
oogarts (de)	окулист	[ɔkulist]
therapeut (de)	терапевт	[terapevt]
chirurg (de)	хирург	[hirurg]

psychiater (de)	психиатр	[psihiatr]
pediater (de)	педиатр	[pediatr]
psycholoog (de)	психолог	[psihɔlɔg]
gynaecoloog (de)	гинеколог	[ginekɔlɔg]
cardioloog (de)	кардиолог	[kardiɔlɔg]

76. Geneeskunde. Medicijnen. Accessoires

geneesmiddel (het)	молха	[mɔlha]
middel (het)	дарба	[darba]
voorschrijven (ww)	дайх диена	[dajh diena]
recept (het)	рецепт	[retsept]

tablet (de/het)	буьртиг	[byrtig]
zalf (de)	хьакхар	[haqar]
ampul (de)	ампула	[ampula]
drank (de)	микстура	[mikstura]
siroop (de)	сироп	[sirɔp]
pil (de)	буьртиг	[byrtig]
poeder (de/het)	хІур	[hur]

verband (het)	бинт	[bint]
watten (mv.)	бамба	[bamba]
jodium (het)	йод	[jod]
pleister (de)	белхьам	[belham]
pipet (de)	пипетка	[pipetka]
thermometer (de)	градусъюстург	[gradusʰjusturg]
spuit (de)	маха	[maha]

| rolstoel (de) | гІудалкх | [ɣudalq] |
| krukken (mv.) | Іасанаш | [əasanaʃ] |

pijnstiller (de)	лаза ца войту молханаш	[laza tsa vɔjtu mɔlhanaʃ]
laxeermiddel (het)	чуьйнадохуьйтург	[tʃyjnadɔhyjturg]
spiritus (de)	спирт	[spirt]
medicinale kruiden (mv.)	дарбанан буц	[darbanan buts]
kruiden- (abn)	бецан	[betsan]

77. Roken. Tabaksproducten

tabak (de)	тонка	[toŋka]
sigaret (de)	сигарет	[sigaret]
sigaar (de)	сигара	[sigara]
pijp (de)	луьлла	[lyl:a]
pakje (~ sigaretten)	цигаьркийн ботт	[tsigærki:n bot:]

lucifers (mv.)	сирникаш	[sirnikaʃ]
luciferdoosje (het)	сирникийн ботт	[sirniki:n bot:]
aansteker (de)	цletухург	[tshetuhurg]
asbak (de)	чимтосург	[tʃimtosurg]
sigarettendoosje (het)	портсигар	[portsigar]

sigarettenpijpje (het)	муштакх	[muʃtaq]
filter (de/het)	луьттург	[lyt:urg]

roken (ww)	оза	[ɔza]
een sigaret opsteken	ийза дола	[i:za dɔla]
roken (het)	цигаьрка озар	[tsigærka ɔzar]
roker (de)	цигаьркаузург	[tsigærkauzurg]

peuk (de)	цигаьркан юьхьиг	[tsigærkan juhig]
rook (de)	кӀур	[k:ur]
as (de)	чим	[tʃim]

HET MENSELIJKE LEEFGEBIED

Stad

78. Stad. Het leven in de stad

stad (de)	гӏала	[ɣala]
hoofdstad (de)	нана-гӏала	[nana gəala]
dorp (het)	юрт	[jurt]
plattegrond (de)	гӏалин план	[ɣalin plan]
centrum (ov. een stad)	гӏалин юкъ	[ɣalin juqh]
voorstad (de)	гӏалин йист	[ɣalin jıst]
voorstads- (abn)	гӏалин йистера	[ɣalin jıstera]
randgemeente (de)	гӏалин йист	[ɣalin jıst]
omgeving (de)	гӏалин гонахе	[ɣalin gɔnahe]
blok (huizenblok)	квартал	[kvartal]
woonwijk (de)	нах беха квартал	[nah beha kvartal]
verkeer (het)	лелар	[lelar]
verkeerslicht (het)	светофор	[swetɔfɔr]
openbaar vervoer (het)	гӏалара транспорт	[ɣalara transport]
kruispunt (het)	галморзе	[galmɔrze]
zebrapad (oversteekplaats)	галморзе	[galmɔrze]
onderdoorgang (de)	лаьттан бухара дехьаволийла	[læt:an buhara dehavɔli:la]
oversteken (de straat ~)	дехьа вала	[deha vala]
voetganger (de)	гӏашло	[ɣaʃlɔ]
trottoir (het)	тротуар	[trɔtuar]
brug (de)	тӏай	[thaj]
dijk (de)	хийист	[hi:ist]
fontein (de)	фонтан	[fɔntan]
allee (de)	аллей	[al:ej]
park (het)	беш	[beʃ]
boulevard (de)	бульвар	[buʎvar]
plein (het)	майда	[majda]
laan (de)	проспект	[prɔspekt]
straat (de)	урам	[uram]
zijstraat (de)	урамалг	[uramalg]
doodlopende straat (de)	кӏажбухе	[k:aʒbuhe]
huis (het)	цӏа	[tsha]
gebouw (het)	гӏишло	[ɣiʃlɔ]
wolkenkrabber (de)	стигал-бохь	[stigal bɔh]
gevel (de)	хьалхе	[halhe]

dak (het)	тхов	[thov]
venster (het)	кор	[kɔr]
boog (de)	нартол	[nartɔl]
pilaar (de)	колонна	[kɔlɔŋa]
hoek (ov. een gebouw)	маьиг	[mææig]

vitrine (de)	витрина	[witrina]
gevelreclame (de)	гойтург	[gɔjturg]
affiche (de/het)	афиша	[afiʃa]
reclameposter (de)	реклaман плакат	[reklaman plakat]
aanplakbord (het)	реклaман у	[reklaman u]

vuilnis (de/het)	нехаш	[nehaʃ]
vuilnisbak (de)	урна	[urna]
afval weggooien (ww)	нехаш яржо	[nehaʃ jarʒɔ]
stortplaats (de)	нехаш дlакхийсуьйла	[nehaʃ dəaqi:syjla]

telefooncel (de)	телефонан будка	[telefɔnan budka]
straatlicht (het)	фонаран зlенар	[fɔnaran zəenar]
bank (de)	гlант	[ɣant]

politieagent (de)	полици	[pɔlitsi]
politie (de)	полици	[pɔlitsi]
zwerver (de)	саrlадоьхург	[saɣadøhurg]
dakloze (de)	цlа доцу	[tsha dɔtsu]

79. Stedelijke instellingen

winkel (de)	туька	[tyka]
apotheek (de)	аптека	[apteka]
optiek (de)	оптика	[ɔptika]
winkelcentrum (het)	механ центр	[mehan tsentr]
supermarkt (de)	супермаркет	[supermarket]

bakkerij (de)	сурсатийн туька	[sursati:n tyka]
bakker (de)	пурнхо	[purnho]
banketbakkerij (de)	кондитерски	[kɔnditerski]
kruidenier (de)	баккхал	[bak:al]
slagerij (de)	жижиг духку туька	[ʒiʒiɡ duhkıı tyka]

groentewinkel (de)	хасстоьмийн туька	[has:tømi:n tyka]
markt (de)	базар	[bazar]

koffiehuis (het)	кафе	[kafe]
restaurant (het)	ресторан	[restɔran]
bar (de)	йийн туька	[ji:n tyka]
pizzeria (de)	пиццерий	[pitseri:]

kapperssalon (de/het)	парикмахерски	[parikmaherski]
postkantoor (het)	пошт	[pɔʃt]
stomerij (de)	химцlандар	[himtshandar]
fotostudio (de)	фотоателье	[fotɔateʎje]
schoenwinkel (de)	мачийн туька	[matʃi:n tyka]
boekhandel (de)	книшкийн туька	[kniʃki:n tyka]

sportwinkel (de)	спортан туька	[sportan tyka]
kledingreparatie (de)	бедар таяр	[bedar tajar]
kledingverhuur (de)	бедарийн прокат	[bedari:n prɔkat]
videotheek (de)	фильман прокат	[fiʌman prɔkat]

circus (de/het)	цирк	[tsirk]
dierentuin (de)	дийнатийн парк	[di:nati:n park]
bioscoop (de)	кинотеатр	[kinɔteatr]
museum (het)	музей	[muzej]
bibliotheek (de)	библиотека	[bibliɔteka]

theater (het)	театр	[teatr]
opera (de)	опера	[ɔpera]
nachtclub (de)	буьйсанан клуб	[byjsanan klub]
casino (het)	казино	[kazinɔ]

moskee (de)	маьждиг	[mæʒdig]
synagoge (de)	синагога	[sinagɔga]
kathedraal (de)	килс	[kils]
tempel (de)	зиярат	[zijarat]
kerk (de)	килс	[kils]

instituut (het)	институт	[institut]
universiteit (de)	университет	[uniwersitet]
school (de)	школа	[ʃkɔla]

gemeentehuis (het)	префектур	[prefektur]
stadhuis (het)	мэри	[mɛri]
hotel (het)	хьешийн цӀа	[heʃi:n tsha]
bank (de)	банк	[baŋk]

ambassade (de)	векаллат	[wekal:at]
reisbureau (het)	турагенство	[turagenstvɔ]
informatieloket (het)	хаттараллин бюро	[hat:aral:in byrɔ]
wisselkantoor (het)	хуьицийла	[hyitsi:la]

metro (de)	метро	[metrɔ]
ziekenhuis (het)	больница	[boʌnitsa]

benzinestation (het)	бензин дутту колонка	[benzin dut:u kɔlɔŋka]
parking (de)	дӀахӀоттайойла	[dəahɔt:ajojla]

80. Borden

gevelreclame (de)	гойтург	[gɔjturg]
opschrift (het)	тӀеяздар	[thejazdar]
poster (de)	плакат	[plakat]
wegwijzer (de)	гойтург	[gɔjturg]
pijl (de)	цамза	[tsamza]

waarschuwing (verwittiging)	лардар	[lardar]
waarschuwingsbord (het)	дӀахьедар	[dəahedar]
waarschuwen (ww)	дӀахьедан	[dəahedan]
vrije dag (de)	мукъа де	[muqha de]

77

dienstregeling (de)	расписани	[raspisani]
openingsuren (mv.)	белхан сахьташ	[belhan sahtaʃ]

WELKOM!	ДИКАНЦА ДОГИЙЛА!	[dikantsa doɣi:la]
INGANG	ЧУГОЙЛА	[ʧuɣɔjla]
UITGANG	АРАДОЛИЙЛА	[aradɔli:la]

DUWEN	ШЕГАРА	[ʃəgara]
TREKKEN	ШЕН ТIE	[ʃən the]
OPEN	ДИЛЛИНА	[dil:ina]
GESLOTEN	КЪОВЛИНА	[qhɔvlina]

DAMES	ЗУДАРИЙН	[zudari:n]
HEREN	БОЖАРИЙН	[bɔʒari:n]

KORTING	МАХ ТIЕРБАККХАР	[mah therbak:ar]
UITVERKOOP	ДОЬХКИНА ДIАДАККХАР	[døhkina dəadak:ar]
NIEUW!	КЕРЛАНИГ!	[kerlanig]
GRATIS	МАЬХЗА	[mæhza]

PAS OP!	ЛАДОГIА!	[ladɔɣa]
VOLGEBOEKT	МЕТТИГ ЯЦ	[met:ig jats]
GERESERVEERD	ЦХЬАНАН ТIЕХЬ ЧIАГIЙИНА	[tshanan theh ʧhaɣjina]

ADMINISTRATIE	АДМИНИСТРАЦИ	[administratsi]
ALLEEN VOOR PERSONEEL	ПЕРСОНАЛАН БЕ	[personalan be]

GEVAARLIJKE HOND	ДЕРА ЖIАЬЛА	[dera ʒəæla]
VERBODEN TE ROKEN!	ЦИГАЬРКА ОЗА МЕГАШ ДАЦ!	[tsigærka ɔza megaʃ dats]
NIET AANRAKEN!	КУЬЙГАШ МА ДЕТТА!	[kyjgaʃ ma det:a]

GEVAARLIJK	КХЕРАМЕ	[qerame]
GEVAAR	КХЕРАМ	[qeram]
HOOGSPANNING	ЛАКХАРЧУ БУЛЛАМАН ТОК	[laqarʧu bul:aman tɔk]
VERBODEN TE ZWEMMEN	ЛИЙЧА ЦА МЕГА	[li:ʧa tsa mega]
BUITEN GEBRUIK	БОЛХ ЦА БО	[bɔlh tsa bɔ]

ONTVLAMBAAR	ЦIЕ КХЕРАМЕ	[tshe qerame]
VERBODEN	ЦА МЕГА	[tsa mega]
DOORGANG VERBODEN	ЧЕКХДАЛАР ЦА МЕГА	[ʧeqdalar tsa mega]
OPGELET PAS GEVERFD	БАСАР ХЬАЬКХНА	[basar hæqna]

81. Stedelijk vervoer

bus, autobus (de)	автобус	[avtɔbus]
tram (de)	трамвай	[tramvaj]
trolleybus (de)	троллейбус	[trɔl:ejbus]
route (de)	маршрут	[marʃrut]
nummer (busnummer, enz.)	номер	[nɔmer]
rijden met …	даха	[daha]

| stappen (in de bus ~) | тlехаа | [theha:] |
| afstappen (ww) | охьадосса | [ɔhadɔs:a] |

halte (de)	социйла	[sɔtsi:la]
volgende halte (de)	porlepa социйла	[rɔɣera sɔtsi:la]
eindpunt (het)	тlаьххьара социйла	[thæhara sɔtsi:la]
dienstregeling (de)	расписани	[raspisani]
wachten (ww)	хьежа	[heʒa]

| kaartje (het) | билет | [bilet] |
| reiskosten (de) | билетан мах | [biletan mah] |

kassier (de)	кассир	[kas:ir]
kaartcontrole (de)	контроль	[kɔntrɔʎ]
controleur (de)	контролёр	[kɔntrɔlɜr]

te laat zijn (ww)	тlаьхьадиса	[thæhadisa]
missen (de bus ~)	тlаьхьадиса	[thæhadisa]
zich haasten (ww)	сихадала	[sihadala]

taxi (de)	такси	[taksi]
taxichauffeur (de)	таксист	[taksist]
met de taxi (bw)	таксин тlехь	[taksin theh]
taxistandplaats (de)	такси дlахlоттайойла	[taksi dəahɔt:ajojla]
een taxi bestellen	таксига кхайкха	[taksiga qajqa]
een taxi nemen	такси лаца	[taksi latsa]

verkeer (het)	урамашкахула лелар	[uramaʃkahula lelar]
file (de)	дlадукъар	[dəaduqhar]
spitsuur (het)	юкъуелла хан	[juqhʰel:a han]
parkeren (on.ww.)	машина дlахlоттар	[maʃina dəahɔt:ar]
parkeren (ov.ww.)	машина дlахlотто	[maʃina dəahɔt:ɔ]
parking (de)	дlахlоттайойла	[dəahɔt:ajojla]

metro (de)	метро	[metrɔ]
halte (bijv. kleine treinhalte)	станци	[stantsi]
de metro nemen	метрохь ваха	[metrɔh vaha]
trein (de)	цlерпошт	[tsherpɔʃt]
station (treinstation)	вокзал	[vɔkzal]

82. Bezienswaardigheden

monument (het)	хlоллам	[hɔl:am]
vesting (de)	гlап	[ɣap]
paleis (het)	гlала	[ɣala]
kasteel (het)	гlала	[ɣala]
toren (de)	бlов	[bəov]
mausoleum (het)	мавзолей	[mavzɔlej]

architectuur (de)	архитектура	[arhitektura]
middeleeuws (bn)	юккъерчу бlешерийн	[jukqhertʃu bəeʃəri:n]
oud (bn)	тамашена	[tamaʃəna]
nationaal (bn)	къаьмнийн	[qhæmni:n]
bekend (bn)	гlарадаьлла	[ɣaradæl:a]

toerist (de)	турист	[turist]
gids (de)	гид	[gid]
rondleiding (de)	экскурси	[ɛkskursi]
tonen (ww)	гайта	[gajta]
vertellen (ww)	дийца	[diːtsa]

vinden (ww)	каро	[karɔ]
verdwalen (de weg kwijt zijn)	дан	[dan]
plattegrond (~ van de metro)	схема	[shema]
plattegrond (~ van de stad)	план	[plan]

souvenir (het)	совгӏат	[sɔvɣat]
souvenirwinkel (de)	совгӏатан туька	[sɔvɣatan tyka]
een foto maken (ww)	сурт даккха	[surt dakːa]
zich laten fotograferen	сурт даккхийта	[surt dakːiːta]

83. Winkelen

kopen (ww)	эца	[ɛtsa]
aankoop (de)	эцар	[ɛtsar]
winkelen (ww)	хӏуманаш эца	[humanaʃ ɛtsa]
winkelen (het)	эцар	[ɛtsar]

open zijn (ov. een winkel, enz.)	болх бан	[bɔlh ban]
gesloten zijn (ww)	дӏакъовла	[dəaqhɔvla]

schoeisel (het)	мача	[matʃa]
kleren (mv.)	бедар	[bedar]
cosmetica (de)	косметика	[kɔsmetika]
voedingswaren (mv.)	сурсаташ	[sursataʃ]
geschenk (het)	совгӏат	[sɔvɣat]

verkoper (de)	йохкархо	[johkarhɔ]
verkoopster (de)	йохкархо	[johkarhɔ]

kassa (de)	касса	[kasːa]
spiegel (de)	куьзга	[kyzga]
toonbank (de)	гӏопаста	[ɣɔpasta]
paskamer (de)	примерочни	[primerɔtʃni]

aanpassen (ww)	тӏедуьйхина хьажа	[thedyjhina haʒa]
passen (ov. kleren)	гӏехьа хила	[ɣeha hila]
bevallen (prettig vinden)	хазахета	[hazaheta]

prijs (de)	мах	[mah]
prijskaartje (het)	махло	[mahlɔ]
kosten (ww)	деха	[deha]
Hoeveel?	Хӏун доккху?	[hun dɔkːu]
korting (de)	тӏерадаккхар	[theradakːar]

niet duur (bn)	деза доцу	[deza dɔtsu]
goedkoop (bn)	дораха	[dɔraha]
duur (bn)	деза	[deza]

Dat is duur.	Иза механ деза ду.	[iza mehan deza du]
verhuur (de)	прокат	[prɔkat]
huren (smoking, enz.)	прокатан схьаэца	[prɔkatan shaətsa]
krediet (het)	кредит	[kredit]
op krediet (bw)	кредитан	[kreditan]

84. Geld

geld (het)	ахча	[ahtʃa]
ruil (de)	хийцар	[hi:tsar]
koers (de)	мах	[mah]
geldautomaat (de)	банкомат	[baŋkɔmat]
muntstuk (de)	ахча	[ahtʃa]

| dollar (de) | доллар | [dɔl:ar] |
| euro (de) | евро | [evrɔ] |

lire (de)	лира	[lira]
Duitse mark (de)	марка	[marka]
frank (de)	франк	[fraŋk]
pond sterling (het)	стерлингийн фунт	[sterliŋi:n funt]
yen (de)	йена	[jena]

schuld (geldbedrag)	декхар	[deqar]
schuldenaar (de)	декхархо	[deqarhɔ]
uitlenen (ww)	юхалург дала	[juhalurg dala]
lenen (geld ~)	юхалург эца	[juhalurg ɛtsa]

bank (de)	банк	[baŋk]
bankrekening (de)	счёт	[stʃot]
op rekening storten	счёт тІедилла	[stʃot thedil:a]
opnemen (ww)	счёт тІера схьаэца	[stʃot thera shaətsa]

kredietkaart (de)	кредитан карта	[kreditan karta]
baar geld (het)	карахь долу ахча	[karah dɔlu ahtʃa]
cheque (de)	чек	[tʃek]
een cheque uitschrijven	чёт язъян	[tʃot jazʰjan]
chequeboekje (het)	чекан книшка	[tʃekan kniʃka]

portefeuille (de)	бумаьштиг	[bumæʃtig]
geldbeugel (de)	бохча	[bɔhtʃa]
portemonnee (de)	портмоне	[portmɔne]
safe (de)	сейф	[sejf]

erfgenaam (de)	верас	[weras]
erfenis (de)	диснарг	[disnarg]
fortuin (het)	бахам	[baham]

huur (de)	аренда	[arenda]
huurprijs (de)	петаран мах	[petaran mah]
huren (huis, kamer)	лаца	[latsa]

| prijs (de) | мах | [mah] |
| kostprijs (de) | мах | [mah] |

som (de)	жамl	[ʒamə]
uitgeven (geld besteden)	дайа	[daja]
kosten (mv.)	харжаш	[harʒaʃ]
bezuinigen (ww)	довзо	[dɔvzɔ]
zuinig (bn)	девзаш долу	[devzaʃ dɔlu]

betalen (ww)	ахча дала	[ahtʃa dala]
betaling (de)	алапа далар	[alapa dalar]
wisselgeld (het)	юхадоrlург	[juhadɔɣurg]

belasting (de)	налог	[nalɔg]
boete (de)	гlуда	[ɣuda]
beboeten (bekeuren)	гlуда тоха	[ɣuda tɔha]

85. Post. Postkantoor

postkantoor (het)	пошт	[pɔʃt]
post (de)	пошт	[pɔʃt]
postbode (de)	почтальон	[pɔtʃtaʎɔn]
openingsuren (mv.)	белхан сахьташ	[belhan sahtaʃ]

brief (de)	кехат	[kehat]
aangetekende brief (de)	заказ дина кехат	[zakaz dina kehat]
briefkaart (de)	открытк	[ɔtkrɪtk]
telegram (het)	телеграмма	[telegram:a]
postpakket (het)	посылка	[pɔsɪlka]
overschrijving (de)	дlатесна ахча	[dəatesna ahtʃa]

ontvangen (ww)	схьаэца	[shaətsa]
sturen (zenden)	дlадахьийта	[dəadahi:ta]
verzending (de)	дlадахьийтар	[dəadahi:tar]

adres (het)	адрес	[adres]
postcode (de)	индекс	[indeks]
verzender (de)	дlадахьийтинарг	[dəadahi:tinarg]
ontvanger (de)	схьаэцархо	[shaətsarhɔ]

| naam (de) | цlе | [tshe] |
| achternaam (de) | фамили | [famili] |

tarief (het)	тариф	[tarif]
standaard (bn)	гуттарлера	[gut:arlera]
zuinig (bn)	кхоаме	[qɔame]

gewicht (het)	дозалла	[dɔzal:a]
afwegen (op de weegschaal)	оза	[ɔza]
envelop (de)	ботт	[bɔt:]
postzegel (de)	марка	[marka]

Woning. Huis. Thuis

86. Huis. Woning

huis (het)	цӀа	[ts͡ha]
thuis (bw)	цӀахь	[ts͡hah]
cour (de)	керт	[kert]
omheining (de)	керт	[kert]

baksteen (de)	кибарчиг	[kibart͡ʃig]
van bakstenen	кибарчигийн	[kibart͡ʃigi:n]
steen (de)	тӀулг	[thulg]
stenen (bn)	тӀулган	[thulgan]
beton (het)	бетон	[betɔn]
van beton	бетонан	[betɔnan]

nieuw (bn)	цӀина	[ts͡hina]
oud (bn)	тиша	[tiʃa]
vervallen (bn)	тиша	[tiʃa]
modern (bn)	вайн хенан	[vajn henan]
met veel verdiepingen	дукхазза тӀекӀелдина	[duqaz:a thek:eldina]
hoog (bn)	лекха	[leqa]

verdieping (de)	этаж	[ɛtaʒ]
met een verdieping	цхьа этаж йолу	[ts͡ha ɛtaʒ jolu]

laagste verdieping (de)	лахара этаж	[lahara ɛtaʒ]
bovenverdieping (de)	лакхара этаж	[laqara ɛtaʒ]

dak (het)	тхов	[thov]
schoorsteen (de)	биргӀа	[birɣa]

dakpan (de)	гериг	[gerig]
pannen- (abn)	гериган	[gerigan]
zolder (de)	чардакх	[t͡ʃardaq]

venster (het)	кор	[kɔr]
glas (het)	ангали	[aŋali]

vensterbank (de)	коран у	[kɔran u]
luiken (mv.)	коран нелараш	[kɔran neearaʃ]

muur (de)	пен	[pen]
balkon (het)	балкон	[balkɔn]
regenpijp (de)	малхбалехьара биргӀа	[malhbalehara birɣa]

boven (bw)	лакхахь	[laqah]
naar boven gaan (ww)	тӀедала	[thedala]
afdalen (on.ww.)	охьадан	[ɔhadan]
verhuizen (ww)	дӀаваха	[deavaha]

87. Huis. Ingang. Lift

ingang (de)	тlеводийла	[thevɔdi:la]
trap (de)	лами	[lami]
treden (mv.)	тlерlанаш	[theɣanaʃ]
trapleuning (de)	перила	[perila]
hal (de)	дуьхьал чоь	[dyhal ʧø]
postbus (de)	поштан яьшка	[pɔʃtan jaʃka]
vuilnisbak (de)	нехаш кхуьйсу бак	[nehaʃ qyjsu bak]
vuilniskoker (de)	нехашдlаузург	[nehaʃdəauzurg]
lift (de)	лифт	[lift]
goederenlift (de)	киранан лифт	[kiranan lift]
liftcabine (de)	лифтан кабин	[liftan kabin]
de lift nemen	даха	[daha]
appartement (het)	петар	[petar]
bewoners (mv.)	хlусамхой	[husamhoj]
buurman (de)	лулахо	[lulaho]
buurvrouw (de)	лулахо	[lulaho]
buren (mv.)	лулахой	[lulahoj]

88. Huis. Elektriciteit

elektriciteit (de)	электричество	[ɛlektriʧestvɔ]
lamp (de)	лампа	[lampa]
schakelaar (de)	дlаяйоург	[dəajajourg]
zekering (de)	тlус	[thus]
draad (de)	сара	[sara]
bedrading (de)	далор	[dalɔr]
elektriciteitsmeter (de)	лорург	[lɔrurg]
gegevens (mv.)	гайтам	[gajtam]

89. Huis. Deuren. Sloten

deur (de)	нel	[neə]
toegangspoort (de)	ков	[kɔv]
deurkruk (de)	тlам	[tham]
ontsluiten (ontgrendelen)	дlайела	[dəajela]
openen (ww)	схьайела	[shajela]
sluiten (ww)	дlакъовла	[dəaqhovla]
sleutel (de)	доrlа	[doɣa]
sleutelbos (de)	доrlанийн кочар	[doɣani:n kotʧar]
knarsen (bijv. scharnier)	цlийза	[tshi:za]
knarsgeluid (het)	цlийзар	[tshi:zar]
scharnier (het)	кlажа	[k:aʒa]
deurmat (de)	кузан цуьрг	[kuzan tsyrg]
slot (het)	доrlа	[doɣa]

sleutelgat (het)	догIанан Iуьрг	[dɔɣanan əyrg]
grendel (de)	гIуй	[ɣuj]
schuif (de)	зайл	[zajl]
hangslot (het)	навесной догIа	[nawesnɔj dɔɣa]

aanbellen (ww)	детта	[det:a]
bel (geluid)	горгали	[gɔrgali]
deurbel (de)	горгали	[gɔrgali]
belknop (de)	кнопка	[knɔpka]
geklop (het)	тата	[tata]
kloppen (ww)	детта	[det:a]

code (de)	код	[kɔd]
cijferslot (het)	кодови догIа	[kɔdɔwi dɔɣa]
parlofoon (de)	домофон	[dɔmɔfɔn]
nummer (het)	номер	[nɔmer]
naambordje (het)	гойтург	[gɔjturg]
deurspion (de)	блаьрг	[bəærg]

90. Huis op het platteland

dorp (het)	юрт	[jurt]
moestuin (de)	хасбеш	[hasbeʃ]
hek (het)	керт	[kert]
houten hekwerk (het)	керт	[kert]
tuinpoortje (het)	ринжа	[rinʒa]

graanschuur (de)	амбар	[ambar]
wortelkelder (de)	ларма	[larma]
schuur (de)	божал	[bɔʒal]
waterput (de)	гIу	[ɣu]

kachel (de)	пеш	[peʃ]
de kachel stoken	даго	[dagɔ]
brandhout (het)	дечиг	[detʃig]
houtblok (het)	туьппалг	[typ:alg]

veranda (de)	уче	[utʃe]
terras (het)	уче	[utʃe]
bordes (het)	лаба	[laba]
schommel (de)	бираьнчик	[biræntʃik]

91. Villa. Herenhuis

landhuisje (het)	гIалил ара цIа	[ɣalil ara tsha]
villa (de)	вилла	[wil:a]
vleugel (de)	арло	[aɣɔ]

tuin (de)	хасбеш	[hasbeʃ]
park (het)	беш	[beʃ]
oranjerie (de)	оранжерей	[ɔranʒerej]
onderhouden (tuin, enz.)	IалашдаН	[əalaʃdan]

zwembad (het)	бассейн	[bɑs:ejn]
gym (het)	спортан зал	[sportɑn zɑl]
tennisveld (het)	теннисан корт	[teɲisɑn kɔrt]
bioscoopkamer (de)	кинотеатр	[kinɔteɑtr]
garage (de)	гараж	[gɑrɑʒ]

privé-eigendom (het)	долара хьал	[dɔlɑrɑ hɑl]
eigen terrein (het)	долара хьал	[dɔlɑrɑ hɑl]
waarschuwing (de)	дӏахьедар	[dəɑhedɑr]
waarschuwingsbord (het)	дӏахьедаран йоза	[dəɑhedɑrɑn jozɑ]

bewaking (de)	ха	[ha]
bewaker (de)	хехо	[heho]
inbraakalarm (het)	хаамбийриг	[ha:mbi:rig]

92. Kasteel. Paleis

kasteel (het)	гӏала	[ɣɑlɑ]
paleis (het)	гӏала	[ɣɑlɑ]
vesting (de)	гӏап	[ɣɑp]

ringmuur (de)	пен	[pen]
toren (de)	бӏов	[bəɔv]
donjon (de)	коьрта бӏов	[kørtɑ bəɔv]

valhek (het)	хьалаайалун ков	[hɑlɑ:jɑlun kɔv]
onderaardse gang (de)	лаьттан бухара	[læt:ɑn buhɑrɑ
	чекхдолийла	ʧeqdoli:lɑ]
slotgracht (de)	саьнгар	[sæŋɑr]
ketting (de)	зӏе	[zəe]
schietgat (het)	бӏарол	[bəɑrɔl]

prachtig (bn)	исбаьхьа	[isbæhɑ]
majestueus (bn)	инзара-доккха	[inzɑrɑ dɔk:ɑ]
onneembaar (bn)	тӏекхачалур воцу	[theqɑtʃɑlur vɔtsu]
middeleeuws (bn)	юккъерчу бӏешерийн	[jukqhertʃu bəeʃəri:n]

93. Appartement

appartement (het)	петар	[petɑr]
kamer (de)	чоь	[ʧø]
slaapkamer (de)	дуьйшу чоь	[dyjʃu ʧø]
eetkamer (de)	столови	[stɔlowi]
salon (de)	хьешан цӏа	[heʃɑn tshɑ]
studeerkamer (de)	кабинет	[kabinet]

gang (de)	сени	[seni]
badkamer (de)	ваннан чоь	[vɑŋɑn ʧø]
toilet (het)	хьаштаӏа	[haʃtɑɣɑ]
plafond (het)	тхов	[thov]
vloer (de)	цӏенкъа	[tshenqhɑ]
hoek (de)	са	[sɑ]

94. Appartement. Schoonmaken

schoonmaken (ww)	д1адаха	[dəadaha]
opbergen (in de kast, enz.)	д1адаха	[dəadaha]
stof (het)	чан	[tʃan]
stoffig (bn)	ченан	[tʃenan]
stoffen (ww)	чан д1аяккха	[tʃan dəajak:a]
stofzuiger (de)	чанъузург	[tʃanʰuzurg]
stofzuigen (ww)	чанъузург хьакха	[tʃanʰuzurg haqa]
vegen (de vloer ~)	нуй хьакха	[nuj haqa]
veegsel (het)	нехаш	[nehaʃ]
orde (de)	къепе	[qhepe]
wanorde (de)	къепе яцар	[qhepe jatsar]
zwabber (de)	швабра	[ʃvabra]
poetsdoek (de)	горгам	[gɔrgam]
veger (de)	нуй	[nuj]
stofblik (het)	аьшкал	[æʃkal]

95. Meubels. Interieur

meubels (mv.)	мебель	[mebeʎ]
tafel (de)	стол	[stɔl]
stoel (de)	г1ант	[ɣant]
bed (het)	маьнга	[mæŋa]
bankstel (het)	диван	[divan]
fauteuil (de)	кресло	[kreslɔ]
boekenkast (de)	шкаф	[ʃkaf]
boekenrek (het)	терхи	[terhi]
stellingkast (de)	книгашйохкург	[knigaʃjohkurg]
kledingkast (de)	шкаф	[ʃkaf]
kapstok (de)	бедаршъухкург	[bedarʃʷuhkurg]
staande kapstok (de)	бедаршъухкург	[bedarʃʷuhkurg]
commode (de)	комод	[kɔmɔd]
salontafeltje (het)	журналан стол	[ʒurnalan stɔl]
spiegel (de)	куьзга	[kyzga]
tapijt (het)	куз	[kuz]
tapijtje (het)	кузан цуьрг	[kuzan tsyrg]
haard (de)	товха	[tɔvha]
kaars (de)	ч1урам	[tʃhuram]
kandelaar (de)	ч1урамх1оттрг	[tʃhuramhɔt:ɔrg]
gordijnen (mv.)	штораш	[ʃtɔraʃ]
behang (het)	обойш	[ɔbɔjʃ]
jaloezie (de)	жалюзаш	[ʒalyzaʃ]
bureaulamp (de)	стоьла т1е х1отто лампа	[støla the hɔt:ɔ lampa]
wandlamp (de)	къуьда	[qhyda]

staande lamp (de)	торшер	[tɔrʃər]
luchter (de)	люстра	[lystra]

poot (ov. een tafel, enz.)	ког	[kɔg]
armleuning (de)	голаГлортопг	[gɔlaɣɔrtɔrg]
rugleuning (de)	букъ	[buqh]
la (de)	яьшка	[jaʃka]

96. Beddengoed

beddengoed (het)	чухулаюху хӀуманаш	[tʃuhulajuhu humanaʃ]
kussen (het)	гӀайба	[ɣajba]
kussenovertrek (de)	лоччар	[lotʃar]
deken (de)	юргӀа	[jurɣa]
laken (het)	шаршу	[ʃarʃu]
sprei (de)	меттан шаршу	[met:an ʃarʃu]

97. Keuken

keuken (de)	кухни	[kuhni]
gas (het)	газ	[gaz]
gasfornuis (het)	газан плита	[gazan plita]
elektrisch fornuis (het)	электрически плита	[ɛlektritʃeski plita]
oven (de)	духовка	[duhovka]
magnetronoven (de)	микроволнови пеш	[mikrɔvɔlnɔwi peʃ]

koelkast (de)	шелиг	[ʃelig]
diepvriezer (de)	морозильник	[mɔrɔziʎnik]
vaatwasmachine (de)	пхьегӀаш йулу машина	[pheɣaʃ julu maʃina]

vleesmolen (de)	жижигъохьург	[ʒiʒigʰɔhurg]
vruchtenpers (de)	муттадоккхург	[mut:adɔk:urg]
toaster (de)	тостер	[tɔster]
mixer (de)	миксер	[mikser]

koffiemachine (de)	къахьокхехкорг	[qhahɔqehkɔrg]
koffiepot (de)	къахьокхехкорг	[qhahɔqehkɔrg]
koffiemolen (de)	къахьохьхьарг	[qhahɔahɔrg]

fluitketel (de)	чайник	[tʃajnik]
theepot (de)	чайник	[tʃajnik]
deksel (de/het)	нергӀап	[neɣar]
theezeefje (het)	цаца	[tsatsa]

lepel (de)	лаӏг	[əajg]
theelepeltje (het)	стаканан лаӏг	[stakanan əajg]
eetlepel (de)	аьчка лаӏг	[ætʃka əajg]
vork (de)	мӀара	[məara]
mes (het)	урс	[urs]

vaatwerk (het)	пхьегӀаш	[pheɣaʃ]
bord (het)	бошхап	[bɔʃhap]

schoteltje (het)	бошхап	[boʃhap]
likeurglas (het)	рюмка	[rymka]
glas (het)	стака	[staka]
kopje (het)	кад	[kad]

suikerpot (de)	шекардухкург	[ʃəkarduhkurg]
zoutvat (het)	туьхадухкург	[tyhaduhkurg]
pepervat (het)	бурчъюхкург	[burtʃʰjuhkurg]
boterschaaltje (het)	даьттадуьллург	[dæt:adyl:urg]

steelpan (de)	яй	[jaj]
bakpan (de)	зайла	[zajla]
pollepel (de)	чами	[tʃami]
vergiet (de/het)	луьттар	[lyt:ar]
dienblad (het)	хедар	[hedar]

fles (de)	шиша	[ʃiʃa]
glazen pot (de)	банка	[baŋka]
blik (conserven~)	банка	[baŋka]

flesopener (de)	схьадоьллург	[shadøl:urg]
blikopener (de)	схьадоьллург	[shadøl:urg]
kurkentrekker (de)	штопор	[ʃtɔpɔr]
filter (de/het)	луьттург	[lyt:urg]
filteren (ww)	литта	[lit:a]

huisvuil (het)	нехаш	[nehaʃ]
vuilnisemmer (de)	нехийн ведар	[nehi:n wedar]

98. Badkamer

badkamer (de)	ваннан чоь	[vaŋan tʃø]
water (het)	хи	[hi]
kraan (de)	кран	[kran]
warm water (het)	довха хи	[dɔvha hi]
koud water (het)	шийла хи	[ʃi:la hi]

tandpasta (de)	цергийн паста	[tsergi:n pasta]
tanden poetsen (ww)	цергаш цӀанъян	[tsergaʃ tshanʰjan]

zich scheren (ww)	даша	[daʃa]
scheercrème (de)	чопа	[tʃopa]
scheermes (het)	урс	[urs]

wassen (ww)	дила	[dila]
een bad nemen	дила	[dila]
douche (de)	душ	[duʃ]
een douche nemen	лийча	[li:tʃa]

bad (het)	ванна	[vaŋa]
toiletpot (de)	унитаз	[unitaz]
wastafel (de)	раковина	[rakɔwina]
zeep (de)	саба	[saba]
zeepbakje (het)	сабадуьллург	[sabadyl:urg]

spons (de)	худург	[hudurg]
shampoo (de)	шампунь	[ʃampuɲ]
handdoek (de)	гата	[gata]
badjas (de)	оба	[ɔba]

was (bijv. handwas)	диттар	[dit:ar]
wasmachine (de)	хІуманаш юьтту машина	[humanaʃ jut:u maʃina]
de was doen	чухулаюху хІуманаш йитта	[ʧuhulajuhu humanaʃ jit:a]
waspoeder (de)	хІуманаш юьтту порошок	[humanaʃ jut:u pɔrɔʃɔk]

99. Huishoudelijke apparaten

televisie (de)	телевизор	[telewizɔr]
cassettespeler (de)	магнитофон	[magnitɔfɔn]
videorecorder (de)	видеомагнитофон	[wideɔmagnitɔfɔn]
radio (de)	приёмник	[priɜmnik]
speler (de)	плеер	[ple:r]

videoprojector (de)	видеопроектор	[wideɔprɔektɔr]
home theater systeem (het)	цІахь лело кинотеатр	[tshah lelɔ kinɔteatr]
DVD-speler (de)	DVD гойтург	[diwidi gɔjturg]
versterker (de)	чІагІдийриг	[ʧhaɣdi:rig]
spelconsole (de)	ловзаран приставка	[lɔvzaran pristavka]

videocamera (de)	видеокамера	[wideɔkamera]
fotocamera (de)	фотоаппарат	[fɔtɔap:arat]
digitale camera (de)	цифровой фотоаппарат	[tsifrɔvɔj fɔtɔap:arat]

stofzuiger (de)	чанъузург	[ʧanhuzurg]
strijkijzer (het)	иту	[itu]
strijkplank (de)	иту хьокху у	[itu hɔqu u]

telefoon (de)	телефон	[telefɔn]
mobieltje (het)	мобильни телефон	[mɔbiʎni telefɔn]
schrijfmachine (de)	зорба туху машина	[zɔrba tuhu maʃina]
naaimachine (de)	чарх	[ʧarh]

microfoon (de)	микрофон	[mikrɔfɔn]
koptelefoon (de)	ладугІургаш	[laduɣurgaʃ]
afstandsbediening (de)	пульт	[puʎt]

CD (de)	компакт-диск	[kɔmpakt disk]
cassette (de)	кассета	[kas:eta]
vinylplaat (de)	пластинка	[plastiŋka]

100. Reparaties. Renovatie

renovatie (de)	таяр	[tajar]
renoveren (ww)	ремонт яр	[remɔnt jar]
repareren (ww)	ремонт ян	[remɔnt jan]
op orde brengen	къепе дало	[qhepe dalɔ]

overdoen (ww)	юхадан	[juhadan]
verf (de)	басар	[basar]
verven (muur ~)	басар хьакха	[basar haqa]
schilder (de)	басарча	[basartʃa]
kwast (de)	щётка	[ҫɜtka]

| kalk (de) | кир тоха | [kir tɔha] |
| kalken (ww) | кир тоха | [kir tɔha] |

behang (het)	обойш	[ɔbɔjʃ]
behangen (ww)	обойш лато	[ɔbɔjʃ latɔ]
lak (de/het)	лак	[lak]
lakken (ww)	лак хьакха	[lak haqa]

101. Loodgieterswerk

water (het)	хи	[hi]
warm water (het)	довха хи	[dovha hi]
koud water (het)	шийла хи	[ʃiːla hi]
kraan (de)	кран	[kran]

druppel (de)	тӀадам	[thadam]
druppelen (ww)	леда	[leda]
lekken (een lek hebben)	эха	[ɛha]
lekkage (de)	дӀаэхар	[dəaəhar]
plasje (het)	Ӏам	[əam]

buis, leiding (de)	бирӀа	[birɣa]
stopkraan (de)	пиллиг	[pilːig]
verstopt raken (ww)	дукъадала	[duqhadala]

gereedschap (het)	гӀирсаш	[ɣirsaʃ]
Engelse sleutel (de)	галморзахдоккху доргӀа	[galmɔrzahdɔkːu dɔɣa]
losschroeven (ww)	схьахьовзо	[shahɔvzɔ]
aanschroeven (ww)	хьовзо	[hɔvzɔ]

ontstoppen (riool, enz.)	дӀацӀандан	[dəatshandan]
loodgieter (de)	сантехник	[santehnik]
kelder (de)	ор	[ɔr]
riolering (de)	канализаци	[kanalizatsi]

102. Brand. Vuurzee

vuur (het)	цӀе	[tshe]
vlam (de)	алу	[alu]
vonk (de)	суй	[suj]
rook (de)	кӀур	[kːur]
fakkel (de)	хаьштиг	[hæʃtig]
kampvuur (het)	цӀе	[tshe]

| benzine (de) | бензин | [benzin] |
| kerosine (de) | мехкадаьтта | [mehkadætːa] |

brandbaar (bn)	догу	[dɔgu]
ontplofbaar (bn)	эккхар кхераме	[ɛk:ar qerame]
VERBODEN TE ROKEN!	ЦИГАЬРКА ОЗА МЕГАШ ДАЦ!	[tsigærka ɔza megaʃ dats]

veiligheid (de)	кхерамза	[qeramza]
gevaar (het)	кхерам	[qeram]
gevaarlijk (bn)	кхераме	[qerame]

in brand vliegen (ww)	дата	[data]
explosie (de)	эккхар	[ɛk:ar]
in brand steken (ww)	лато	[latɔ]
brandstichter (de)	цӀетасархо	[tshetasarhɔ]
brandstichting (de)	цӀе йиллар	[tshe jɪl:ar]

vlammen (ww)	алу тийса	[alu ti:sa]
branden (ww)	догуш хила	[dɔguʃ hila]
afbranden (ww)	даьгна дӀадала	[dægna dǝadala]

brandweerman (de)	цӀе йойу	[tshe joju]
brandweerwagen (de)	цӀе йойу машина	[tshe joju maʃina]
brandweer (de)	цӀе йойу орца	[tshe joju ɔrtsa]
uitschuifbare ladder (de)	цӀе йойу лами	[tshe joju lami]

brandslang (de)	марш	[marʃ]
brandblusser (de)	цӀейойург	[tshejojurg]
helm (de)	каска	[kaska]
sirene (de)	сирена	[sirena]

roepen (ww)	мохь бетта	[mɔh bet:a]
hulp roepen	гӀонна кхайкха	[ɣɔŋa qajqa]
redder (de)	кӀелхьардакххархо	[k:elhardaqharhɔ]
redden (ww)	кӀелхьардаккха	[k:elhardak:a]

aankomen (per auto, enz.)	дан	[dan]
blussen (ww)	дӀадайа	[dǝadaja]
water (het)	хи	[hi]
zand (het)	гӀум	[ɣum]

ruïnes (mv.)	къапалг	[qhapalg]
instorten (gebouw, enz.)	харца	[hartsa]
ineenstorten (ww)	чухарца	[tʃuhartsa]
inzakken (ww)	охьахарца	[ɔhahartsa]

brokstuk (het)	кийсиг	[ki:sig]
as (de)	чим	[tʃim]

verstikken (ww)	садукъадала	[saduqhadala]
omkomen (ww)	хӀаллакьхила	[hal:akʲhila]

MENSELIJKE ACTIVITEITEN

Baan. Business. Deel 1

103. Kantoor. Op kantoor werken

kantoor (het)	офис	[ɔfis]
kamer (de)	кабинет	[kabinet]
receptie (de)	ресепшн	[resepʃn]
secretaris (de)	секретарь	[sekretarʲ]
directeur (de)	директор	[direktɔr]
manager (de)	менеджер	[menedʒer]
boekhouder (de)	бухгалтер	[buhgalter]
werknemer (de)	къинхьегамча	[qhinhegamtʃa]
meubilair (het)	мебель	[mebeʎ]
tafel (de)	стол	[stɔl]
bureaustoel (de)	кресло	[kreslɔ]
ladeblok (het)	тумбочка	[tumbɔtʃka]
kapstok (de)	бедаршъухкург	[bedarʃʷuhkurg]
computer (de)	компьютер	[kɔmpjyter]
printer (de)	принтер	[printer]
fax (de)	факс	[faks]
kopieerapparaat (het)	копи йоккху аппарат	[kɔpi jok:u ap:arat]
papier (het)	кехат	[kehat]
kantoorartikelen (mv.)	канцелярин гӏирс	[kantseʎarin ɣirs]
muismat (de)	кузан цуьрг	[kuzan tsyrg]
blad (het)	кехат	[kehat]
ordner (de)	папка	[papka]
catalogus (de)	каталог	[katalɔg]
telefoongids (de)	справочник	[spravɔtʃnik]
documentatie (de)	документаш	[dɔkumentaʃ]
brochure (de)	брошюра	[brɔʃyra]
flyer (de)	кехат	[kehat]
monster (het), staal (de)	кеп	[kep]
training (de)	lамор	[əamɔr]
vergadering (de)	кхеташо	[qetaʃɔ]
lunchpauze (de)	делкъана садалар	[delqhana sadaear]
een kopie maken	копи яккха	[kɔpi jak:a]
de kopieën maken	даржо	[darʒɔ]
een fax ontvangen	факс схьаэца	[faks shaetsa]
een fax versturen	факс дӏайахьийта	[faks dəajahi:ta]
opbellen (ww)	тоха	[tɔha]

| antwoorden (ww) | жоп дала | [ʒɔp dala] |
| doorverbinden (ww) | зӀе таса | [zəe tasa] |

afspreken (ww)	билгалдан	[bilgaldan]
demonstreren (ww)	демонстраци ян	[demɔnstratsi jan]
absent zijn (ww)	ца хила	[tsa hila]
afwezigheid (de)	чекхдалийтар	[tʃeqdali:tar]

104. Bedrijfsprocessen. Deel 1

zaak (de), beroep (het)	гӀуллакх	[ɣul:aq]
firma (de)	фирма	[firma]
bedrijf (maatschap)	компани	[kɔmpani]
corporatie (de)	корпораци	[kɔrpɔratsi]
onderneming (de)	предприяти	[predprijati]
agentschap (het)	агенство	[agenstvɔ]

overeenkomst (de)	барт	[bart]
contract (het)	чӀарlам	[tʃhaɣam]
transactie (de)	барт	[bart]
bestelling (de)	заказ	[zakaz]
voorwaarde (de)	биллам	[bil:am]

in het groot (bw)	туьпахь	[typah]
groothandels- (abn)	туьпахь	[typah]
groothandel (de)	туьпахь дохка	[typah dɔhka]
kleinhandels- (abn)	дустуш духку	[dustuʃ duhku]
kleinhandel (de)	узуш дохка	[uzuʃ dɔhka]

concurrent (de)	къийсархо	[qhi:sarhɔ]
concurrentie (de)	къийсам	[qhi:sam]
concurreren (ww)	къийса	[qhi:sa]

| partner (de) | декъашхо | [deqhaʃho] |
| partnerschap (het) | дакъа лацар | [daqha latsar] |

crisis (de)	кризис	[krizis]
bankroet (het)	банкрот хилар	[baŋkrɔt hilar]
bankroet gaan (ww)	декхарлахь диса	[deqarlah disa]
moeilijkheid (de)	хало	[halɔ]
probleem (het)	проблема	[prɔblema]
catastrofe (de)	ирча бохам	[irtʃa bɔham]

economie (de)	экономика	[ɛkɔnɔmika]
economisch (bn)	экономикин	[ɛkɔnɔmikin]
economische recessie (de)	экономикин лахдалар	[ɛkɔnɔmikin lahdalar]

| doel (het) | lалашо | [əalaʃɔ] |
| taak (de) | декхар | [deqar] |

handelen (handel drijven)	мах лело	[mah lelɔ]
netwerk (het)	туькнаш	[tyknaʃ]
voorraad (de)	склад	[sklad]
assortiment (het)	ассортимент	[as:ɔrtiment]

leider (de)	лидер	[lider]
groot (bn)	доккха	[dɔk:a]
monopolie (het)	монополи	[mɔnɔpɔli]

theorie (de)	теори	[teɔri]
praktijk (de)	практика	[praktika]
ervaring (de)	зеделларг	[zedel:arg]
tendentie (de)	тенденци	[tendentsi]
ontwikkeling (de)	кхиам	[qiam]

105. Bedrijfsprocessen. Deel 2

| voordeel (het) | пайда | [pajda] |
| voordelig (bn) | пайдан | [pajdan] |

delegatie (de)	векалш	[wekalʃ]
salaris (het)	белхан алапа	[belhan alapa]
corrigeren (fouten ~)	нисдан	[nisdan]
zakenreis (de)	командировка	[kɔmandirɔvka]
commissie (de)	комисси	[kɔmis:i]

controleren (ww)	тӏехьажа	[thehaʒa]
conferentie (de)	конференци	[kɔnferentsi]
licentie (de)	лицензи	[litsenzi]
betrouwbaar (partner, enz.)	тешаме	[teʃame]

aanzet (de)	дӏадолор	[deadɔlɔr]
norm (bijv. ~ stellen)	барам	[baram]
omstandigheid (de)	хьал	[hal]
taak, plicht (de)	декхар	[deqar]

organisatie (bedrijf, zaak)	организаци	[ɔrganizatsi]
organisatie (proces)	вовшахтохар	[vɔvʃahtɔhar]
georganiseerd (bn)	вовшахкхетта	[vɔvʃahqet:a]
afzegging (de)	дӏадаккхар	[deadak:ar]
afzeggen (ww)	дӏадаккха	[deadak:a]
verslag (het)	отчёт	[ɔtʃ3t]

patent (het)	патент	[patent]
patenteren (ww)	патент ян	[patent jan]
plannen (ww)	план хӏотто	[plan hɔt:ɔ]

premie (de)	совгӏат	[sɔvɣat]
professioneel (bn)	корматаллин	[kɔrmatal:in]
procedure (de)	кеп	[kep]

onderzoeken (contract, enz.)	къасто	[qhastɔ]
berekening (de)	ларар	[larar]
reputatie (de)	репутаци	[reputatsi]
risico (het)	кхерам	[qeram]

beheren (managen)	куьйгаллз дан	[kyjgal:z dan]
informatie (de)	хабар	[habar]
eigendom (bezit)	долалла	[dɔlal:a]

unie (de)	барт	[bart]
levensverzekering (de)	дахаран страховани яр	[daharan strahovani jar]
verzekeren (ww)	страховани ян	[strahovani jan]
verzekering (de)	страховка	[strahovka]

veiling (de)	кхайкхош дохкар	[qajqɔʃ dɔhkar]
verwittigen (ww)	дӀахаийта	[dəahai:ta]
beheer (het)	лелор	[lelɔr]
dienst (de)	гӀуллакх	[ɣul:aq]

forum (het)	гулам	[gulam]
functioneren (ww)	болх бан	[bɔlh ban]
stap, etappe (de)	мур	[mur]
juridisch (bn)	юридически	[juriditʃeski]
jurist (de)	юрист	[jurist]

106. Productie. Werken

industriële installatie (fabriek)	завод	[zavɔd]
fabriek (de)	фабрика	[fabrika]
werkplaatsruimte (de)	цех	[tseh]
productielocatie (de)	производство	[prɔizvɔdstvɔ]

industrie (de)	промышленность	[prɔmɪʃleŋostʲ]
industrieel (bn)	промышленни	[prɔmɪʃleŋi]
zware industrie (de)	еза промышленность	[eza prɔmɪʃleŋostʲ]
lichte industrie (de)	яйн промышленность	[jajn prɔmɪʃleŋostʲ]

productie (de)	сурсат	[sursat]
produceren (ww)	дан	[dan]
grondstof (de)	аьргалла	[ærgal:a]

voorman, ploegbaas (de)	бригадир	[brigadir]
ploeg (de)	бригада	[brigada]
arbeider (de)	белхало	[belhalɔ]

werkdag (de)	белхан де	[belhan de]
pauze (de)	садаӀар	[sadaəar]
samenkomst (de)	гулам	[gulam]
bespreken (spreken over)	дийцаре дилла	[di:tsare dil:a]

plan (het)	план	[plan]
het plan uitvoeren	план кхочушян	[plan qɔtʃuʃan]
productienorm (de)	барам	[baram]
kwaliteit (de)	дикалла	[dikal:a]
controle (de)	контроль	[kɔntrɔʎ]
kwaliteitscontrole (de)	дикаллан контроль	[dikal:an kɔntrɔʎ]

arbeidsveiligheid (de)	белхан кхерамзалла	[belhan qeramzal:a]
discipline (de)	низам	[nizam]
overtreding (de)	дохор	[dɔhor]
overtreden (ww)	дохо	[dɔho]
staking (de)	забастовка	[zabastɔvka]
staker (de)	забастовкахо	[zabastɔvkaho]

| staken (ww) | забастовка ян | [zabostɔvka jan] |
| vakbond (de) | профсоюз | [prɔfsɔjuz] |

uitvinden (machine, enz.)	кхолла	[qɔl:a]
uitvinding (de)	кхоллар	[qɔl:ar]
onderzoek (het)	таллар	[tal:ar]
verbeteren (beter maken)	тадан	[tadan]
technologie (de)	технологи	[tehnɔlɔgi]
technische tekening (de)	чертёж	[ʧertɜʒ]

vracht (de)	мохь	[mɔh]
lader (de)	киранча	[kirantʃa]
laden (vrachtwagen)	тӀедотта	[thedɔt:a]
laden (het)	тӀедоттар	[thedɔt:ar]
lossen (ww)	дассо	[das:ɔ]
lossen (het)	дассор	[das:ɔr]

transport (het)	транспорт	[transpɔrt]
transportbedrijf (de)	транспортан компани	[transpɔrtan kɔmpani]
transporteren (ww)	дӀакхехьа	[dəaqeha]

goederenwagon (de)	вагон	[vagɔn]
tank (bijv. ketelwagen)	цистерна	[tsisterna]
vrachtwagen (de)	киранийн машина	[kirani:n maʃina]

| machine (de) | станок | [stanɔk] |
| mechanisme (het) | механизм | [mehanizm] |

industrieel afval (het)	даххаш	[dahaʃ]
verpakking (de)	дӀахьарчор	[dəahartʃɔr]
verpakken (ww)	дӀахьарчо	[dəahartʃɔ]

107. Contract. Overeenstemming.

contract (het)	чӀарlам	[ʧhaɣam]
overeenkomst (de)	барт	[bart]
bijlage (de)	тӀедалар	[thedalar]

een contract sluiten	чӀарlам бан	[ʧhaɣam ban]
handtekening (de)	куьг	[kyg]
ondertekenen (ww)	куьг тало	[kyg taəɔ]
stempel (de)	мухlар	[muhar]

voorwerp (het) van de overeenkomst	договаран хlума	[dɔgɔvaran huma]
clausule (de)	пункт	[puŋkt]
partijen (mv.)	арlонаш	[aɣɔnaʃ]
vestigingsadres (het)	юридически адрес	[juriditʃeski adres]

het contract verbreken (overtreden)	контракт дохо	[kɔntrakt dɔhɔ]
verplichting (de)	тӀелацам	[thelatsam]
verantwoordelijkheid (de)	жоьпалла	[ʒøpal:a]
overmacht (de)	форс-мажор	[fɔrs maʒɔr]

geschil (het)   къовсам   [qhɔvsam]
sancties (mv.)   гӀуданан санкциш   [ɣudanan saŋktsiʃ]

108. Import & Export

import (de)	импорт	[impɔrt]
importeur (de)	импортхо	[impɔrtho]
importeren (ww)	импорт ян	[impɔrt jan]
import- (abn)	импортан	[impɔrtan]
exporteur (de)	экспортхо	[ɛkspɔrtho]
exporteren (ww)	экспорт ян	[ɛkspɔrt jan]
goederen (mv.)	товар	[tɔvar]
partij (de)	жут	[ʒut]
gewicht (het)	дозалла	[dɔzal:a]
volume (het)	дукхалла	[duqal:a]
kubieke meter (de)	кубически метр	[kubitʃeski metr]
producent (de)	арахоьцург	[arahøtsurg]
transportbedrijf (de)	транспортан компани	[transpɔrtan kɔmpani]
container (de)	контейнер	[kɔntejner]
grens (de)	доза	[dɔza]
douane (de)	таможни	[tamɔʒni]
douanerecht (het)	таможнин ял	[tamɔʒnin jal]
douanier (de)	таможхо	[tamɔʒho]
smokkelen (het)	контрабанда	[kɔntrabanda]
smokkelwaar (de)	контрабанда	[kɔntrabanda]

109. Financiën

aandeel (het)	акци	[aktsi]
obligatie (de)	облигаци	[ɔbligatsi]
wissel (de)	вексель	[wekseʎ]
beurs (de)	биржа	[birʒa]
aandelenkoers (de)	акцин мах	[aktsin mah]
dalen (ww)	дайдала	[dajdala]
stijgen (ww)	даздала	[dazdala]
meerderheidsbelang (het)	контролан пакет	[kɔntrɔlan paket]
investeringen (mv.)	инвестици	[inwestitsi]
investeren (ww)	инвестици ян	[inwestitsi jan]
procent (het)	процент	[prɔtsent]
rente (de)	ял	[jal]
winst (de)	пайда	[pajda]
winstgevend (bn)	пайде	[pajde]
belasting (de)	налог	[nalɔg]

valuta (vreemde ~)	валюта	[valyta]
nationaal (bn)	къаьмнийн	[qhæmni:n]
ruil (de)	хийцар	[hi:tsar]

boekhouder (de)	бухгалтер	[buhgalter]
boekhouding (de)	бухгалтери	[buhgalteri]

bankroet (het)	банкрот хилар	[baŋkrɔt hilar]
ondergang (de)	хӏаллакъхилар	[hal:aqhilar]
faillissement (het)	даькъаздаккхар	[dæqhazdak:ar]
geruïneerd zijn (ww)	даькъаздала	[dæqhazdala]
inflatie (de)	инфляци	[infʌatsi]
devaluatie (de)	девальваци	[devaʌvatsi]

kapitaal (het)	капитал	[kapital]
inkomen (het)	пайда	[pajda]
omzet (de)	го баккхар	[gɔ bak:ar]
middelen (mv.)	тӏаьхьалонаш	[thæhalɔnaʃ]
financiële middelen (mv.)	ахча	[ahtʃa]
reduceren (kosten ~)	жимдан	[ʒimdan]

110. Marketing

marketing (de)	маркетинг	[marketiŋ]
markt (de)	рынок	[rɪnɔk]
marktsegment (het)	рынкан сегмент	[rɪŋkan segment]
product (het)	сурсат	[sursat]
goederen (mv.)	товар	[tɔvar]

merk (het)	бренд	[brend]
beeldmerk (het)	фирмин хьаьрк	[firmin hærk]
logo (het)	логотип	[lɔgɔtip]

vraag (de)	хьашт хилар	[haʃt hilar]
aanbod (het)	предложени	[predlɔʒeni]
behoefte (de)	хьашто	[haʃtɔ]
consument (de)	хьаштхо	[haʃthɔ]

analyse (de)	анализ	[analiz]
analyseren (ww)	анализ ян	[analiz jan]
positionering (de)	позиционировани	[pozitsiɔnirɔvani]
positioneren (ww)	позиционировать ян	[pozitsiɔnirɔvatʲ jan]

prijs (de)	мах	[mah]
prijspolitiek (de)	механ политика	[mehan politika]
prijsvorming (de)	мах хилар	[mah hilar]

111. Reclame

reclame (de)	реклама	[reklama]
adverteren (ww)	реклама ян	[reklama jan]
budget (het)	бюджет	[bydʒet]

advertentie, reclame (de)	кхайкхор	[qajqɔr]
TV-reclame (de)	телереклама	[telereklama]
radioreclame (de)	радион реклама	[radiɔn reklama]
buitenreclame (de)	арахьара реклама	[arahara reklama]
massamedia (de)	массийн хааман гIирс	[mas:i:n ha:man ɣirs]
periodiek (de)	муьран арахецнарг	[myran arahetsnarg]
imago (het)	имидж	[imidʒ]
slagzin (de)	лозунг	[lɔzuŋ]
motto (het)	девиз	[dewiz]
campagne (de)	кампани	[kampani]
reclamecampagne (de)	рекламан кампани	[reklaman kampani]
doelpubliek (het)	Iалашонан аудитори	[əalaʃɔnan auditɔri]
visitekaartje (het)	визитан карта	[wizitan karta]
flyer (de)	кехат	[kehat]
brochure (de)	брошюра	[brɔʃyra]
folder (de)	буклет	[buklet]
nieuwsbrief (de)	бюллетень	[byl:eteɲ]
gevelreclame (de)	гойтург	[gɔjturg]
poster (de)	плакат	[plakat]
aanplakbord (het)	рекламан у	[reklaman u]

112. Bankieren

bank (de)	банк	[baŋk]
bankfiliaal (het)	отделени	[ɔtdeleni]
bankbediende (de)	консультант	[kɔnsuʌtant]
manager (de)	урхалхо	[urhalho]
bankrekening (de)	счёт	[stʃɔt]
rekeningnummer (het)	чотан номер	[tʃɔtan nɔmer]
lopende rekening (de)	карара чот	[karara tʃɔt]
spaarrekening (de)	накопительни чот	[nakɔpiteʌni tʃɔt]
een rekening openen	чот схьайелла	[tʃɔt shajel:a]
de rekening sluiten	чот дIакъовла	[tʃɔt dəaqhɔvla]
op rekening storten	счёт тIедилла	[stʃɔt thedil:a]
opnemen (ww)	счёт тIера схьаэца	[stʃɔt thera shaetsa]
storting (de)	диллар	[dil:ar]
een storting maken	дилла	[dil:a]
overschrijving (de)	дахьийтар	[dahi:tar]
een overschrijving maken	дахьийта	[dahi:ta]
som (de)	жамI	[ʒamə]
Hoeveel?	Мел?	[mel]
handtekening (de)	куьг	[kyg]
ondertekenen (ww)	куьг тало	[kyg taəɔ]

kredietkaart (de)	кредитан карта	[kreditan karta]
code (de)	код	[kɔd]
kredietkaartnummer (het)	кредитан картан номер	[kreditan kartan nɔmer]
geldautomaat (de)	банкомат	[baŋkɔmat]
cheque (de)	чек	[tʃek]
een cheque uitschrijven	чек язъян	[tʃek jazʰjan]
chequeboekje (het)	чекан книшка	[tʃekan kniʃka]
lening, krediet (de)	кредит	[kredit]
een lening aanvragen	кредит дехар	[kredit dehar]
een lening nemen	кредит эца	[kredit ɛtsa]
een lening verlenen	кредит далар	[kredit dalar]
garantie (de)	юкъархилар	[juqharhilar]

113. Telefoon. Telefoongesprek

telefoon (de)	телефон	[telefɔn]
mobieltje (het)	мобильни телефон	[mɔbiʎni telefɔn]
antwoordapparaat (het)	автоответчик	[avto:twetʃik]
bellen (ww)	детта	[det:a]
belletje (telefoontje)	горгали	[gɔrgali]
een nummer draaien	номер эца	[nɔmer ɛtsa]
Hallo!	Алло!	[al:ɔ]
vragen (ww)	хатта	[hat:a]
antwoorden (ww)	жоп дала	[ʒɔp dala]
horen (ww)	хаза	[haza]
goed (bw)	дика ду	[dika du]
slecht (bw)	вон ду	[vɔn du]
storingen (mv.)	новкъарлонаш	[nɔvqharlɔnaʃ]
hoorn (de)	луьлла	[lyl:a]
opnemen (ww)	луьлла эца	[lyl:a ɛtsa]
ophangen (ww)	луьлла охьайилла	[lyl:a ɔhajıl:a]
bezet (bn)	мукъа доцу	[muqha dɔtsu]
overgaan (ww)	етта	[et:a]
telefoonboek (het)	телефонан книга	[telefɔnan kniga]
lokaal gesprek (het)	меттигара	[met:igara]
buitenlands (bn)	гӀаланашна юккъера	[ɣalanaʃna jukqhera]

114. Mobiele telefoon

mobieltje (het)	мобильни телефон	[mɔbiʎni telefɔn]
scherm (het)	дисплей	[displej]
toets, knop (de)	кнопка	[knɔpka]
simkaart (de)	SIM-карта	[sim karta]
batterij (de)	батарей	[batarej]

| leeg zijn (ww) | кхачадала | [qatʃadala] |
| acculader (de) | юзаран гӀирс | [juzaran ɣirs] |

menu (het)	меню	[meny]
instellingen (mv.)	настройкаш	[nastrɔjkaʃ]
melodie (beltoon)	мукъам	[muqham]
selecteren (ww)	харжа	[harʒa]

rekenmachine (de)	калькулятор	[kaʎkuʎatɔr]
voicemail (de)	автоответчик	[avto:twetʃik]
wekker (de)	сомавоккху сахьт	[sɔmavɔk:u saht]
contacten (mv.)	телефонан книга	[telefɔnan kniga]

| SMS-bericht (het) | SMS-хаам | [ɛsɛmɛs ha:m] |
| abonnee (de) | абонент | [abɔnent] |

115. Schrijfbehoeften

| balpen (de) | авторучка | [avtɔrutʃka] |
| vulpen (de) | перо | [perɔ] |

potlood (het)	къолам	[qhɔlam]
marker (de)	маркер	[marker]
viltstift (de)	фломастер	[flɔmaster]

| notitieboekje (het) | блокнот | [blɔknɔt] |
| agenda (boekje) | ежедневник | [eʒednevnik] |

liniaal (de/het)	линейка	[linejka]
rekenmachine (de)	калькулятор	[kaʎkuʎatɔr]
gom (de)	лаьстиг	[læstig]
punaise (de)	кнопка	[knɔpka]
paperclip (de)	мӀап	[maəar]

lijm (de)	клей	[klej]
nietmachine (de)	степлер	[stepler]
perforator (de)	Ӏуьргашдохург	[əyrgaʃdɔhurg]
potloodslijper (de)	точилк	[tɔtʃilk]

116. Verschillende soorten documenten

verslag (het)	отчёт	[ɔtʃɜt]
overeenkomst (de)	барт	[bart]
aanvraagformulier (het)	дӀахьедар	[dəhedar]
origineel, authentiek (bn)	бакъ долу	[baqh dɔlu]
badge, kaart (de)	бэдж	[bɛdʒ]
visitekaartje (het)	визитан карта	[wizitan karta]

certificaat (het)	сертификат	[sertifikat]
cheque (de)	чек	[tʃek]
rekening (in restaurant)	счёт	[stʃɔt]
grondwet (de)	конституци	[kɔnstitutsi]

contract (het)	чlарlам	[tʃhaɣam]
kopie (de)	копи	[kɔpi]
exemplaar (het)	экземпляр	[ɛkzempʌar]

douaneaangifte (de)	деклараци	[deklaratsi]
document (het)	документ	[dɔkument]
rijbewijs (het)	лелорхочун бакъонаш	[lelɔrhɔtʃun baqhɔnaʃ]
bijlage (de)	тlедалар	[thedalar]
formulier (het)	анкета	[aŋketa]

identiteitskaart (de)	тешалла	[teʃal:a]
aanvraag (de)	жоп дехар	[ʒɔp dehar]
uitnodigingskaart (de)	кхойкху билет	[qɔjqu bilet]
factuur (de)	чот	[tʃɔt]

wet (de)	закон	[zakɔn]
brief (de)	кехат	[kehat]
briefhoofd (het)	бланк	[blaŋk]
lijst (de)	список	[spisɔk]
manuscript (het)	куьйгайоза	[kyjgajoza]
nieuwsbrief (de)	бюллетень	[byl:eteŋ]
briefje (het)	кехат	[kehat]

pasje (voor personeel, enz.)	пропуск	[prɔpusk]
paspoort (het)	паспорт	[paspɔrt]
vergunning (de)	бакъо	[baqhɔ]
CV, curriculum vitae (het)	резюме	[rezyme]
schuldbekentenis (de)	куьг яздар	[kyg jazdar]
kwitantie (de)	квитанци	[kwitantsi]
bon (kassabon)	чек	[tʃek]
rapport (het)	рапорт	[rapɔrt]

tonen (paspoort, enz.)	дlакховдо	[dəaqɔvdɔ]
ondertekenen (ww)	куьг тalo	[kyg taəɔ]
handtekening (de)	куьг	[kyg]
stempel (de)	мухlар	[muhar]
tekst (de)	текст	[tekst]
biljet (het)	билет	[bilet]

| doorhalen (doorstrepen) | дlадайа | [dəadaja] |
| invullen (een formulier ~) | яздан | [jazdan] |

| vrachtbrief (de) | накладной | [nakladnɔj] |
| testament (het) | весет | [weset] |

117. Soorten bedrijven

uitzendbureau (het)	кадрашха агенталла	[kadraʃha agental:a]
bewakingsfirma (de)	ха ден агенталла	[ha den agental:a]
persbureau (het)	информацин агенталла	[infɔrmatsin agental:a]
reclamebureau (het)	рекламан агенталла	[reklaman agental:a]

| antiek (het) | антиквариат | [antikvariat] |
| verzekering (de) | страхована | [strahovana] |

naaiatelier (het)	ателье	[ateʎje]
banken (mv.)	банкан бизнес	[baŋkan biznes]
bar (de)	бар	[bar]
bouwbedrijven (mv.)	гӀишло яр	[ɣiʃlɔ jar]
juwelen (mv.)	ювелиран хӀуманаш	[juweliran humanaʃ]
juwelier (de)	ювелир	[juwelir]

wasserette (de)	прачечни	[pratʃetʃni]
alcoholische dranken (mv.)	спиртан маларш	[spirtan malarʃ]
nachtclub (de)	буьйсанан клуб	[byjsanan klub]
handelsbeurs (de)	биржа	[birʒa]
bierbrouwerij (de)	йийн доккху меттиг	[ji:n dɔk:u met:ig]
uitvaartcentrum (het)	велчан ламаста ден бюро	[weltʃan lamasta den byrɔ]

casino (het)	казино	[kazinɔ]
zakencentrum (het)	бизнес-центр	[biznes tsentr]
bioscoop (de)	кинотеатр	[kinɔteatr]
airconditioning (de)	кондиционераш	[kɔnditsiɔneraʃ]

handel (de)	махлелор	[mahlelɔr]
luchtvaartmaatschappij (de)	авиакомпани	[awiakɔmpani]
adviesbureau (het)	консалтинг	[kɔnsaltiŋ]
koerierdienst (de)	курьеран гӀуллакх	[kurjeran ɣul:aq]

tandheelkunde (de)	стоматологи	[stɔmatɔlogi]
design (het)	дизайн	[dizajn]
business school (de)	бизнес-школа	[biznes ʃkɔla]
magazijn (het)	склад	[sklad]
kunstgalerie (de)	галерей	[galerej]
IJsje (het)	морожени	[mɔrɔʒeni]
hotel (het)	хьешийн цӀа	[heʃi:n tsha]

vastgoed (het)	ара-чу ца баккхалун бахам	[ara tʃu tsa bak:alun baham]
drukkerij (de)	полиграфи	[pɔligrafi]
industrie (de)	промышленность	[prɔmɪʃleŋɔstʲ]
Internet (het)	интернет	[internet]
investeringen (mv.)	инвестици	[inwestitsi]

krant (de)	газета	[gazeta]
boekhandel (de)	книшкийн туька	[kniʃki:n tyka]
lichte industrie (de)	лӀйн промышленность	[juʲn prɔmɪʃleŋɔstʲ]

winkel (de)	туька	[tyka]
uitgeverij (de)	издательство	[izdateʎstvɔ]
medicijnen (mv.)	медицина	[meditsina]
meubilair (het)	мебель	[mebeʎ]
museum (het)	музей	[muzej]

olie (aardolie)	нефть	[neftʲ]
apotheek (de)	аптека	[apteka]
geneesmiddelen (mv.)	фармацевтика	[farmatsevtika]
zwembad (het)	бассейн	[bas:ejn]
stomerij (de)	химцӀандар	[himtshandar]
voedingswaren (mv.)	сурсаташ	[sursataʃ]
reclame (de)	реклама	[reklama]

radio (de)	радио	[radio]
afvalinzameling (de)	нехаш аракхехьар	[nehaʃ araqehar]
restaurant (het)	ресторан	[restoran]
tijdschrift (het)	журнал	[ʒurnal]

schoonheidssalon (de/het)	хазаллан салон	[hazal:an salon]
financiële diensten (mv.)	финансийн гӀуллакхаш	[finansi:n ɣul:aqaʃ]
juridische diensten (mv.)	юридически гӀуллакхаш	[juriditʃeski ɣul:aqaʃ]
boekhouddiensten (mv.)	бухгалтерин гӀуллакхаш	[buhgalterin ɣul:aqaʃ]
audit diensten (mv.)	аудитаран гӀуллакхаш	[auditaran ɣul:aqaʃ]
sport (de)	спорт	[sport]
supermarkt (de)	супермаркет	[supermarket]

televisie (de)	телевидени	[telewideni]
theater (het)	театр	[teatr]
toerisme (het)	туризм	[turizm]
transport (het)	дӀадахьарш	[deadaharʃ]

postorderbedrijven (mv.)	каталог тӀехула махлелор	[katalog thehula mahlelor]
kleding (de)	бедар	[bedar]
dierenarts (de)	ветеринар	[weterinar]

Baan. Business. Deel 2

118. Show. Tentoonstelling

beurs (de)	гайтам	[gajtam]
vakbeurs, handelsbeurs (de)	махбаран гайта хӏоттор	[mahbaran gajta hɔt:ɔr]
deelneming (de)	дакъа лацар	[daqha latsar]
deelnemen (ww)	дакъа лаца	[daqha latsa]
deelnemer (de)	декъашхо	[deqhaʃho]
directeur (de)	директор	[direktɔr]
organisatiecomité (het)	дирекци, оргкомитет	[direktsi], [ɔrgkɔmitet]
organisator (de)	вовшахтохархо	[vɔvʃahtɔharhɔ]
organiseren (ww)	вовшахтоха	[vɔvʃahtɔha]
deelnemingsaanvraag (de)	дакъа лацар дӏахьедан	[daqha latsar dəahedan]
invullen (een formulier ~)	яздан	[jazdan]
details (mv.)	деталаш	[detalaʃ]
informatie (de)	хаам	[ha:m]
prijs (de)	мах	[mah]
inclusief (bijv. ~ BTW)	тӏехь	[theh]
inbegrepen (alles ~)	юкъадало	[juqhadalɔ]
betalen (ww)	ахча дала	[ahtʃa dala]
registratietarief (het)	регистрацин ахча далар	[registratsin ahtʃa dalar]
ingang (de)	чугӏойла	[tʃuɣɔjla]
paviljoen (het), hal (de)	павильон	[pawiʎ'ɔn]
registreren (ww)	регистраци ян	[registratsi jan]
badge, kaart (de)	бэдж	[bɛdʒ]
beursstand (de)	гайтаман стенд	[gajtaman stend]
reserveren (een stand ~)	бронь ян	[brɔɲ jan]
vitrine (de)	витрина	[witrina]
licht (het)	къуьда	[qhyda]
design (het)	дизайн	[dizajn]
plaatsen (ww)	хила	[hila]
distributeur (de)	дистрибьютор	[distribjytɔr]
leverancier (de)	латторг	[lat:ɔrg]
land (het)	мохк	[mɔhk]
buitenlands (bn)	кхечу мехкан	[qetʃu mehkan]
product (het)	сурсат	[sursat]
associatie (de)	цхьаьнакхетар	[tshænaqetar]
conferentiezaal (de)	конференц-зал	[kɔnferents zal]
congres (het)	конгресс	[kɔŋres:]

wedstrijd (de)	конкурс	[kɔŋkurs]
bezoeker (de)	оьхург	[øhurg]
bezoeken (ww)	хьажа даха	[haʒa daha]
afnemer (de)	заказхо	[zakazho]

119. Massamedia

krant (de)	газета	[gazeta]
tijdschrift (het)	журнал	[ʒurnal]
pers (gedrukte media)	пресса	[pres:a]
radio (de)	радио	[radiɔ]
radiostation (het)	радиостанци	[radiɔstantsi]
televisie (de)	телевидени	[telewideni]

presentator (de)	телевиденин ведущий	[telewidenin weduɕi:]
nieuwslezer (de)	дитктор	[ditktɔr]
commentator (de)	комментархо	[kɔm:entarhɔ]

journalist (de)	журналист	[ʒurnalist]
correspondent (de)	корреспондент	[kɔr:espɔndent]
fotocorrespondent (de)	фотокорреспондент	[fɔtɔkɔr:espɔndent]
reporter (de)	репортёр	[repɔrtɜr]

redacteur (de)	редактор	[redaktɔr]
chef-redacteur (de)	коьрта редактор	[kørta redaktɔr]
zich abonneren op	яздала	[jazdala]
abonnement (het)	яздар	[jazdar]
abonnee (de)	язвалархо	[jazvalarhɔ]
lezen (ww)	еша	[eʃa]
lezer (de)	ешархо	[eʃarhɔ]

oplage (de)	тираж	[tiraʒ]
maand-, maandelijks (bn)	хlоп беттан	[hɔr bet:an]
wekelijks (bn)	хlоп кlиранан	[hɔr k:iranan]
nummer (het)	номер	[nɔmer]
vers (~ van de pers)	керла	[kerla]

kop (de)	корта	[kɔrta]
korte artikel (het)	билгало	[bilgalɔ]
rubriek (de)	рубрика	[rubrika]
artikel (het)	статья	[statja]
pagina (de)	arlo	[aɣɔ]

reportage (de)	репортаж	[repɔrtaʒ]
gebeurtenis (de)	хилларг	[hil:arg]
sensatie (de)	сенсаци	[sensatsi]
schandaal (het)	дов	[dɔv]
schandalig (bn)	девне	[devne]
groot (~ schandaal, enz.)	чlоrla	[ʧhɔɣa]

programma (het)	передача	[peredatʃa]
interview (het)	интервью	[intervjy]
live uitzending (de)	дуьххьал трансляци	[dyhal transʎatsi]
kanaal (het)	канал	[kanal]

120. Landbouw

landbouw (de)	юртан бахам	[jurtɑn bɑham]
boer (de)	ахархо	[ɑharhɔ]
boerin (de)	ахархо	[ɑharhɔ]
landbouwer (de)	фермер	[fermer]

| tractor (de) | трактор | [trɑktɔr] |
| maaidorser (de) | комбайн | [kɔmbɑjn] |

ploeg (de)	гота	[gɔtɑ]
ploegen (ww)	аха	[ɑha]
akkerland (het)	охана	[ɔhanɑ]
voor (de)	харш	[harʃ]

zaaien (ww)	ден	[den]
zaaimachine (de)	хIутосургI	[hutɔsurg]
zaaien (het)	дIадер	[dəader]

| zeis (de) | мангал | [maŋal] |
| maaien (ww) | мангал хьакха | [maŋal haqɑ] |

| schop (de) | бел | [bel] |
| spitten (ww) | ахка | [ɑhkɑ] |

schoffel (de)	метиг	[metig]
wieden (ww)	асар дан	[asɑr dɑn]
onkruid (het)	асар	[asɑr]

gieter (de)	хитухургI	[hituhurg]
begieten (water geven)	хи тоха	[hi tɔha]
bewatering (de)	хи тохар	[hi tɔhar]

| riek, hooivork (de) | шада | [ʃɑdɑ] |
| hark (de) | кагтуха | [kɑgtuha] |

meststof (de)	удобрени	[udɔbreni]
bemesten (ww)	удобрени тасар	[udɔbreni tasɑr]
mest (de)	кхелли	[qel:i]

veld (het)	арe	[are]
wei (de)	бай	[bɑj]
moestuin (de)	хасбеш	[hasbeʃ]
boomgaard (de)	хасбеш	[hasbeʃ]

weiden (ww)	дажо	[daʒɔ]
herder (de)	Iу	[əu]
weiland (de)	дежийла	[deʒi:la]

| veehouderij (de) | даьхнилелор | [dæhnilelɔr] |
| schapenteelt (de) | жалелор | [ʒalelɔr] |

plantage (de)	плантаци	[plɑntatsi]
rijtje (het)	хесалг	[hesalg]
broeikas (de)	парник	[pɑrnik]

| droogte (de) | йокъо | [joqhɔ] |
| droog (bn) | йокъо хӀутту | [joqhɔ hut:u] |

| graangewassen (mv.) | буьртиган | [byrtigan] |
| oogsten (ww) | буьртигаш долу | [byrtigaʃ dɔlu] |

molenaar (de)	хьархо	[harhɔ]
molen (de)	хьера	[hera]
malen (graan ~)	ахьа	[aha]
bloem (bijv. tarwebloem)	дама	[dama]
stro (het)	ча	[ʧa]

121. Gebouw. Bouwproces

bouwplaats (de)	гӀишлош йойла	[ɣiʃloʃ jojla]
bouwen (ww)	дан	[dan]
bouwvakker (de)	гӀишлошъярхо	[ɣiʃloʃʲjarhɔ]

project (het)	проект	[prɔekt]
architect (de)	архитектор	[arhitektɔr]
arbeider (de)	белхало	[belhalɔ]

fundering (de)	бух	[buh]
dak (het)	тхов	[thov]
heipaal (de)	бӀорӀам	[bəɔɣam]
muur (de)	пен	[pen]

| betonstaal (het) | арматура | [armatura] |
| steigers (mv.) | гӀоьнан ламеш | [ɣønan lameʃ] |

| beton (het) | бетон | [betɔn] |
| graniet (het) | гранит | [granit] |

| steen (de) | тӀулг | [thulg] |
| baksteen (de) | кибарчиг | [kibarʧig] |

zand (het)	гӀум	[ɣum]
cement (de/het)	цемент	[ʦement]
pleister (het)	хьахар	[hahar]
pleisteren (ww)	хьаха	[haha]

verf (de)	басар	[basar]
verven (muur ~)	басар хьакха	[basar haqa]
ton (de)	боьшка	[bøʃka]

kraan (de)	чӀинт	[ʧhint]
heffen, hijsen (ww)	хьалаайар	[hala:jar]
neerlaten (ww)	дӀахеца	[dəahetsa]

bulldozer (de)	бульдозер	[buʌdɔzer]
graafmachine (de)	экскаватор	[ɛkskavatɔr]
graafbak (de)	кхимар	[qimar]
graven (tunnel, enz.)	ахка	[ahka]
helm (de)	каска	[kaska]

122. Wetenschap. Onderzoek. Wetenschappers

wetenschap (de)	Iилма	[əilmɑ]
wetenschappelijk (bn)	Iилманан	[əilmɑnɑn]
wetenschapper (de)	дешна	[deʃnɑ]
theorie (de)	теори	[teɔri]
axioma (het)	аксиома	[ɑksiɔmɑ]
analyse (de)	анализ	[ɑnɑliz]
analyseren (ww)	анализ ян	[ɑnɑliz jɑn]
argument (het)	аргумент	[ɑrgument]
substantie (de)	хIума	[humɑ]
hypothese (de)	гипотеза	[gipɔtezɑ]
dilemma (het)	дилемма	[dilem:ɑ]
dissertatie (de)	диссертаци	[dis:ertɑtsi]
dogma (het)	догма	[dɔgmɑ]
doctrine (de)	доктрина	[dɔktrinɑ]
onderzoek (het)	таллар	[tɑl:ɑr]
onderzoeken (ww)	талла	[tɑl:ɑ]
toetsing (de)	контроль	[kɔntrɔʎ]
laboratorium (het)	лаборатори	[lɑbɔrɑtɔri]
methode (de)	некъ	[neqh]
molecule (de/het)	молекула	[mɔlekulɑ]
monitoring (de)	мониторинг	[mɔnitɔriŋ]
ontdekking (de)	гучудаккхар	[gutʃudɑk:ɑr]
postulaat (het)	постулат	[pɔstulɑt]
principe (het)	принцип	[printsip]
voorspelling (de)	прогноз	[prɔgnɔz]
een prognose maken	прогноз ян	[prɔgnɔz jɑn]
synthese (de)	синтез	[sintez]
tendentie (de)	тенденци	[tendentsi]
theorema (het)	теорема	[teɔremɑ]
leerstellingen (mv.)	хьехар	[hehɑr]
feit (het)	хилларг	[hil:ɑrg]
expeditie (do)	экспедици	[ɛkspeditsi]
experiment (het)	эксперимент	[ɛksperiment]
academicus (de)	академик	[ɑkɑdemik]
bachelor (bijv. BA, LLB)	бакалавр	[bɑkɑlɑvr]
doctor (de)	доктор	[dɔktɔr]
universitair docent (de)	доцент	[dɔtsent]
master, magister (de)	магистр	[mɑgistr]
professor (de)	профессор	[prɔfes:ɔr]

Beroepen en ambachten

123. Zoeken naar werk. Ontslag

baan (de)	болх	[bɔlh]
personeel (het)	штат	[ʃtat]
carrière (de)	карьера	[karjera]
vooruitzichten (mv.)	перспектива	[perspektiva]
meesterschap (het)	говзалла	[gɔvzal:a]
keuze (de)	харжар	[harʒar]
uitzendbureau (het)	кадрашха агенталла	[kadraʃha agental:a]
CV, curriculum vitae (het)	резюме	[rezyme]
sollicitatiegesprek (het)	къамел дар	[qhamel dar]
vacature (de)	ваканси	[vakansi]
salaris (het)	алапа	[alapa]
vaste salaris (het)	алапа	[alapa]
loon (het)	алапа далар	[alapa dalar]
betrekking (de)	гӀуллакх	[ɣul:aq]
taak, plicht (de)	декхар	[deqar]
takenpakket (het)	нах	[nah]
bezig (~ zijn)	мукъаза	[muqhaza]
ontslagen (ww)	дӀадаккха	[dəadak:a]
ontslag (het)	дӀадаккхар	[dəadak:ar]
werkloosheid (de)	белхазалла	[belhazal:a]
werkloze (de)	белхазхо	[belhazho]
pensioen (het)	пенси	[pensi]
met pensioen gaan	пенси ваха	[pensi vaha]

124. Zakenmensen

directeur (de)	директор	[direktɔr]
beheerder (de)	урхалхо	[urhalho]
hoofd (het)	куьйгалхо, шеф	[kyjgalho], [ʃef]
baas (de)	хьаькам	[hækam]
superieuren (mv.)	хьаькамаш	[hækamaʃ]
president (de)	паччахь	[patʃah]
voorzitter (de)	председатель	[predsedateʎ]
adjunct (de)	когаметтаниг	[kɔgamet:anig]
assistent (de)	гӀоьнча	[ɣønʧa]
secretaris (de)	секретарь	[sekretarʲ]

persoonlijke assistent (de)	долахь волу секретарь	[dɔlah vɔlu sekretarʲ]
zakenman (de)	бизнесхо	[biznesho]
ondernemer (de)	хьуьнарча	[hynartʃa]
oprichter (de)	диллинарг	[dil:inarg]
oprichten (een nieuw bedrijf ~)	дилла	[dil:a]

stichter (de)	кхоллархо	[qɔl:arhɔ]
partner (de)	декъашхо	[deqhaʃho]
aandeelhouder (de)	акци ерг	[aktsi erg]

miljonair (de)	миллионхо	[mil:iɔnho]
miljardair (de)	миллиардхо	[mil:iardho]
eigenaar (de)	да	[da]
landeigenaar (de)	лаьттада	[læt:ada]

klant (de)	клиент	[klient]
vaste klant (de)	даимлера клиент	[daimlera klient]
koper (de)	эцархо	[ɛtsarhɔ]
bezoeker (de)	оьхург	[øhurg]

professioneel (de)	говзанча	[gɔvzantʃa]
expert (de)	эксперт	[ɛkspert]
specialist (de)	говзанча	[gɔvzantʃa]

bankier (de)	банкир	[baŋkir]
makelaar (de)	брокер	[brɔker]

kassier (de)	кассир	[kas:ir]
boekhouder (de)	бухгалтер	[buhgalter]
bewaker (de)	хехо	[heho]

investeerder (de)	инвестор	[inwestɔr]
schuldenaar (de)	декхархо	[deqarhɔ]
crediteur (de)	кредитор	[kreditɔr]
lener (de)	декхархо	[deqarhɔ]

importeur (de)	импортхо	[impɔrtho]
exporteur (de)	экспортхо	[ɛkspɔrtho]

producent (de)	арахоьцург	[arahøtsurg]
distributeur (de)	дистрибьютор	[distribjytɔr]
bemiddelaar (de)	юкъарлонча	[juqharlontʃa]

adviseur, consulent (de)	консультант	[kɔnsuʎtant]
vertegenwoordiger (de)	векал	[wekal]
agent (de)	агент	[agent]
verzekeringsagent (de)	страховкин агент	[strahovkin agent]

125. Dienstverlenende beroepen

kok (de)	кхачанхо	[qatʃanho]
chef-kok (de)	шеф-кхачанхо	[ʃəf qatʃanho]
bakker (de)	пурнхо	[purnho]

barman (de)	бармен	[barmen]
kelner, ober (de)	официант	[ɔfitsiant]
serveerster (de)	официантка	[ɔfitsiantka]

advocaat (de)	хьехамча	[hehamtʃa]
jurist (de)	юрист	[jurist]
notaris (de)	нотариус	[notarius]

elektricien (de)	монтер	[monter]
loodgieter (de)	сантехник	[santehnik]
timmerman (de)	дечиг-пхьар	[detʃig phar]

masseur (de)	массажхо	[mas:aʒho]
masseuse (de)	массажхо	[mas:aʒho]
dokter, arts (de)	лор	[lor]

taxichauffeur (de)	таксист	[taksist]
chauffeur (de)	шофер	[ʃofer]
koerier (de)	курьер	[kurjer]

kamermeisje (het)	хIусамчА	[husamtʃa]
bewaker (de)	хехо	[heho]
stewardess (de)	стюардесса	[styardes:a]

meester (de)	хьехархо	[heharho]
bibliothecaris (de)	библиотекахо	[bibliotekaho]
vertaler (de)	талмаж	[talmaʒ]
tolk (de)	талмаж	[talmaʒ]
gids (de)	гид	[gid]

kapper (de)	парикмахер	[parikmaher]
postbode (de)	почтальон	[potʃtaʎon]
verkoper (de)	йохкархо	[johkarho]

tuinman (de)	бешахо	[beʃaho]
huisbediende (de)	ялхо	[jalho]
dienstmeisje (het)	ялхо	[jalho]
schoonmaakster (de)	цIанончА	[tshanontʃa]

126. Militaire beroepen en rangen

soldaat (rang)	могIарепа	[moɣarera]
sergeant (de)	сержант	[serʒant]
luitenant (de)	лейтенант	[lejtenant]
kapitein (de)	капитан	[kapitan]

majoor (de)	майор	[major]
kolonel (de)	полковник	[polkovnik]
generaal (de)	инарла	[inarla]
maarschalk (de)	маршал	[marʃal]
admiraal (de)	адмирал	[admiral]

| militair (de) | тIеман | [theman] |
| soldaat (de) | салти | [salti] |

officier (de)	эпсар	[ɛpsɑr]
commandant (de)	командир	[kɔmɑndir]

grenswachter (de)	дозанхо	[dɔzɑnho]
marconist (de)	радиохаамхо	[rɑdioha:mho]
verkenner (de)	талламхо	[tɑl:amho]
sappeur (de)	сапёр	[sɑpɜr]
schutter (de)	кхоссархо	[qɔs:arhɔ]
stuurman (de)	штурман	[ʃturmɑn]

127. Ambtenaren. Priesters

koning (de)	паччахь	[pɑtʃah]
koningin (de)	зуда-паччахь	[zudɑ pɑtʃah]

prins (de)	принц	[prints]
prinses (de)	принцесса	[printses:a]

tsaar (de)	паччахь	[pɑtʃah]
tsarina (de)	зуда-паччахь	[zudɑ pɑtʃah]

president (de)	паччахь	[pɑtʃah]
minister (de)	министр	[ministr]
eerste minister (de)	примьер-министр	[primjer ministr]
senator (de)	сенатхо	[senɑtho]

diplomaat (de)	дипломат	[diplɔmat]
consul (de)	консул	[kɔnsul]
ambassadeur (de)	векал	[wekɑl]
adviseur (de)	хьехамча	[hehamtʃɑ]

ambtenaar (de)	чиновник	[tʃinɔvnik]
prefect (de)	префект	[prefekt]
burgemeester (de)	мэр	[mɛr]

rechter (de)	суьдхо	[sydho]
aanklager (de)	прокурор	[prɔkurɔr]

missionaris (de)	миссионер	[mis:iɔner]
monnik (de)	монах	[mɔnah]
abt (de)	аббат	[ab:at]
rabbi, rabbijn (de)	равин	[rɑwin]

vizier (de)	визирь	[wizirʲ]
sjah (de)	шах	[ʃah]
sjeik (de)	шайх	[ʃɑjh]

128. Agrarische beroepen

imker (de)	накхарамозийлелорхо	[nɑqaramɔzi:lelɔrhɔ]
herder (de)	ly	[ɵu]
landbouwkundige (de)	агроном	[agrɔnɔm]

| veehouder (de) | даьхнийлелорхо | [dæhni:lelɔrhɔ] |
| dierenarts (de) | ветеринар | [weterinɑr] |

landbouwer (de)	фермер	[fermer]
wijnmaker (de)	чагӀардоккхург	[ʧɑɣɑrdɔk:urg]
zoöloog (de)	зоолог	[zo:lɔg]
cowboy (de)	ковбой	[kɔvbɔj]

129. Kunst beroepen

| acteur (de) | актёр | [ɑktɜr] |
| actrice (de) | актриса | [ɑktrisɑ] |

| zanger (de) | эшархо | [ɛʃɑrhɔ] |
| zangeres (de) | эшархо | [ɛʃɑrhɔ] |

| danser (de) | хелхархо | [helharhɔ] |
| danseres (de) | хелхархо | [helharhɔ] |

| artiest (mann.) | артист | [ɑrtist] |
| artiest (vrouw.) | артист | [ɑrtist] |

muzikant (de)	музыкант	[muzɪkɑnt]
pianist (de)	пианист	[piɑnist]
gitarist (de)	гитарча	[gitɑrʧɑ]

orkestdirigent (de)	дирижёр	[diriʒɜr]
componist (de)	композитор	[kɔmpɔzitɔr]
impresario (de)	импресарио	[impresɑriɔ]

filmregisseur (de)	режиссёр	[reʒis:ɜr]
filmproducent (de)	продюсер	[prɔdyser]
scenarioschrijver (de)	сценарихо	[stsenɑrihɔ]
criticus (de)	критик	[kritik]

schrijver (de)	яздархо	[jɑzdɑrhɔ]
dichter (de)	илланча	[il:ɑnʧɑ]
beeldhouwer (de)	скульптор	[skuʌptɔr]
kunstenaar (de)	исбаьхьалча	[isbæhɑlʧɑ]

jongleur (de)	жонглёр	[ʒɔŋlɜr]
clown (de)	жухарг	[ʒuharg]
acrobaat (de)	пелхьо	[pelhɔ]
goochelaar (de)	бозбуунча	[bɔzbu:nʧɑ]

130. Verschillende beroepen

dokter, arts (de)	лор	[lɔr]
ziekenzuster (de)	лорйиша	[lɔrjɪʃɑ]
psychiater (de)	психиатр	[psihiɑtr]
tandarts (de)	цергийн лор	[tsergi:n lɔr]
chirurg (de)	хирург	[hirurg]

astronaut (de)	астронавт	[astronavt]
astronoom (de)	астроном	[astronɔm]
piloot (de)	кеманхо	[kemanhɔ]

chauffeur (de)	лелорхо	[lelɔrhɔ]
machinist (de)	машинхо	[maʃinhɔ]
mecanicien (de)	механик	[mehanik]

mijnwerker (de)	кӏорабаккхархо	[k:ɔrabak:arhɔ]
arbeider (de)	белхало	[belhalɔ]
bankwerker (de)	слесарь	[slesarʲ]
houtbewerker (de)	дечка пхьар	[detʃka phar]
draaier (de)	токарь	[tɔkarʲ]
bouwvakker (de)	гӏишлошъярхо	[ɣiʃɔʃʲjarhɔ]
lasser (de)	латорхо	[latɔrhɔ]

professor (de)	профессор	[prɔfes:ɔr]
architect (de)	архитектор	[arhitektɔr]
historicus (de)	историк	[istɔrik]
wetenschapper (de)	дешна	[deʃna]
fysicus (de)	физик	[fizik]
scheikundige (de)	химик	[himik]

archeoloog (de)	археолог	[arheolɔg]
geoloog (de)	геолог	[geɔlɔg]
onderzoeker (de)	талламхо	[tal:amhɔ]

babysitter (de)	баба	[baba]
leraar, pedagoog (de)	хьехархо	[heharhɔ]

redacteur (de)	редактор	[redaktɔr]
chef-redacteur (de)	коьрта редактор	[kørta redaktɔr]
correspondent (de)	корреспондент	[kɔr:espɔndent]
typiste (de)	машинхо	[maʃinhɔ]

designer (de)	дизайнер	[dizajner]
computerexpert (de)	компьютерхо	[kɔmpjyterhɔ]
programmeur (de)	программист	[prɔgram:ist]
ingenieur (de)	инженер	[inʒener]

matroos (de)	хӏордахо	[hɔrdahɔ]
zooman (do)	хӏордахо	[hɔrdahɔ]
redder (de)	кӏелхьардакххархо	[k:elhardaqharhɔ]

brandweerman (de)	цӏе йойу	[tshe joju]
politieagent (de)	полици	[pɔlitsi]
nachtwaker (de)	хехо	[hehɔ]
detective (de)	лахарча	[lahartʃa]

douanier (de)	таможхо	[tamɔʒhɔ]
lijfwacht (de)	ларвархо	[larvarhɔ]
gevangenisbewaker (de)	набахтхо	[nabahthɔ]
inspecteur (de)	инспектор	[inspektɔr]

sportman (de)	спортхо	[spɔrthɔ]
trainer (de)	тренер	[trener]

slager, beenhouwer (de)	хасапхо	[hasapho]
schoenlapper (de)	эткийн пхьар	[ɛtki:n phar]
handelaar (de)	совдегар	[sɔvdegar]
lader (de)	киранча	[kirantʃa]

kledingstilist (de)	модельхо	[mɔdeʎho]
model (het)	модель	[mɔdeʎ]

131. Beroepen. Sociale status

scholier (de)	школахо	[ʃkɔlaho]
student (de)	студент	[student]

filosoof (de)	философ	[filɔsɔf]
econoom (de)	экономист	[ɛkɔnɔmist]
uitvinder (de)	кхоллархо	[qɔl:arhɔ]

werkloze (de)	белхазхо	[belhazho]
gepensioneerde (de)	пенсионер	[pensiɔner]
spion (de)	шпион	[ʃpiɔn]

gedetineerde (de)	лаьцна стаг	[lætsna stag]
staker (de)	забастовкахо	[zabastɔvkaho]
bureaucraat (de)	бюрократ	[byrɔkrat]
reiziger (de)	некъахо	[neqhaho]

homoseksueel (de)	гомосексуализмхо	[gɔmɔseksualizmho]
hacker (computerkraker)	хакер	[haker]

bandiet (de)	талорхо	[talɔrhɔ]
huurmoordenaar (de)	йолах дийнарг	[jolah di:narg]
drugsverslaafde (de)	наркоман	[narkɔman]
drugshandelaar (de)	наркотикаш йохкархо	[narkɔtikaʃ johkarhɔ]
prostituee (de)	кхахьпа	[qahpa]
pooier (de)	сутенёр	[sutenɜr]

tovenaar (de)	холмачхо	[holmatʃho]
tovenares (de)	холмачхо	[holmatʃho]
piraat (de)	пират	[pirat]
slaaf (de)	лай	[laj]
samoerai (de)	самурай	[samuraj]
wilde (de)	акха адам	[aqa adam]

Sport

132. Soorten sporten. Sporters

sportman (de)	спортхо	[spɔrtho]
soort sport (de/het)	спортан кеп	[spɔrtan kep]
basketbal (het)	баскетбол	[basketbɔl]
basketbalspeler (de)	баскетболхо	[basketbɔlho]
baseball (het)	бейсбол	[bejsbɔl]
baseballspeler (de)	бейсболхо	[bejsbɔlho]
voetbal (het)	футбол	[futbɔl]
voetballer (de)	футболхо	[futbɔlho]
doelman (de)	кевнахо	[kevnɑho]
hockey (het)	хоккей	[hok:ej]
hockeyspeler (de)	хоккейхо	[hok:ejho]
volleybal (het)	волейбол	[vɔlejbɔl]
volleybalspeler (de)	волейболхо	[vɔlejbɔlho]
boksen (het)	бокс	[bɔks]
bokser (de)	боксёр	[bɔksɜr]
worstelen (het)	латар	[lɑtar]
worstelaar (de)	латархо	[lɑtarhɔ]
karate (de)	карате	[karate]
karateka (de)	каратист	[karatist]
judo (de)	дзюдо	[dʑydɔ]
judoka (de)	дзюдоист	[dʑydɔist]
tennis (het)	теннис	[teɲis]
tennisspeler (de)	теннисхо	[teɲisho]
zwemmen (het)	нека	[nekɑ]
zwemmer (de)	неканча	[nekɑntʃa]
schermen (het)	фехтовани	[fehtɔvani]
schermer (de)	фехтовальщик	[fehtɔvaʎɕik]
schaak (het)	шахматаш	[ʃɑhmatɑʃ]
schaker (de)	шахматхо	[ʃɑhmatho]
alpinisme (het)	альпинизм	[aʎpinizm]
alpinist (de)	альпинист	[aʎpinist]
hardlopen (het)	дадар	[dɑdar]

renner (de)	идархо	[idɑrhɔ]
atletiek (de)	яйн атлетика	[jɑjn ɑtletikɑ]
atleet (de)	атлет	[ɑtlet]

| paardensport (de) | говрийн спорт | [gɔvri:n spɔrt] |
| ruiter (de) | бере | [bere] |

kunstschaatsen (het)	куьцара хехкар	[kytsɑrɑ hehkɑr]
kunstschaatser (de)	фигурахо	[figurɑhɔ]
kunstschaatsster (de)	фигурахо	[figurɑhɔ]

gewichtheffen (het)	еза атлетика	[ezɑ ɑtletikɑ]
autoraces (mv.)	автомобилаш хахкар	[ɑvtɔmɔbilɑʃ hahkɑr]
coureur (de)	хахкархо	[hahkɑrhɔ]

| wielersport (de) | вилиспетан спорт | [wilispetɑn spɔrt] |
| wielrenner (de) | вилиспетхо | [wilispethɔ] |

verspringen (het)	дохалла кхийссаваларш	[dɔhal:ɑ qi:s:ɑvɑlɑrʃ]
polsstokspringen (het)	хьокханца кхоссавалар	[hɔqɑntsɑ qɔs:ɑvɑlɑr]
verspringer (de)	кхоссавалархо	[qɔs:ɑvɑlɑrhɔ]

133. Soorten sporten. Diversen

Amerikaans voetbal (het)	америкин футбол	[ɑmerikin futbɔl]
badminton (het)	бадминтон	[bɑdmintɔn]
biatlon (de)	биатлон	[biɑtlɔn]
biljart (het)	биллиард	[bil:iɑrd]

bobsleeën (het)	бобслей	[bɔbslej]
bodybuilding (de)	бодибилдинг	[bɔdibildiŋ]
waterpolo (het)	хин поло	[hin pɔlɔ]
handbal (de)	гандбол	[gɑndbɔl]
golf (het)	гольф	[gɔʎf]

roeisport (de)	пийсиг хьакхар	[pi:sig hɑqɑr]
duiken (het)	дайвинг	[dɑjwiŋ]
langlaufen (het)	лыжийн хахкар	[lıʒi:n hahkɑr]
tafeltennis (het)	стоьлан тенис	[stølɑn tenis]

zeilen (het)	гатанан спорт	[gɑtɑnɑn spɔrt]
rally (de)	ралли	[rɑl:i]
rugby (het)	регби	[regbi]
snowboarden (het)	сноуборд	[snɔubɔrd]
boogschieten (het)	секхlад кхоссар	[sekhɑd qɔs:ɑr]

134. Fitnessruimte

lange halter (de)	штанга	[ʃtɑŋɑ]
halters (mv.)	гантелаш	[gɑntelɑʃ]
training machine (de)	тренажёр	[trenɑʒзr]
hometrainer (de)	вилиспетан тренажёр	[wilispetɑn trenɑʒзr]

loopband (de)	бовду некъ	[bɔvdu neqh]
rekstok (de)	васхал	[vashal]
brug (de) gelijke leggers	брусаш	[brusaʃ]
paardsprong (de)	конь	[kɔɲ]
mat (de)	мат	[mat]

| aerobics (de) | аэробика | [aərɔbika] |
| yoga (de) | йогалла | [jogal:a] |

135. Hockey

hockey (het)	хоккей	[hok:ej]
hockeyspeler (de)	хоккейхо	[hok:ejho]
hockey spelen	хоккейх ловза	[hok:ejh lɔvza]
IJs (het)	ша	[ʃa]

puck (de)	шайба	[ʃajba]
hockeystick (de)	клюшка	[klyʃka]
schaatsen (mv.)	канкеш	[kaŋkeʃ]

| boarding (de) | arlo | [aɣɔ] |
| schot (het) | кхоссар | [qɔs:ar] |

doelman (de)	кевнахо	[kevnaho]
goal (de)	гол	[gɔl]
een goal scoren	гол чутоха	[gɔl tʃutɔha]

| periode (de) | мур | [mur] |
| reservebank (de) | сов ловзархочуна гІант | [sɔv lɔvzarhɔtʃuna ɣant] |

136. Voetbal

voetbal (het)	футбол	[futbɔl]
voetballer (de)	футболхо	[futbɔlho]
voetbal spelen	футболах ловза	[futbɔlah lɔvza]

eredivisie (de)	уггар лакхара лига	[ug:ar laqara liga]
vootbalolub (de)	футболан клуб	[futbɔlan klub]
trainer (de)	тренер	[trener]
eigenaar (de)	да	[da]

team (het)	команда	[kɔmanda]
aanvoerder (de)	командин капитан	[kɔmandin kapitan]
speler (de)	ловзархо	[lɔvzarhɔ]
reservespeler (de)	сов ловзархо	[sɔv lɔvzarhɔ]

aanvaller (de)	тІелетарг	[theletarg]
centrale aanvaller (de)	юккъера тІелетарг	[jukqhera theletarg]
doelpuntmaker (de)	бомбардир	[bɔmbardir]
verdediger (de)	лардархо	[lardarhɔ]
middenvelder (de)	полузащитник	[pɔluzaɕitnik]
match, wedstrijd (de)	матч	[matʃ]

elkaar ontmoeten (ww)	вовшахкхета	[vɔvʃahqeta]
finale (de)	финал	[final]
halve finale (de)	ахфинал	[ahfinal]
kampioenschap (het)	чемпионат	[ʧempiɔnat]
helft (de)	тайм	[tajm]
eerste helft (de)	l-ра тайм	[ə ra tajm]
pauze (de)	садаар	[sadaəar]
doel (het)	ков	[kɔv]
doelman (de)	кевнахо	[kevnaho]
doelpaal (de)	штанга	[ʃtaŋa]
lat (de)	васхал	[vashal]
doelnet (het)	бой	[bɔj]
een goal incasseren	чекхдалийта	[ʧeqdali:ta]
bal (de)	буьрка	[byrka]
pass (de)	пас, дӀадалар	[pas], [dəadalar]
schot (het), schop (de)	тохар	[tɔhar]
schieten (de bal ~)	тоха	[tɔha]
vrije schop (directe ~)	штрафан тохар	[ʃtrafan tɔhar]
hoekschop, corner (de)	аrӀонгара тохар	[aɣɔŋara tɔhar]
aanval (de)	атака	[ataka]
tegenaanval (de)	контратака	[kɔntrataka]
combinatie (de)	комбинаци	[kɔmbinaʦi]
scheidsrechter (de)	арбитр	[arbitr]
fluiten (ww)	шок етта	[ʃɔk et:a]
fluitsignaal (het)	шок	[ʃɔk]
overtreding (de)	дохор	[dɔhor]
een overtreding maken	дохо	[dɔho]
uit het veld te sturen	майдан тӀера дӀаваккха	[majdan thera dəavak:a]
gele kaart (de)	можа карточка	[mɔʒa kartɔʧka]
rode kaart (de)	цӀе карточка	[ʦhe kartɔʧka]
diskwalificatie (de)	дисквалификаци	[diskvalifikaʦi]
diskwalificeren (ww)	дисквалификаци ян	[diskvalifikaʦi jan]
strafschop, penalty (de)	пенальти	[penaʎti]
muur (de)	пен	[pen]
scoren (ww)	чутоха	[ʧutɔha]
goal (de), doelpunt (het)	гол	[gɔl]
een goal scoren	гол чутоха	[gɔl ʧutɔha]
vervanging (de)	хийцар	[hi:ʦar]
vervangen (ov.ww.)	хийца	[hi:ʦa]
regels (mv.)	бакъонаш	[baqhonaʃ]
tactiek (de)	тактика	[taktika]
stadion (het)	стадион	[stadiɔn]
tribune (de)	трибуна	[tribuna]
fan, supporter (de)	фан, хьажархо	[fan], [haʒarhɔ]
schreeuwen (ww)	мохь бетта	[mɔh bet:a]
scorebord (het)	табло	[tablɔ]
stand (~ is 3-1)	чот	[ʧɔt]

nederlaag (de)	эшар	[ɛʃar]
verliezen (ww)	эша	[ɛʃa]
gelijkspel (het)	ничья	[nitʃja]
in gelijk spel eindigen	ничьях ловза	[nitʃjah lovza]

overwinning (de)	толам	[tɔlam]
overwinnen (ww)	тола	[tɔla]
kampioen (de)	тоьлларг	[tøl:arg]
best (bn)	уггар дикаха	[ug:ar dikaha]
feliciteren (ww)	декъалдан	[deqhaldan]

commentator (de)	комментархо	[kɔm:entarhɔ]
becommentariëren (ww)	комментареш яла	[kɔm:entareʃ jala]
uitzending (de)	трансляци	[transʎatsi]

137. Alpine skiën

ski's (mv.)	когсалазаш	[kɔgsalazaʃ]
skiën (ww)	лыжаш хехка	[lɪʒaʃ hehka]
skigebied (het)	горнолыжни курорт	[gɔrnɔlɪʒni kurɔrt]
skilift (de)	хьалаойург	[halaɔjurg]

skistokken (mv.)	гӏажаш	[ɣaʒaʃ]
helling (de)	басе	[base]
slalom (de)	слалом	[slalɔm]

138. Tennis. Golf

golf (het)	гольф	[gɔʎf]
golfclub (de)	гольфан-клуб	[gɔʎfan klub]
golfer (de)	гольфан ловзархо	[gɔʎfan lovzarhɔ]

hole (de)	кӏаг	[k:ag]
golfclub (de)	клюшка	[klyʃka]
trolley (de)	клюшкийн гӏудалкх	[klyʃki:n ɣudalq]

tennis (het)	теннис	[teɲis]
tennisveld (het)	корт	[kɔrt]
opslag (de)	далар	[dalar]
serveren, opslaan (ww)	дала	[dala]
racket (het)	ракетка	[raketka]
net (het)	бой	[bɔj]
bal (de)	буьрка	[byrka]

139. Schaken

schaak (het)	шахматаш	[ʃahmataʃ]
schaakstukken (mv.)	шахматаш	[ʃahmataʃ]
schaker (de)	шахматхо	[ʃahmathɔ]
schaakbord (het)	шахматийн у	[ʃahmati:n u]

schaakstuk (het)	фигура	[figura]
witte stukken (mv.)	кӀайн	[k:ajn]
zwarte stukken (mv.)	лаьржа	[əærʒa]

pion (de)	жӀакки	[ʒəak:i]
loper (de)	пийл	[pi:l]
paard (het)	говр	[gɔvr]
toren (de)	бӀов	[bəov]
koningin (de)	ферзь	[ferzʲ]
koning (de)	паччахь	[patʃah]

zet (de)	лелар	[lelar]
zetten (ww)	лела	[lela]
opofferen (ww)	таса	[tasa]
rokade (de)	паччахь хийцар	[patʃah hi:tsar]
schaak (het)	шах	[ʃah]
schaakmat (het)	мат	[mat]

schaakwedstrijd (de)	шахматийн турнир	[ʃahmati:n turnir]
grootmeester (de)	гроссмейстер	[grɔs:mejster]
combinatie (de)	комбинаци	[kɔmbinatsi]
partij (de)	парти	[parti]
dammen (de)	шашкаш	[ʃaʃkaʃ]

140. Boksen

boksen (het)	бокс	[bɔks]
boksgevecht (het)	латар	[latar]
bokswedstrijd (de)	латар	[latar]
ronde (de)	раунд	[raund]

ring (de)	ринг	[riŋ]
gong (de)	жиргӀа	[ʒirɣa]

stoot (de)	тохар	[tɔhar]
knock-down (de)	нокдаун	[nɔkdaun]
knock-out (de)	нокаут	[nɔkaut]
knock-out slaan (ww)	нокаут дан	[nɔkaut dan]

bokshandschoen (de)	боксерски каран	[bɔkserski karan]
referee (de)	рефери	[referi]

lichtgewicht (het)	дайн дозалла	[dajn dɔzal:a]
middengewicht (het)	юккъера дозалла	[jukqhera dɔzal:a]
zwaargewicht (het)	деза дозалла	[deza dɔzal:a]

141. Sporten. Diversen

Olympische Spelen (mv.)	олимпан ловзараш	[ɔlimpan lɔvzaraʃ]
winnaar (de)	толамхо	[tɔlamho]
overwinnen (ww)	эшо	[ɛʃo]
winnen (ww)	тола	[tɔla]

| leider (de) | лидер | [lider] |
| leiden (ww) | лидер хила | [lider hila] |

eerste plaats (de)	хьалхара меттиг	[halhara met:ig]
tweede plaats (de)	шолгӀа меттиг	[ʃolɣa met:ig]
derde plaats (de)	кхоалгӀа меттиг	[qoalɣa met:ig]

medaille (de)	мидал	[midal]
trofee (de)	хӀонс	[hɔns]
beker (de)	кубок	[kubɔk]
prijs (de)	совгӀат	[sɔvɣat]
hoofdprijs (de)	коьрта совгӀат	[kørta sɔvɣat]

| record (het) | рекорд | [rekɔrd] |
| een record breken | рекорд хӀотто | [rekɔrd hɔt:ɔ] |

| finale (de) | финал | [final] |
| finale (bn) | финалан | [finalan] |

| kampioen (de) | тоьлларг | [tøl:arg] |
| kampioenschap (het) | чемпионат | [tʃempiɔnat] |

stadion (het)	стадион	[stadiɔn]
tribune (de)	трибуна	[tribuna]
fan, supporter (de)	фан, хьажархо	[fan], [haʒarhɔ]
tegenstander (de)	мостагӀ	[mɔstaɣ]

| start (de) | старт | [start] |
| finish (de) | финиш | [finiʃ] |

| nederlaag (de) | эшор | [ɛʃor] |
| verliezen (ww) | эша | [ɛʃa] |

rechter (de)	суьдхо	[sydho]
jury (de)	жюри	[ʒyri]
stand (~ is 3-1)	счёт	[stʃot]
gelijkspel (het)	ничья	[nitʃja]
in gelijk spel eindigen	ничьях ловза	[nitʃjah lɔvza]
punt (het)	очко	[ɔtʃkɔ]
uitslag (de)	хилам	[hilam]

pauze (de)	садаӀар	[sadaəar]
doping (de)	допинг	[dɔpiŋ]
straffen (ww)	гӀуда тоха	[ɣuda tɔha]
diskwalificeren (ww)	дисквалификаци ян	[diskvalifikatsi jan]

toestel (het)	гӀирс	[ɣirs]
speer (de)	гоьмукъ	[gømuqh]
kogel (de)	хӀоъ	[hɔ]
bal (de)	горгал	[gɔrgal]

doel (het)	Ӏаьлашо	[əalaʃo]
schietkaart (de)	гӀакх	[ɣaq]
schieten (ww)	кхийса	[qi:sa]
precies (bijv. precieze schot)	нийса	[ni:sa]
trainer, coach (de)	тренер	[trener]

trainen (ww)	lamo	[əamɔ]
zich trainen (ww)	lama	[əama]
training (de)	lamop	[əamɔr]

gymnastiekzaal (de)	спортзал	[spɔrtzal]
oefening (de)	упражнени	[upraʒneni]
opwarming (de)	дерl хецадалийтар	[deɣ hetsadali:tar]

Onderwijs

142. School

school (de)	школа	[ʃkɔla]
schooldirecteur (de)	директор	[direktɔr]
leerling (de)	дешархо	[deʃarhɔ]
leerlinge (de)	дешархо	[deʃarhɔ]
scholier (de)	школахо	[ʃkɔlaho]
scholiere (de)	школахо	[ʃkɔlaho]
leren (lesgeven)	хьеха	[heha]
studeren (bijv. een taal ~)	Iамо	[əamɔ]
van buiten leren	дагахь Iамо	[dagah əamɔ]
leren (bijv. ~ tellen)	Iама	[əama]
in school zijn	Iама	[əama]
(schooljongen zijn)		
naar school gaan	школе ваха	[ʃkɔle vaha]
alfabet (het)	абат	[abat]
vak (schoolvak)	предмет	[predmet]
klaslokaal (het)	класс	[klas:]
les (de)	урок	[urɔk]
bel (de)	горгали	[gɔrgali]
schooltafel (de)	парта	[parta]
schoolbord (het)	классан у	[klas:an u]
cijfer (het)	отметка	[ɔtmetka]
goed cijfer (het)	дика отметка	[dika ɔtmetka]
slecht cijfer (het)	вон отметка	[vɔn ɔtmetka]
een cijfor gevon	отметка хIотто	[ɔtmetka hɔt:ɔ]
fout (de)	гIалат	[ɣalat]
fouten maken	гIалат дан	[ɣalat dan]
corrigeren (fouten ~)	нисдан	[nisdan]
spiekbriefje (het)	шпаргалка	[ʃpargalka]
huiswerk (het)	цIера тIедиллар	[tshera thedil:ar]
oefening (de)	упражнени	[upraʒneni]
aanwezig zijn (ww)	хила	[hila]
absent zijn (ww)	ца хила	[tsa hila]
bestraffen (een stout kind ~)	тазар дан	[taəzar dan]
bestraffing (de)	тазар	[taəzar]

gedrag (het)	лелар	[lelar]
cijferlijst (de)	дневник	[dnevnik]
potlood (het)	къолам	[qhɔlam]
gom (de)	лаьстиг	[læstig]
krijt (het)	мел	[mel]
pennendoos (de)	гӀутакх	[ɣutaq]

boekentas (de)	портфель	[pɔrtfeʎ]
pen (de)	ручка	[ruʧka]
schrift (de)	тетрадь	[tetradʲ]
leerboek (het)	учебник	[uʧebnik]
passer (de)	циркуль	[ʦirkuʎ]

technisch tekenen (ww)	дилла	[dil:a]
technische tekening (de)	чертёж	[ʧertɜʒ]

gedicht (het)	байт	[bajt]
van buiten (bw)	дагахь	[dagah]
van buiten leren	дагахь Ӏамо	[dagah əamɔ]

vakantie (de)	каникулаш	[kanikulaʃ]
met vakantie zijn	каникулашт хилар	[kanikulaʃt hilar]

toets (schriftelijke ~)	талламан болх	[tal:aman bɔlh]
opstel (het)	сочинени	[sɔʧineni]
dictee (het)	диктант	[diktant]
examen (het)	экзамен	[ɛkzamen]
examen afleggen	экзамен дӀаялар	[ɛkzamen dəajalar]
experiment (het)	гӀулч	[ɣulʧ]

143. Hogeschool. Universiteit

academie (de)	академи	[akademi]
universiteit (de)	университет	[uniwersitet]
faculteit (de)	факультет	[fakuʎtet]

student (de)	студент	[student]
studente (de)	студентка	[studentka]
leraar (de)	хьехархо	[heharhɔ]

collegezaal (de)	аудитори	[auditɔri]
afgestudeerde (de)	дешна ваьлларг	[deʃna væl:arg]

diploma (het)	диплом	[diplɔm]
dissertatie (de)	диссертаци	[dis:ertaʦi]

onderzoek (het)	таллар	[tal:ar]
laboratorium (het)	лаборатори	[labɔratɔri]

college (het)	лекци	[lekʦi]
medestudent (de)	курсахо	[kursahɔ]

studiebeurs (de)	стипенди	[stipendi]
academische graad (de)	Ӏилманан дарж	[əilmanan darʒ]

144. Wetenschappen. Disciplines

wiskunde (de)	математика	[matematika]
algebra (de)	алгебра	[algebra]
meetkunde (de)	геометри	[geometri]
astronomie (de)	астрономи	[astronomi]
biologie (de)	биологи	[biologi]
geografie (de)	географи	[geografi]
geologie (de)	геологи	[geologi]
geschiedenis (de)	истори	[istori]
geneeskunde (de)	медицина	[meditsina]
pedagogiek (de)	педагогика	[pedagogika]
rechten (mv.)	бакъо	[baqho]
fysica, natuurkunde (de)	физика	[fizika]
scheikunde (de)	хими	[himi]
filosofie (de)	философи	[filosofi]
psychologie (de)	психологи	[psihologi]

145. Schrift. Spelling

grammatica (de)	грамматика	[gram:atika]
vocabulaire (het)	лексика	[leksika]
fonetiek (de)	фонетика	[fonetika]
zelfstandig naamwoord (het)	цІердош	[tsherdoʃ]
bijvoeglijk naamwoord (het)	билгалдош	[bilgaldoʃ]
werkwoord (het)	хандош	[handoʃ]
bijwoord (het)	куцдош	[kutsdoʃ]
voornaamwoord (het)	цІерметдош	[tshermetdoʃ]
tussenwerpsel (het)	айдардош	[ajdardoʃ]
voorzetsel (het)	предлог	[predlog]
stam (de)	дешан орам	[deʃan oram]
achtervoegsel (het)	чаккхе	[tʃak:e]
voorvoegsel (hot)	дешхьалхе	[deʃhalhe]
lettergreep (de)	дешдакъа	[doʃdaqha]
achtervoegsel (het)	суффикс	[suf:iks]
nadruk (de)	тохар	[tohar]
afkappingsteken (het)	апостроф	[apostrof]
punt (de)	тІадам	[thadam]
komma (de/het)	цІоьмалг	[tshømalg]
puntkomma (de)	тІадамца цІоьмалг	[thadamtsa tshømalg]
dubbelpunt (de)	ши тІадам	[ʃi thadam]
beletselteken (het)	тІадамаш	[thadamaʃ]
vraagteken (het)	хаттаран хьаьрк	[hat:aran hærk]
uitroepteken (het)	айдаран хьаьрк	[ajdaran hærk]

aanhalingstekens (mv.)	кавычкаш	[kavɪtʃkaʃ]
tussen aanhalingstekens (bw)	кавычкаш юккъе	[kavɪtʃkaʃ jukqhe]
haakjes (mv.)	къовларш	[qhɔvlarʃ]
tussen haakjes (bw)	къовларш юккъе	[qhɔvlarʃ jukqhe]

streepje (het)	сизалг	[sizalg]
gedachtestreepje (het)	тиз	[tiz]
spatie (~ tussen twee woorden)	юкъ	[juqh]

| letter (de) | элп | [ɛlp] |
| hoofdletter (de) | доккха элп | [dɔk:a ɛlp] |

| klinker (de) | мукъа аз | [muqha az] |
| medeklinker (de) | мукъаза аз | [muqhaza az] |

zin (de)	предложени	[predlɔʒeni]
onderwerp (het)	подлежащи	[pɔdleʒaɕi]
gezegde (het)	сказуеми	[skazuemi]

regel (in een tekst)	могІа	[mɔɣa]
op een nieuwe regel (bw)	керлачу могІарепа	[kerlatʃu mɔɣarera]
alinea (de)	абзац	[abzats]

woord (het)	дош	[doʃ]
woordgroep (de)	дешнийн цхьаьнакхетар	[deʃni:n tshænaqetar]
uitdrukking (de)	алар	[alar]
synoniem (het)	синоним	[sinɔnim]
antoniem (het)	антоним	[antɔnim]

regel (de)	бакъо	[baqhɔ]
uitzondering (de)	юкъарадаккхар	[juqharadak:ar]
correct (bijv. ~e spelling)	нийса	[ni:sa]

vervoeging, conjugatie (de)	хийцар	[hi:tsar]
verbuiging, declinatie (de)	легар	[legar]
naamval (de)	дожар	[dɔʒar]
vraag (de)	хаттар	[hat:ar]
onderstrepen (ww)	билгалдаккха	[bilgaldak:a]
stippellijn (de)	пунктир	[puŋktir]

146. Vreemde talen

taal (de)	мотт	[mɔt:]
vreemde taal (de)	кхечу мехкийн мотт	[qetʃu mehki:n mɔt:]
leren (bijv. van buiten ~)	Іамо	[əamɔ]
studeren (Nederlands ~)	Іамо	[əamɔ]

lezen (ww)	еша	[eʃa]
spreken (ww)	дийца	[di:tsa]
begrijpen (ww)	кхета	[qeta]
schrijven (ww)	яздан	[jazdan]
snel (bw)	сиха	[siha]
langzaam (bw)	меллаша	[mel:aʃa]

vloeiend (bw)	паргlат	[parɣat]
regels (mv.)	бакъонаш	[baqhɔnaʃ]
grammatica (de)	грамматика	[gram:atika]
vocabulaire (het)	лексика	[leksika]
fonetiek (de)	фонетика	[fɔnetika]
leerboek (het)	учебник	[utʃebnik]
woordenboek (het)	дошам, словарь	[dɔʃam], [slɔvarʲ]
leerboek (het) voor zelfstudie	lамалург	[əamalurg]
taalgids (de)	къамеllаморг	[qhameləamɔrg]
cassette (de)	кассета	[kas:eta]
videocassette (de)	видеокассета	[wideɔkas:eta]
CD (de)	CD	[sidi]
DVD (de)	DVD	[diwidi]
alfabet (het)	алфавит	[alfawit]
spellen (ww)	элпашц мотт бийца	[ɛlpaʃts mɔt: bi:tsa]
uitspraak (de)	алар	[alar]
accent (het)	акцент	[aktsent]
met een accent (bw)	акцент	[aktsent]
zonder accent (bw)	акцент ца хила	[aktsent tsa hila]
woord (het)	дош	[dɔʃ]
betekenis (de)	маьlна	[mæəna]
cursus (de)	курсаш	[kursaʃ]
zich inschrijven (ww)	дlаяздала	[dəajazdala]
leraar (de)	хьехархо	[heharhɔ]
vertaling (een ~ maken)	дахьийтар	[dahi:tar]
vertaling (tekst)	гоч дар	[gɔtʃ dar]
vertaler (de)	талмаж	[talmaʒ]
tolk (de)	талмаж	[talmaʒ]
polyglot (de)	полиглот	[pɔliglɔt]
geheugen (het)	эс	[ɛs]

147. Sprookjesfiguren

Sinterklaas (de)	Санта Клаус	[santa klaus]
zeemeermin (de)	хи-аьзни	[hi æzni]
magiër, tovenaar (de)	бозбуунча	[bɔzbu:ntʃa]
goede heks (de)	бозбуунча	[bɔzbu:ntʃa]
magisch (bn)	бозбуунчаллин	[bɔzbu:ntʃal:in]
toverstokje (het)	шайтlанан гlаж	[ʃajthanan ɣaʒ]
sprookje (het)	туьйра	[tyjra]
wonder (het)	lаламат	[əalamat]
dwerg (de)	буьйдолг	[byjdɔlg]
veranderen in ...	дерза	[derza]
(anders worden)		

geest (de)	гӀалapт	[ɣalɑrt]
spook (het)	бӀapлapӀa	[bəarlaɣa]
monster (het)	Ӏаламат	[əalɑmɑt]
draak (de)	саьрмик	[særmik]
reus (de)	дӀуьтӀа	[dəytha]

148. Dierenriem

Ram (de)	Овен	[ɔwen]
Stier (de)	Телец	[telets]
Tweelingen (mv.)	Близнецы	[bliznetsɪ]
Kreeft (de)	Рак	[rɑk]
Leeuw (de)	Лев	[lev]
Maagd (de)	Дева	[devɑ]

Weegschaal (de)	Весы	[wesɪ]
Schorpioen (de)	Скорпион	[skɔrpiɔn]
Boogschutter (de)	Стрелец	[strelets]
Steenbok (de)	Козерог	[kɔzerɔg]
Waterman (de)	Водолей	[vɔdɔlej]
Vissen (mv.)	Рыбы	[rɪbɪ]

karakter (het)	амал	[amal]
karaktertrekken (mv.)	амаллин башхала	[amal:in baʃhala]
gedrag (het)	лелар	[lelar]
waarzeggen (ww)	пал тийса	[pɑl tiːsa]
waarzegster (de)	палтуьйсург	[paltyjsurg]
horoscoop (de)	гороскоп	[gɔrɔskɔp]

Kunst

149. Theater

theater (het)	театр	[teatr]
opera (de)	опера	[ɔpera]
operette (de)	оперетта	[ɔperet:a]
ballet (het)	балет	[balet]
affiche (de/het)	афиша	[afiʃa]
theatergezelschap (het)	труппа	[trup:a]
tournee (de)	гастролаш	[gastrɔlaʃ]
op tournee zijn	гастролаш яла	[gastrɔlaʃ jala]
repeteren (ww)	репетици ян	[repetitsi jan]
repetitie (de)	репетици	[repetitsi]
repertoire (het)	репертуар	[repertuar]
voorstelling (de)	хьожийла	[hɔʒi:la]
spektakel (het)	спектакль	[spektakʎ]
toneelstuk (het)	пьеса	[pjesa]
biljet (het)	билет	[bilet]
kassa (de)	билетан касса	[biletan kas:a]
foyer (de)	чоь	[ʧø]
garderobe (de)	гардероб	[garderɔb]
garderobe nummer (het)	номер	[nɔmer]
verrekijker (de)	турмал	[turmal]
plaatsaanwijzer (de)	контролёр	[kɔntrɔlɜr]
parterre (de)	партер	[parter]
balkon (het)	балкон	[balkɔn]
gouden rang (de)	бельэтаж	[beʎætaʒ]
loge (de)	ложа	[lɔʒa]
rij (de)	моьла	[mɔɣa]
plaats (de)	меттиг	[met:ig]
publiek (het)	гулбелларш	[gulbel:arʃ]
kijker (de)	хьажархо	[haʒarhɔ]
klappen (ww)	тӀараш детта	[tharaʃ det:a]
applaus (het)	аплодисменташ	[aplɔdismentaʃ]
ovatie (de)	оваци	[ɔvatsi]
toneel (op het ~ staan)	сцена	[stsena]
gordijn, doek (het)	кирхьа	[kirha]
toneeldecor (het)	декорации	[dekɔratsi]
backstage (de)	кулисаш	[kulisaʃ]
scène (de)	сурт	[surt]
bedrijf (het)	дакъа	[daqha]
pauze (de)	антракт	[antrakt]

150. Bioscoop

acteur (de)	актёр	[aktзr]
actrice (de)	актриса	[aktrisa]
bioscoop (de)	кино	[kinɔ]
aflevering (de)	сери	[seri]
detectivefilm (de)	детектив	[detektiv]
actiefilm (de)	боевик	[bɔewik]
avonturenfilm (de)	хиллачеран фильм	[hil:atʃeran fiʌm]
sciencefictionfilm (de)	фонтазин фильм	[fɔntazin fiʌm]
griezelfilm (de)	къематин фильм	[qhematin fiʌm]
komedie (de)	кинокомеди	[kinɔkɔmedi]
melodrama (het)	мелодрама	[melɔdrama]
drama (het)	драма	[drama]
speelfilm (de)	исбаьхьаллин фильм	[isbæhal:in fiʌm]
documentaire (de)	бакъдолчуна тIера фильм	[baqhdɔltʃuna thera fiʌm]
tekenfilm (de)	мультфильм	[muʌtfiʌm]
stomme film (de)	аз доцу кино	[az dɔtsu kinɔ]
rol (de)	роль	[rɔʌ]
hoofdrol (de)	коьрта роль	[kørta rɔʌ]
spelen (ww)	лело	[lelɔ]
filmster (de)	кинозвезда	[kinɔzwezda]
bekend (bn)	гӀарадаьлла	[ɣaradæl:a]
beroemd (bn)	гӀарадаьлла	[ɣaradæl:a]
populair (bn)	гӀраваьлла	[ɣravæl:a]
scenario (het)	сценари	[stsenari]
scenarioschrijver (de)	сценарихо	[stsenariho]
regisseur (de)	режиссёр	[reʒis:зr]
filmproducent (de)	продюсер	[prɔdyser]
assistent (de)	ассистент	[as:istent]
cameraman (de)	оператор	[ɔperatɔr]
stuntman (de)	каскадёр	[kaskadзr]
een film maken	фильм яккха	[fiʌm jak:a]
auditie (de)	хьажар	[haʒar]
opnamen (mv.)	яккхар	[jak:ar]
filmploeg (de)	кино йоккху группа	[kinɔ jok:u grup:a]
filmset (de)	кино йоккху майда	[kinɔ jok:u majda]
filmcamera (de)	кинокамера	[kinɔkamera]
bioscoop (de)	кинотеатр	[kinɔteatr]
scherm (het)	экран	[ɛkran]
een film vertonen	фильм гайта	[fiʌm gajta]
geluidsspoor (de)	аьзнийн дорожк	[æzni:n dɔrɔʒk]
speciale effecten (mv.)	леррина эффекташ	[ler:ina ɛf:ektaʃ]
ondertiteling (de)	субтитраш	[subtitraʃ]
voortiteling, aftiteling (de)	титраш	[titraʃ]
vertaling (de)	гоч дар	[gɔtʃ dar]

151. Schilderij

kunst (de)	исбабхьалла	[isbæhal:a]
schone kunsten (mv.)	исбабхьаллин говзалла	[isbæhal:in gɔvzal:a]
kunstgalerie (de)	галерей	[galerej]
kunsttentoonstelling (de)	сурташ гайтар	[surtaʃ gajtar]

schilderkunst (de)	суьрташ дахкар	[syrtaʃ dahkar]
grafiek (de)	графика	[grafika]
abstracte kunst (de)	абстракционизм	[abstraktsiɔnizm]
impressionisme (het)	импрессионизм	[impres:iɔnizm]

schilderij (het)	суьрт	[syrt]
tekening (de)	сурт	[surt]
poster (de)	плакат	[plakat]

illustratie (de)	иллюстраци	[il:ystratsi]
miniatuur (de)	миниатюра	[miniatyra]
kopie (de)	копи	[kɔpi]
reproductie (de)	репродукци	[reprɔduktsi]

mozaïek (het)	мозаика	[mɔzaika]
gebrandschilderd glas (het)	витраж	[witraʒ]
fresco (het)	фреска	[freska]
gravure (de)	огана	[ɔgana]

buste (de)	бюст	[byst]
beeldhouwwerk (het)	скульптура	[skuʎptura]
beeld (bronzen ~)	статуя	[statuja]
gips (het)	гипс	[gips]
gipsen (bn)	гипсехь	[gipseh]

portret (het)	портрет	[pɔrtret]
zelfportret (het)	автопортрет	[avtɔpɔrtret]
landschap (het)	сурт	[surt]
stilleven (het)	натюрморт	[natyrmɔrt]
karikatuur (de)	карикатура	[karikatura]
schets (de)	сурт	[surt]

verf (de)	басар	[basar]
aquarel (de)	акварель	[akvareʎ]
olieverf (de)	даьтта	[dæt:u]
potlood (het)	къолам	[qhɔlam]
Oostindische inkt (de)	шекъа	[ʃeqha]
houtskool (de)	кӏора	[k:ɔra]

tekenen (met krijt)	сурт дилла	[surt dil:a]
poseren (ww)	позе хӏотта	[pɔze hɔt:a]
naaktmodel (man)	натурахо	[naturaho]
naaktmodel (vrouw)	натурахо	[naturaho]

kunstenaar (de)	исбабхьалча	[isbæhalt͡ʃa]
kunstwerk (het)	произведени	[prɔizwedeni]
meesterwerk (het)	шедевр	[ʃedevr]
studio, werkruimte (de)	пхьалгӏа	[phalɣa]

schildersdoek (het)	гата	[gata]
schildersezel (de)	мольберт	[mɔʎbert]
palet (het)	палитра	[palitra]

lijst (een vergulde ~)	гур	[gur]
restauratie (de)	реставраци	[restavratsi]
restaureren (ww)	реставраци ян	[restavratsi jan]

152. Literatuur & Poëzie

literatuur (de)	литература	[literatura]
auteur (de)	автор	[avtɔr]
pseudoniem (het)	псевдоним	[psevdɔnim]

boek (het)	книшка	[kniʃka]
boekdeel (het)	том	[tɔm]
inhoudsopgave (de)	чулацам	[tʃulatsam]
pagina (de)	arlo	[aɣɔ]
hoofdpersoon (de)	коьрта турпалхо	[kørta turpalho]
handtekening (de)	автограф	[avtɔgraf]

verhaal (het)	дийцар	[di:tsar]
novelle (de)	повесть	[pɔwestʲ]
roman (de)	роман	[rɔman]
werk (literatuur)	сочинени	[sɔtʃineni]
fabel (de)	басни	[basni]
detectiveroman (de)	детектив	[detektiv]

gedicht (het)	байт	[bajt]
poëzie (de)	поэзи	[pɔɛzi]
epos (het)	поэма	[pɔɛma]
dichter (de)	илланча	[il:antʃa]

fictie (de)	беллетристика	[bel:etristika]
sciencefiction (de)	Іилманан фантастика	[əilmanan fantastika]
avonturenroman (de)	хилларг	[hil:arg]
opvoedkundige literatuur (de)	дешаран литература	[deʃaran literatura]
kinderliteratuur (de)	берийн литература	[beri:n literatura]

153. Circus

circus (de/het)	цирк	[tsirk]
chapiteau circus (de/het)	цирк-шапито	[tsirk ʃapitɔ]
programma (het)	программа	[prɔgram:a]
voorstelling (de)	хьожийла	[hɔʒi:la]

| nummer (circus ~) | номер | [nɔmer] |
| arena (de) | майда | [majda] |

pantomime (de)	пантомима	[pantɔmima]
clown (de)	жухарг	[ʒuharg]
acrobaat (de)	пелхьо	[pelhɔ]

acrobatiek (de)	пелхьолла	[pelhɔl:a]
gymnast (de)	гимнастхо	[gimnastho]
gymnastiek (de)	гимнастика	[gimnastika]
salto (de)	сальто	[saʌtɔ]

sterke man (de)	атлет	[atlet]
temmer (de)	караламорхо	[karaəamɔrhɔ]
ruiter (de)	бере	[bere]
assistent (de)	ассистент	[as:istent]

stunt (de)	трюк	[tryk]
goocheltruc (de)	бозбуунчалла	[bɔzbu:nʧal:a]
goochelaar (de)	бозбуунча	[bɔzbu:nʧa]

jongleur (de)	жонглёр	[ʒɔŋlɜr]
jongleren (ww)	жонглировать дан	[ʒɔŋlirɔvatʲ dan]
dierentrainer (de)	караламорг	[karaəamɔrg]
dressuur (de)	караламор	[karaəamɔr]
dresseren (ww)	караламо	[karaəamɔ]

154. Muziek. Popmuziek

muziek (de)	музыка	[muzɪka]
muzikant (de)	музыкант	[muzɪkant]
muziekinstrument (het)	музыкин гӀирс	[muzɪkin ɣirs]
spelen (bijv. gitaar ~)	лакха	[laqa]

gitaar (de)	гитара	[gitara]
viool (de)	чӀондарг	[ʧʰɔndarg]
cello (de)	виолончель	[wiɔlɔnʧeʌ]
contrabas (de)	контрабас	[kɔntrabas]
harp (de)	арфа	[arfa]

piano (de)	пианино	[pianinɔ]
vleugel (de)	рояль	[rɔjaʌ]
orgel (het)	орган	[ɔrgan]

blaasinstrumenten (mv.)	зурманийн гӀирсаш	[zurmani:n ɣirsaʃ]
hobo (de)	гобой	[gɔbɔj]
saxofoon (de)	саксофон	[sɑksɔfɔn]
klarinet (de)	кларнет	[klarnet]
fluit (de)	флейта	[flejta]
trompet (de)	зурма	[zurma]

| accordeon (de/het) | кехатпондар | [kehatpɔndar] |
| trommel (de) | вота | [vɔta] |

duet (het)	дуэт	[duɛt]
trio (het)	трио	[triɔ]
kwartet (het)	квартет	[kvartet]
koor (het)	хор	[hor]
orkest (het)	оркестр	[ɔrkestr]
popmuziek (de)	рок-музыка	[rɔk muzɪka]
rockmuziek (de)	рок-музыка	[rɔk muzɪka]

| rockgroep (de) | рок-группа | [rɔk grup:a] |
| jazz (de) | джаз | [ʤaz] |

| idool (het) | цӀу | [ʦhu] |
| bewonderaar (de) | ларамхо | [laramho] |

concert (het)	концерт	[kɔntsert]
symfonie (de)	симфони	[simfɔni]
compositie (de)	сочинени	[sɔʧineni]
componeren (muziek ~)	кхолла	[qɔl:a]

zang (de)	лакхар	[laqar]
lied (het)	илли	[il:i]
melodie (de)	мукъам	[muqham]
ritme (het)	ритм	[ritm]
blues (de)	блюз	[blyz]

bladmuziek (de)	ноташ	[nɔtaʃ]
dirigeerstok (baton)	гӀаж	[ɣaʒ]
strijkstok (de)	чӀондаргӀа	[ʧhɔndarɣa]
snaar (de)	мерз	[merz]
koffer (de)	ботт	[bɔt:]

Rusten. Entertainment. Reizen

155. Trip. Reizen

toerisme (het)	туризм	[turizm]
toerist (de)	турист	[turist]
reis (de)	араваьлла лелар	[aravæl:a lelar]
avontuur (het)	хилларг	[hil:arg]
tocht (de)	дахар	[dahar]
vakantie (de)	отпуск	[ɔtpusk]
met vakantie zijn	отпускехь хилар	[ɔtpuskeh hilar]
rust (de)	садалар	[sadaɛar]
trein (de)	цlерпошт	[tʃherpɔʃt]
met de trein	цlерпоштахь	[tʃherpɔʃtah]
vliegtuig (het)	кема	[kema]
met het vliegtuig	керманца	[kemantsa]
met de auto	машина тlехь	[maʃina theh]
per schip (bw)	керманца	[kemantsa]
bagage (de)	кира	[kira]
valies (de)	чамда	[tʃamda]
bagagekarretje (het)	киран гlудакх	[kiran ɣudaq]
paspoort (het)	паспорт	[paspɔrt]
visum (het)	виза	[wiza]
kaartje (het)	билет	[bilet]
vliegticket (het)	авиабилет	[awiabilet]
reisgids (de)	некъгойтург	[neqhgɔjturg]
kaart (de)	карта	[karta]
gebied (landelijk ~)	меттиг	[met:ig]
plaats (de)	меттиг	[met:ig]
exotische bestemming (de)	экзотика	[ɛkzɔtika]
exotisch (bn)	экзотикин	[ɛkzɔtikin]
verwonderlijk (bn)	тамашена	[tamaʃəna]
groep (de)	группа	[grup:a]
rondleiding (de)	экскурси	[ɛkskursi]
gids (de)	экскурсилелорхо	[ɛkskursilelɔrhɔ]

156. Hotel

hotel (het)	хьешийн цlа	[heʃi:n tʃha]
motel (het)	мотель	[mɔteʎ]
3-sterren	кхо седа	[qø seda]

5-sterren	пхи седа	[phi seda]
overnachten (ww)	саца	[satsa]

kamer (de)	номер	[nɔmer]
eenpersoonskamer (de)	цхьа меттиг йолу номер	[tsha met:ig jolu nɔmer]
tweepersoonskamer (de)	шиъ меттиг йолу номер	[ʃi met:ig jolu nɔmer]
een kamer reserveren	номер бронь ян	[nɔmer brɔɲ jan]

halfpension (het)	полупансион	[pɔlupansiɔn]
volpension (het)	йиззина пансион	[jɪz:ina pansiɔn]

met badkamer	ваннер	[vaɲer]
met douche	душер	[duʃer]
satelliet-tv (de)	спутникови телевидени	[sputnikɔwi telewideni]
airconditioner (de)	кондиционер	[kɔnditsiɔner]
handdoek (de)	гата	[gata]
sleutel (de)	дорla	[dɔɣa]

administrateur (de)	администратор	[administratɔr]
kamermeisje (het)	хlусамча	[husamtʃa]
piccolo (de)	киранхо	[kiranho]
portier (de)	портье	[pɔrtje]

restaurant (het)	ресторан	[restɔran]
bar (de)	бар	[bar]
ontbijt (het)	марта	[marta]
avondeten (het)	пхьор	[phɔr]
buffet (het)	шведийн стоьл	[ʃwedi:n støl]

hal (de)	вестибюль	[westibyʎ]
lift (de)	лифт	[lift]

NIET STOREN	МА ХЬЕВЕ	[ma hewe]
VERBODEN TE ROKEN!	ЦИГАЬРКА ОЗА	[tsigærka ɔza
	МЕГАШ ДАЦ!	megaʃ dats]

157. Boeken. Lezen

boek (het)	книшка	[kniʃka]
auteur (de)	автор	[avtɔr]
schrijver (de)	яздархо	[jazdarhɔ]
schrijven (een boek)	язъян	[jazʰjan]

lezer (de)	ешархо	[eʃarhɔ]
lezen (ww)	еша	[eʃa]
lezen (het)	ешар	[eʃar]

stil (~ lezen)	дагахь	[dagah]
hardop (~ lezen)	хезаш	[ɦezaʃ]

uitgeven (boek ~)	арахеца	[arahetsa]
uitgeven (het)	арахецар	[arahetsar]
uitgever (de)	арахецархо	[arahetsarhɔ]
uitgeverij (de)	издательство	[izdateʎstvɔ]

verschijnen (bijv. boek)	арадала	[aradala]
verschijnen (het)	арадалар	[aradalar]
oplage (de)	тираж	[tiraʒ]

| boekhandel (de) | книшкийн туька | [kniʃkiːn tyka] |
| bibliotheek (de) | библиотека | [biblioteka] |

novelle (de)	повесть	[powestʲ]
verhaal (het)	дийцар	[diːtsar]
roman (de)	роман	[rɔman]
detectiveroman (de)	детектив	[detektiv]

memoires (mv.)	мемуараш	[memuaraʃ]
legende (de)	дийцар	[diːtsar]
mythe (de)	миф	[mif]

gedichten (mv.)	байташ	[bajtaʃ]
autobiografie (de)	автобиографи	[avtobiografi]
bloemlezing (de)	хаьржина	[hærʒina]
sciencefiction (de)	фантастика	[fantastika]

naam (de)	цIе	[tʃhe]
inleiding (de)	чудалор	[tʃudalɔr]
voorblad (het)	титулан arlo	[titulan aɣɔ]

hoofdstuk (het)	корта	[kɔrta]
fragment (het)	дакъа	[daqha]
episode (de)	эпизод	[ɛpizɔd]

intrige (de)	сюжет	[syʒet]
inhoud (de)	чулацам	[tʃulatsam]
inhoudsopgave (de)	чулацам	[tʃulatsam]
hoofdpersonage (het)	коьрта турпалхо	[kørta turpalhɔ]

boekdeel (het)	том	[tɔm]
omslag (de/het)	мужалт	[muʒalt]
boekband (de)	мужалт яр	[muʒalt jar]
bladwijzer (de)	юкъаюьллург	[juqhajuːlurg]

pagina (de)	arlo	[aɣɔ]
bladeren (ww)	херца	[hertsa]
marges (mv.)	йистош	[jistɔʃ]
annotatie (de)	билгало	[bilgalɔ]
opmerking (de)	билгалдаккхар	[bilgaldakːar]

tekst (de)	текст	[tekst]
lettertype (het)	зорба	[zɔrba]
drukfout (de)	гIалат кхетар	[ɣalat qetar]

vertaling (de)	гоч	[gɔtʃ]
vertalen (ww)	гочдинарг	[gɔtʃdinarg]
origineel (het)	бакъдерг	[baqhderg]

beroemd (bn)	гIарадаьлла	[ɣaradælːa]
onbekend (bn)	девзаш доцу	[devzaʃ dɔtsu]
interessant (bn)	самукъане	[samuqhane]

bestseller (de)	бестселлер	[bestsel:er]
woordenboek (het)	дошам, словарь	[doʃam], [slɔvarʲ]
leerboek (het)	учебник	[utʃebnik]
encyclopedie (de)	энциклопеди	[ɛntsiklɔpedi]

158. Jacht. Vissen.

jacht (de)	таллар	[tal:ar]
jagen (ww)	талла эха	[tal:a ɛha]
jager (de)	таллархо	[tal:arhɔ]
schieten (ww)	кхийса	[qi:sa]
geweer (het)	топ	[tɔp]
patroon (de)	патарма	[patarma]
hagel (de)	дробь	[drɔbʲ]
val (de)	гура	[gura]
valstrik (de)	речла	[retʃha]
een val zetten	гура богла	[gura bɔɣa]
stroper (de)	браконьер	[brakɔɲjer]
wild (het)	экха	[ɛqa]
jachthond (de)	таллархойн жlаьла	[tal:arhɔjn ʒæла]
safari (de)	сафари	[safari]
opgezet dier (het)	мунда	[munda]
visser (de)	чlерийлецархо	[tʃheri:letsarhɔ]
visvangst (de)	чlерийлецар	[tʃheri:letsar]
vissen (ww)	чlерий леца	[tʃheri: letsa]
hengel (de)	мlара	[meara]
vislijn (de)	леска	[leska]
haak (de)	мlара	[meara]
dobber (de)	тlус	[thus]
aas (het)	кхоллург	[qɔl:urg]
de hengel uitwerpen	къийдамаш бан	[qhi:damaʃ ban]
bijten (ov. de vissen)	муьрг етта	[myrg et:a]
vangst (de)	лецна	[letsna]
wak (het)	lуьрг	[əyrg]
net (het)	бой	[bɔj]
boot (de)	кема	[kema]
vissen met netten	бойца леца	[bɔjtsa letsa]
het net uitwerpen	бой чукхосса	[bɔj tʃuqɔs:a]
het net binnenhalen	бой аратакхо	[bɔj arataqɔ]
walvisvangst (de)	китобой	[kitɔbɔj]
walvisvaarder (de)	китобойни кема	[kitɔbɔjni kema]
harpoen (de)	чаьнчакх	[tʃæntʃaq]

159. Spellen. Biljart

biljart (het)	биллиард	[bil:iard]
biljartzaal (de)	биллиардан	[bil:iardan]
biljartbal (de)	биллиардан шар	[bil:iardan ʃar]
een bal in het gat jagen	шар чутоха	[ʃar ʧutɔha]
keu (de)	кий	[ki:]
gat (het)	луза	[luza]

160. Spellen. Speelkaarten

ruiten (mv.)	черо	[ʧerɔ]
schoppen (mv.)	IаьржбIаьрг	[əærӡbəærg]
klaveren (mv.)	черви	[ʧerwi]
harten (mv.)	IаьржабIаьргаш	[əærӡabəærgaʃ]
aas (de)	тIуз	[thuz]
koning (de)	паччахь	[paʧah]
dame (de)	йоl	[joə]
boer (de)	салти	[salti]
speelkaart (de)	ловзо кехат	[lɔvzɔ kehat]
kaarten (mv.)	кехаташ	[kehataʃ]
troef (de)	козар	[kɔzar]
pak (het) kaarten	туп	[tup]
uitdelen (kaarten ~)	декъа	[deqha]
schudden (de kaarten ~)	эдан	[ɛdan]
beurt (de)	дахар	[dahar]
valsspeler (de)	хьарамча	[haramʧa]

161. Casino. Roulette

casino (het)	казино	[kazinɔ]
roulette (de)	рулетка	[ruletka]
inzot (do)	диллар	[dil:ar]
een bod doen	дилла	[dil:a]
rood (de)	цIен	[tshen]
zwart (de)	Iаьржа	[əærӡa]
inzetten op rood	цIенчун тIе дилла	[tshenʧun the dil:a]
inzetten op zwart	Iаьржчун тIе дилла	[əærӡʧun the dil:a]
croupier (de)	крупье	[krupje]
de cilinder draaien	бера хьийзо	[bera hi:zɔ]
spelregels (mv.)	ловзаран бакъонаш	[lɔvzaran baqhɔnaʃ]
fiche (pokerfiche, etc.)	фишка	[fiʃka]
winnen (ww)	даккха	[dak:a]
winst (de)	даккхар	[dak:ar]

| verliezen (ww) | эша | [εʃa] |
| verlies (het) | эшар | [εʃar] |

speler (de)	ловзархо	[lɔvzarhɔ]
blackjack (kaartspel)	блэк джэк	[blεk dʒεk]
dobbelspel (het)	даьлахках ловзар	[dæəahkah lɔvzar]
speelautomaat (de)	ловзо автомат	[lɔvzɔ avtɔmat]

162. Rusten. Spellen. Diversen

wandelen (on.ww.)	доладала	[dɔladala]
wandeling (de)	доладалар	[dɔladalar]
trip (per auto)	доладалар	[dɔladalar]
avontuur (het)	хилларг	[hil:arg]
picknick (de)	пикник	[piknik]

spel (het)	ловзар	[lɔvzar]
speler (de)	ловзархо	[lɔvzarhɔ]
partij (de)	парти	[parti]

collectioneur (de)	гулдархо	[guldarhɔ]
collectioneren (ww)	гулъян	[gulʰjan]
collectie (de)	гулдар	[guldar]

kruiswoordraadsel (het)	кроссворд	[krɔs:vɔrd]
hippodroom (de)	ипподром	[ip:ɔdrɔm]
discotheek (de)	дискотека	[diskɔteka]

| sauna (de) | сауна | [sauna] |
| loterij (de) | лотерей | [lɔterej] |

trektocht (kampeertocht)	поход	[pɔhod]
kamp (het)	лагерь	[lagerʲ]
tent (de)	четар	[tʃetar]
kompas (het)	къилба	[qhilba]
rugzaktoerist (de)	турист	[turist]

bekijken (een film ~)	хьежа	[heʒa]
kijker (televisie~)	телехьажархо	[telehaʒarhɔ]
televisie-uitzending (de)	телепередача	[teleperedatʃa]

163. Fotografie

| fotocamera (de) | фотоаппарат | [fotɔap:arat] |
| foto (de) | фото, сурт | [fotɔ], [surt] |

fotograaf (de)	суьрташдохург	[syrtaʃdɔhurg]
fotostudio (de)	фотостуди	[fotɔstudi]
fotoalbum (het)	фотоальбом	[fotɔʌbɔm]

| lens (de), objectief (het) | объектив | [ɔbʰektiv] |
| telelens (de) | телеобъектив | [teleɔbʰektiv] |

| filter (de/het) | фильтр | [fiʌtr] |
| lens (de) | линза | [linza] |

optiek (de)	оптика	[ɔptika]
diafragma (het)	диафрагма	[diafragma]
belichtingstijd (de)	выдержка	[vɪderʒka]
zoeker (de)	видоискатель	[widɔiskateʌ]

digitale camera (de)	цифрийн камера	[tsifri:n kamera]
statief (het)	штатив	[ʃtativ]
flits (de)	эккхар	[ɛk:ar]

fotograferen (ww)	сурт даккха	[surt dak:a]
kieken (foto's maken)	даккха	[dak:a]
zich laten fotograferen	сурт даккхийта	[surt dak:i:ta]

focus (de)	резкость	[rezkɔstʲ]
scherpstellen (ww)	резкостан тӀедало	[rezkɔstan thedalɔ]
scherp (bn)	Ӏоарла	[ʧhɔaɣa]
scherpte (de)	Ӏоарла хилар	[ʧhɔaɣa hilar]

| contrast (het) | къастам | [qhastam] |
| contrastrijk (bn) | къастаме | [qhastame] |

kiekje (het)	сурт	[surt]
negatief (het)	негатив	[negativ]
filmpje (het)	фотоплёнка	[fɔtɔplɜŋka]
beeld (frame)	кадр	[kadr]
afdrukken (foto's ~)	зорба тоха	[zɔrba tɔha]

164. Strand. Zwemmen

strand (het)	пляж	[pʌaʒ]
zand (het)	гӀум	[ɣum]
leeg (~ strand)	гӀум-аренан	[ɣum arenan]

bruine kleur (de)	кхарзавалар	[qarzavalar]
zonnebaden (ww)	вага	[vaga]
gebruind (bn)	маьлхо дагийна	[mælho dagi:na]
zonnecrème (de)	кхарзваларан дуьхьал крем	[qarzvalaran dyhal krem]

bikini (de)	бикини	[bikini]
badpak (het)	луьйчушъюхург	[lyjʧuʃʲjuhurg]
zwembroek (de)	плавкаш	[plavkaʃ]

zwembad (het)	бассейн	[bas:ejn]
zwemmen (ww)	нека дан	[neka dan]
douche (de)	душ	[duʃ]
zich omkleden (ww)	бедар хийца	[bedar hi:tsa]
handdoek (de)	гата	[gata]

| boot (de) | кема | [kema] |
| motorboot (de) | катер | [kater] |

waterski's (mv.)	хин лыжаш	[hin lɪʒaʃ]
waterfiets (de)	хин вилиспет	[hin wilispet]
surfen (het)	серфинг	[serfiŋ]
surfer (de)	серфингхо	[serfinho]
scuba, aqualong (de)	акваланг	[akvalaŋ]
zwemvliezen (mv.)	пиллигаш	[pil:igaʃ]
duikmasker (het)	маска	[maska]
duiker (de)	чулелхархо	[tʃulelharhɔ]
duiken (ww)	чулелха	[tʃulelha]
onder water (bw)	хин кӀел	[hin k:el]
parasol (de)	зонтик	[zɔntik]
ligstoel (de)	шезлонг	[ʃezlɔŋ]
zonnebril (de)	куьзганаш	[kyzganaʃ]
luchtmatras (de/het)	нека дан гоь	[neka dan gø]
spelen (ww)	ловза	[lɔvza]
gaan zwemmen (ww)	лийча	[li:tʃa]
bal (de)	буьрка	[byrka]
opblazen (oppompen)	дуса	[dusa]
lucht-, opblaasbare (bn)	дусу	[dusu]
golf (hoge ~)	тулгӀе	[tulɣe]
boei (de)	буй	[buj]
verdrinken (ww)	бухадаха	[buhadaha]
redden (ww)	кӀелхьардакхха	[k:elhardaqha]
reddingsvest (de)	кӀелхьарвокхху жилет	[k:elharvɔqhu ʒilet]
waarnemen (ww)	тергам бан	[tergam ban]
redder (de)	кӀелхьардакххархо	[k:elhardaqharhɔ]

TECHNISCHE APPARATUUR. VERVOER

Technische apparatuur

165. Computer

computer (de)	компьютер	[kɔmpjyter]
laptop (de)	ноутбук	[nɔutbuk]
aanzetten (ww)	лато	[latɔ]
uitzetten (ww)	дӏадайа	[dəadaja]
toetsenbord (het)	клавиатура	[klawiatura]
toets (enter~)	пиллиг	[pilːig]
muis (de)	мышь	[mɪʃ]
muismat (de)	кузан цуьрг	[kuzan tsyrg]
knopje (het)	кнопка	[knɔpka]
cursor (de)	курсор	[kursɔr]
monitor (de)	монитор	[mɔnitɔr]
scherm (het)	экран	[ɛkran]
harde schijf (de)	жёстки диск	[ʒɜstki disk]
volume (het)	жестки дискан барам	[ʒestki diskan baram]
van de harde schijf		
geheugen (het)	эс	[ɛs]
RAM-geheugen (het)	оперативни эс	[ɔperativni ɛs]
bestand (het)	файл	[fajl]
folder (de)	папка	[papka]
openen (ww)	схьаделла	[shadelːa]
sluiten (ww)	дӏакъовла	[dəaqhɔvla]
opslaan (ww)	ӏалашдан	[əalaʃdan]
verwijderen (wissen)	дӏадаккхӑ	[doadakːɔ]
kopiëren (ww)	копи яккха	[kɔpi jakːa]
sorteren (ww)	сорташ дан	[sɔrtaʃ dan]
overplaatsen (ww)	схьаяздан	[shajazdan]
programma (het)	программа	[prɔgramːa]
software (de)	программни кхачам	[prɔgramːni qatʃam]
programmeur (de)	программист	[prɔgramːist]
programmeren (ww)	программа хӏотто	[prɔgramːa hɔtːɔ]
hacker (computerkraker)	хакер	[haker]
wachtwoord (het)	пароль	[parɔʎ]
virus (het)	вирус	[wirus]
ontdekken (virus ~)	каро	[karɔ]

| byte (de) | байт | [bajt] |
| megabyte (de) | мегабайт | [megabajt] |

| data (de) | хаамаш | [ha:maʃ] |
| databank (de) | хаамашан база | [ha:maʃan baza] |

kabel (USB-~, enz.)	кабель	[kabeʎ]
afsluiten (ww)	дӏадаккха	[dəadak:a]
aansluiten op (ww)	вовшахтаса	[vɔvʃahtasa]

166. Internet. E-mail

internet (het)	интернет	[internet]
browser (de)	браузер	[brauzer]
zoekmachine (de)	лехамийн ресурс	[lehami:n resurs]
internetprovider (de)	провайдер	[prɔvajder]

webmaster (de)	веб-мастер	[web master]
website (de)	веб-сайт	[web sajt]
webpagina (de)	веб-arlo	[web aɣɔ]

| adres (het) | адрес | [adres] |
| adresboek (het) | адресийн книга | [adresi:n kniga] |

| postvak (het) | поштан яьшка | [poʃtan jaʃka] |
| post (de) | пошт | [poʃt] |

bericht (het)	хаам	[ha:m]
verzender (de)	дӏадахьийтинарг	[dəadahi:tinarg]
verzenden (ww)	дӏадахьийта	[dəadahi:ta]
verzending (de)	дӏадахьийтар	[dəadahi:tar]

| ontvanger (de) | схьаэцархо | [shaetsarhɔ] |
| ontvangen (ww) | зхьаэца | [zhaetsa] |

| correspondentie (de) | кехаташ дӏасакхехьийтар | [kehataʃ dəasaqehi:tar] |
| corresponderen (met …) | кехаташ дӏасакхехьийта | [kehataʃ dəasaqehi:ta] |

bestand (het)	файл	[fajl]
downloaden (ww)	чудаккха	[tʃudak:a]
creëren (ww)	кхолла	[qɔl:a]
verwijderen (een bestand ~)	дӏадаккха	[dəadak:a]
verwijderd (bn)	дӏадаькккхнарг	[dəadæk:narg]

verbinding (de)	дазар	[dazar]
snelheid (de)	сихалла	[sihal:a]
modem (de)	модем	[mɔdem]
toegang (de)	тӏекхочийла	[theqɔtʃi:la]
poort (de)	порт	[pɔrt]

aansluiting (de)	дӏатасар	[dəatasar]
zich aansluiten (ww)	дӏатаса	[dəatasa]
selecteren (ww)	харжа	[harʒa]
zoeken (ww)	леха	[leha]

167. Elektriciteit

elektriciteit (de)	электричество	[ɛlektritʃestvɔ]
elektrisch (bn)	электрически	[ɛlektritʃeski]
elektriciteitscentrale (de)	электростанци	[ɛlektrɔstɑntsi]
energie (de)	ницкъ	[nitsqh]
elektrisch vermogen (het)	электроницкъ	[ɛlektrɔnitsqh]

lamp (de)	лампа	[lɑmpɑ]
zaklamp (de)	фонарик	[fɔnɑrik]
straatlantaarn (de)	фонарь	[fɔnɑrʲ]

licht (elektriciteit)	серло	[serlɔ]
aandoen (ww)	лато	[lɑtɔ]
uitdoen (ww)	дӀадайа	[dǝɑdɑjɑ]
het licht uitdoen	серло дӀаяйа	[serlɔ dǝɑjɑjɑ]

doorbranden (gloeilamp)	дага	[dɑgɑ]
kortsluiting (de)	электрически серий вовшахкхетар	[ɛlektritʃeski seri: vɔvʃɑhqetɑr]
onderbreking (de)	хадор	[hɑdɔr]
contact (het)	хьакхадалар	[hɑqɑdɑlɑr]

schakelaar (de)	дӀаяйоург	[dǝɑjɑjourg]
stopcontact (het)	розетка	[rɔzetkɑ]
stekker (de)	мӀара	[mǝɑrɑ]
verlengsnoer (de)	удлинитель	[udliniteʎ]

zekering (de)	предохранитель	[predɔhrɑniteʎ]
kabel (de)	сара	[sɑrɑ]
bedrading (de)	далор	[dɑlɔr]

ampère (de)	ампер	[ɑmper]
stroomsterkte (de)	токан ицкъ	[tɔkɑn itsqh]
volt (de)	вольт	[vɔʎt]
spanning (de)	булам	[bulɑm]

elektrisch toestel (het)	электроприбор	[ɛlektrɔpribɔr]
indicator (de)	индикатор	[indikɑtɔr]

elektricien (de)	электрик	[ɛlektrik]
solderen (ww)	лато	[lɑtɔ]
soldeerbout (de)	латорг	[lɑtɔrg]
stroom (de)	ток	[tɔk]

168. Gereedschappen

werktuig (stuk gereedschap)	гӀирс	[ɣirs]
gereedschap (het)	гӀирсаш	[ɣirsɑʃ]
uitrusting (de)	гӀирс хӀоттор	[ɣirs hǝtːɔr]

hamer (de)	жӀов	[ʒǝɔv]
schroevendraaier (de)	сетал	[setɑl]

bijl (de)	диг	[dig]
zaag (de)	херх	[herh]
zagen (ww)	хьакха	[haqa]
schaaf (de)	воттан	[vɔt:an]
schaven (ww)	хьекха	[heqa]
soldeerbout (de)	латорг	[latɔrg]
solderen (ww)	лато	[latɔ]

vijl (de)	ков	[kɔv]
nijptang (de)	морзах	[mɔrzah]
combinatietang (de)	чlапморзах	[tʃhapmɔrzah]
beitel (de)	сто	[stɔ]

boorkop (de)	буру	[buru]
boormachine (de)	буру	[buru]
boren (ww)	буру хьовзо	[buru hɔvzɔ]

mes (het)	урс	[urs]
zakmes (het)	кисанахь лело урс	[kisanah lelɔ urs]
knip- (abn)	мокъара туху	[mɔqhara tuhu]
lemmet (het)	дитт	[dit:]

scherp (bijv. ~ mes)	ира	[ira]
bot (bn)	аьрта	[ærta]
bot raken (ww)	аьртадала	[ærtadala]
slijpen (een mes ~)	ирдан	[irdan]

bout (de)	болт	[bɔlt]
moer (de)	гайка	[gajka]
schroefdraad (de)	агар	[agar]
houtschroef (de)	шуруп	[ʃurup]

nagel (de)	хьостам	[hɔstam]
kop (de)	кlуж	[k:uʒ]

liniaal (de/het)	линейка	[linejka]
rolmeter (de)	рулетка	[ruletka]
waterpas (de/het)	тlадам	[thadam]
loep (de)	бlаьрг	[bəærg]

meetinstrument (het)	юсту прибор	[justu pribɔr]
opmeten (ww)	дуста	[dusta]
schaal (meetschaal)	шкала	[ʃkala]
gegevens (mv.)	гайтам	[gajtam]

compressor (de)	компрессор	[kɔmpres:ɔr]
microscoop (de)	микроскоп	[mikrɔskɔp]

pomp (de)	насос	[nasɔs]
robot (de)	робот	[rɔbɔt]
laser (de)	лазер	[lazer]

moersleutel (de)	гайкин дorlа	[gajkin dɔɣa]
plakband (de)	скоч	[skɔtʃ]
lijm (de)	клей	[klej]
schuurpapier (het)	ялпаран кехат	[jalparan kehat]

veer (de)	пружина	[pruʒina]
magneet (de)	магнит	[magnit]
handschoenen (mv.)	карнаш	[karnaʃ]

touw (bijv. henneptouw)	чуха	[ʧuha]
snoer (het)	тӀийриг	[thi:rig]
draad (de)	сара	[sara]
kabel (de)	кабель	[kabeʎ]

moker (de)	варзап	[varzap]
breekijzer (het)	ваба	[vaba]
ladder (de)	лами	[lami]
trapje (inklapbaar ~)	лами	[lami]

aanschroeven (ww)	хьовзо	[hɔvzɔ]
losschroeven (ww)	схьахьовзо	[shahɔvzɔ]
dichtpersen (ww)	юкъакъовла	[juqhaqhɔvla]
vastlijmen (ww)	тӀелато	[thelatɔ]
snijden (ww)	хедо	[hedɔ]

defect (het)	доьхнарг	[døhnarg]
reparatie (de)	тадар	[tadar]
repareren (ww)	тадан	[tadan]
regelen (een machine ~)	нисдан	[nisdan]

nakijken (ww)	хьажа	[haʒa]
controle (de)	хьажар	[haʒar]
gegevens (mv.)	гайтам	[gajtam]

| degelijk (bijv. ~ machine) | тешаме | [teʃame] |
| ingewikkeld (bn) | чолхе | [ʧɔlhe] |

roesten (ww)	мекхадола	[meqadɔla]
roestig (bn)	мекхадоьлла	[meqadøl:a]
roest (de/het)	мекха	[meqa]

Vervoer

169. Vliegtuig

vliegtuig (het)	кема	[kema]
vliegticket (het)	авиабилет	[awiabilet]
luchtvaartmaatschappij (de)	авиакомпани	[awiakɔmpani]
luchthaven (de)	аэропорт	[aerɔpɔrt]
supersonisch (bn)	озал тlехь	[ɔzal theh]
gezagvoerder (de)	кеман командир	[keman kɔmandir]
bemanning (de)	экипаж	[ɛkipaʒ]
piloot (de)	кеманхо	[kemanho]
stewardess (de)	стюардесса	[styardes:a]
stuurman (de)	штурман	[ʃturman]
vleugels (mv.)	тlемаш	[themaʃ]
staart (de)	цlога	[tshɔga]
cabine (de)	кабина	[kabina]
motor (de)	двигатель	[dwigateʎ]
landingsgestel (het)	шасси	[ʃas:i]
turbine (de)	бера	[bera]
propeller (de)	бера	[bera]
zwarte doos (de)	lаьржа яьшка	[əærʒa jaʃka]
stuur (het)	штурвал	[ʃturval]
brandstof (de)	ягорг	[jagɔrg]
veiligheidskaart (de)	инструкци	[instruktsi]
zuurstofmasker (het)	кислородан маска	[kislɔrɔdan maska]
uniform (het)	униформа	[uniformа]
reddingsvest (de)	кlелхьарвоккху жилет	[k:elharvɔqhu ʒilet]
parachute (de)	четар	[tʃetar]
opstijgen (het)	хьаларlаттар	[halaɣat:ar]
opstijgen (ww)	хьаларlатта	[halaɣat:a]
startbaan (de)	хьаларlотту аса	[halaɣɔt:u asa]
zicht (het)	гуш хилар	[guʃ hilar]
vlucht (de)	дахар	[dahar]
hoogte (de)	лакхалла	[laqal:a]
luchtzak (de)	хlаваъан ор	[hava:n ɔr]
plaats (de)	меттиг	[met:ig]
koptelefoon (de)	ладуйlургаш	[laduɣurgaʃ]
tafeltje (het)	цхьалха стол	[tshalha stɔl]
venster (het)	иллюминатор	[il:yminatɔr]
gangpad (het)	чекхдолийла	[tʃeqdɔli:la]

170. Trein

trein (de)	цлерпошт	[ʦherpɔʃt]
elektrische trein (de)	электричка	[ɛlektriʧka]
sneltrein (de)	чехка цлерпошт	[ʧehka ʦherpɔʃt]
diesellocomotief (de)	тепловоз	[teplɔvɔz]
locomotief (de)	цлермашен	[ʦhermaʃən]

rijtuig (het)	вагон	[vagɔn]
restauratierijtuig (het)	вагон-ресторан	[vagɔn restɔran]

rails (mv.)	рельсаш	[reʌsaʃ]
spoorweg (de)	аьчка некъ	[æʧka neqh]
dwarsligger (de)	шпала	[ʃpala]

perron (het)	платформа	[platfɔrma]
spoor (het)	некъ	[neqh]
semafoor (de)	семафор	[semafɔr]
halte (bijv. kleine treinhalte)	станци	[stanʦi]

machinist (de)	машинхо	[maʃinho]
kruier (de)	киранхо	[kiranho]
conducteur (de)	проводник	[prɔvɔdnik]
passagier (de)	пассажир	[pas:aʒir]
controleur (de)	контролёр	[kɔntrɔlɜr]

gang (in een trein)	уче	[uʧe]
noodrem (de)	стоп-кран	[stɔp kran]

coupé (de)	купе	[kupe]
bed (slaapplaats)	терхи	[terhi]
bovenste bed (het)	лакхара терхи	[laqara terhi]
onderste bed (het)	лахара терхи	[lahara terhi]
beddengoed (het)	меттан лоччарш	[met:an lɔʧarʃ]

kaartje (het)	билет	[bilet]
dienstregeling (de)	расписани	[raspisani]
informatiebord (het)	хаамийн у	[ha:mi:n u]

vertrekken (De trein vertrekt ...)	дӏадаха	[dəadaha]
vertrek (ov. een trein)	дӏадахар	[dəadahar]
aankomen (ov. de treinen)	схьакхача	[shaqaʧa]
aankomst (de)	схьакхачар	[shaqaʧar]

aankomen per trein	цлерпоштахь ван	[ʦherpɔʃtah van]
in de trein stappen	цлерпошта тӏе хаа	[ʦherpɔʃta the ha:]
uit de trein stappen	цлерпошта тӏера охьадосса	[ʦherpɔʃta thera ɔhadɔs:a]

treinwrak (het)	харцар	[harʦar]
locomotief (de)	цлермашен	[ʦhermaʃən]
stoker (de)	кочегар	[kɔʧegar]
stookplaats (de)	дагор	[dagɔr]
steenkool (de)	кӏора	[k:ɔra]

171. Schip

schip (het)	кема	[kema]
vaartuig (het)	кема	[kema]
stoomboot (de)	ціеркема	[ʦherkema]
motorschip (het)	теплоход	[teplɔhod]
lijnschip (het)	лайнер	[lajner]
kruiser (de)	крейсер	[krejser]
jacht (het)	яхта	[jahta]
sleepboot (de)	буксир	[buksir]
duwbak (de)	баржа	[barʒa]
ferryboot (de)	бурам	[buram]
zeilboot (de)	гатанан кема	[gatanan kema]
brigantijn (de)	бригантина	[brigantina]
IJsbreker (de)	ша-кема	[ʃa kema]
duikboot (de)	хи бухахула лела кема	[hi buhahula lela kema]
boot (de)	кема	[kema]
sloep (de)	шлюпка	[ʃlypka]
reddingssloep (de)	кіелхьарвоккху шлюпка	[k:elharvɔk:u ʃlypka]
motorboot (de)	катер	[kater]
kapitein (de)	капитан	[kapitan]
zeeman (de)	хіордахо	[hɔrdaho]
matroos (de)	хіордахо	[hɔrdaho]
bemanning (de)	экипаж	[ɛkipaʒ]
bootsman (de)	боцман	[boʦman]
scheepsjongen (de)	юнга	[juŋa]
kok (de)	кок	[kɔk]
scheepsarts (de)	хи кеман лор	[hi keman lɔr]
dek (het)	палуба	[paluba]
mast (de)	мачта	[matʃta]
zeil (het)	гата	[gata]
ruim (het)	трюм	[trym]
voorsteven (de)	кеман мара	[keman mara]
achtersteven (de)	кеман ціога	[keman ʦhɔga]
roeispaan (de)	пийсиг	[pi:sig]
schroef (de)	винт	[wint]
kajuit (de)	каюта	[kajuta]
officierskamer (de)	кают-компани	[kajut kɔmpani]
machinekamer (de)	машинийн отделени	[maʃini:n ɔtdeleni]
brug (de)	капитанан тіай	[kapitanan thaj]
radiokamer (de)	радиотрубка	[radiɔtrubka]
radiogolf (de)	тулгіе	[tulɣe]
logboek (het)	кеман журнал	[keman ʒurnal]
verrekijker (de)	турмал	[turmal]
klok (de)	горгал	[gɔrgal]

153

vlag (de)	байракх	[bajraq]
kabel (de)	муш	[muʃ]
knoop (de)	шад	[ʃad]

| trapleuning (de) | тӏам | [tham] |
| trap (de) | лами | [lami] |

anker (het)	якорь	[jakorʲ]
het anker lichten	якорь хьалаайа	[jakorʲ halaːja]
het anker neerlaten	якорь кхосса	[jakorʲ qɔsːa]
ankerketting (de)	якоран зӏе	[jakɔran zəe]

haven (bijv. containerhaven)	порт	[pɔrt]
kaai (de)	дӏатосийла	[dəatɔsiːla]
aanleggen (ww)	йистедало	[jɪstedalɔ]
wegvaren (ww)	дӏадаха	[dəadaha]

reis (de)	араваьлла лелар	[aravæːla lelar]
cruise (de)	круиз	[kruiz]
koers (de)	курс	[kurs]
route (de)	маршрут	[marʃrut]

vaarwater (het)	фарватер	[farvater]
zandbank (de)	гомхалла	[gɔmhalːa]
stranden (ww)	гӏамарла даха	[ɣamarla daha]

storm (de)	дарц	[darts]
signaal (het)	сигнал	[signal]
zinken (ov. een boot)	бухадаха	[buhadaha]
SOS (noodsignaal)	SOS	[sɔs]
reddingsboei (de)	кӏелхьарвоккху го	[kːelharvɔkːu gɔ]

172. Vliegveld

luchthaven (de)	аэропорт	[aərɔpɔrt]
vliegtuig (het)	кема	[kema]
luchtvaartmaatschappij (de)	авиакомпани	[awiakɔmpani]
luchtverkeersleider (de)	диспетчер	[dispetʃer]

vertrek (het)	дӏадахар	[dəadahar]
aankomst (de)	схьакхачар	[shaqatʲar]
aankomen (per vliegtuig)	схьакхача	[shaqatʃa]

| vertrektijd (de) | гӏовтаран хан | [ɣɔvtaran han] |
| aankomstuur (het) | схьакхачаран хан | [shaqatʃaran han] |

| vertraagd zijn (ww) | хьедала | [hedala] |
| vluchtvertraging (de) | хьедар | [hedar] |

informatiebord (het)	хаамийн табло	[haːmiːn tablɔ]
informatie (de)	хаам	[haːm]
aankondigen (ww)	кхайкхо	[qajqɔ]
vlucht (bijv. KLM ~)	рейс	[rejs]
douane (de)	таможни	[tamɔʒni]

douanier (de)	таможхо	[tamɔʒho]
douaneaangifte (de)	декларации	[deklaratsi]
een douaneaangifte invullen	декларации язъян	[deklaratsi jazʰjan]
paspoortcontrole (de)	пастпортан контроль	[pastpɔrtan kɔntrɔʎ]

bagage (de)	кира	[kira]
handbagage (de)	куьйга леладен кира	[kyjga leladen kira]
Gevonden voorwerpen	багаж лахар	[bagaʒ lahar]
bagagekarretje (het)	гӀудалкх	[ɣudalq]

landing (de)	охьахаар	[ɔhaha:r]
landingsbaan (de)	охьахааден аса	[ɔhaha:den asa]
landen (ww)	охьахаа	[ɔhaha:]
vliegtuigtrap (de)	лами	[lami]

inchecken (het)	регистрации	[registratsi]
incheckbalie (de)	регистрацин гӀопаста	[registratsin ɣɔpasta]
inchecken (ww)	регистрации ян	[registratsi jan]
instapkaart (de)	тӀехааден талон	[theha:den talɔn]
gate (de)	арадалар	[aradalar]

transit (de)	транзит	[tranzit]
wachten (ww)	хьежа	[heʒa]
wachtzaal (de)	хьежаран зал	[heʒaran zal]
begeleiden (uitwuiven)	новкъадаккха	[nɔvqhadak:a]
afscheid nemen (ww)	Ӏодика ян	[ʔɔdika jan]

173. Fiets. Motorfiets

fiets (de)	велиспет	[welispet]
bromfiets (de)	мотороллер	[mɔtɔrɔl:er]
motorfiets (de)	мотоцикл	[mɔtɔtsikl]

met de fiets rijden	велиспетехь ваха	[welispeteh vaha]
stuur (het)	тӀам	[tham]
pedaal (de/het)	педаль	[pedaʎ]
remmen (mv.)	тормозаш	[tɔrmɔzaʃ]
fietszadel (de/het)	нуьйр	[nyjr]

pomp (de)	насос	[nasɔs]
bagagedrager (de)	багажник	[bagaʒnik]
fietslicht (het)	фонарь	[fɔnarʲ]
helm (de)	гӀем	[ɣem]

wiel (het)	чкъург	[ʧqhurg]
spatbord (het)	тӀам	[tham]
velg (de)	туре	[ture]
spaak (de)	чӀу	[ʧhu]

Auto's

174. Soorten auto's

auto (de)	автомобиль	[avtɔmɔbiʎ]
sportauto (de)	спортивни автомобиль	[spɔrtivni avtɔmɔbiʎ]
limousine (de)	лимузин	[limuzin]
terreinwagen (de)	внедорожник, джип	[vnedɔrɔʒnik], [dʒip]
cabriolet (de)	кабриолет	[kabriɔlet]
minibus (de)	микроавтобус	[mikrɔavtɔbus]
ambulance (de)	сихонан гӀо	[sihɔnan ɣɔ]
sneeuwruimer (de)	ло дӀадоккху машина	[lɔ dəadɔk:u maʃina]
vrachtwagen (de)	киранийн машина	[kirani:n maʃina]
tankwagen (de)	бензовоз	[benzɔvɔz]
bestelwagen (de)	хӀургон	[hurgɔn]
trekker (de)	озорг	[ɔzɔrg]
aanhangwagen (de)	тӀаьхьатосург	[thæhatɔsurg]
comfortabel (bn)	комфорт йолу	[kɔmfɔrt jɔlu]
tweedehands (bn)	лелийна	[leli:na]

175. Auto's. Carrosserie

motorkap (de)	капот	[kapɔt]
spatbord (het)	тӀам	[tham]
dak (het)	тхов	[thɔv]
voorruit (de)	хьалхара ангали	[halhara aŋali]
achterruit (de)	тӀехьара сурт гайта ангали	[thehara surt gajta aŋali]
ruitensproeier (de)	дилар	[dilar]
wisserbladen (mv.)	ангалицӀандийриш аш	[aŋalitshandi:riqaʃ]
zijruit (de)	агӀонгара ангали	[aɣɔŋara aŋali]
raamlift (de)	ангалихьалаойург	[aŋalihalaɔjurg]
antenne (de)	антенна	[anteŋa]
zonnedak (het)	люк	[lyk]
bumper (de)	бампер	[bamper]
koffer (de)	багажник	[bagaʒnik]
portier (het)	неӀ	[neə]
handvat (het)	тӀам	[tham]
slot (het)	дорла	[dɔɣa]
nummerplaat (de)	номер	[nɔmer]
knalpot (de)	лагӀийириг	[laɣji:rig]

benzinetank (de)	бензинан бак	[benzinan bak]
uitlaatpijp (de)	выхлопни турба	[vɪhlɔpni turba]
gas (het)	газ	[gaz]
pedaal (de/het)	педаль	[pedaʎ]
gaspedaal (de/het)	газан педаль	[gazan pedaʎ]
rem (de)	тормоз	[tɔrmɔz]
rempedaal (de/het)	тормозан педаль	[tɔrmɔzan pedaʎ]
remmen (ww)	тормоз таса	[tɔrmɔz tasa]
handrem (de)	дӏахӏоттайойларан тормоз	[dəahɔt:ajojlaran tɔrmɔz]
koppeling (de)	вовшахтасар	[vɔvʃahtasar]
koppelingspedaal (de/het)	вовшахтасаран педаль	[vɔvʃahtasaran pedaʎ]
koppelingsschijf (de)	вовшахтасаран диск	[vɔvʃahtasaran disk]
schokdemper (de)	амортизатор	[amɔrtizatɔr]
wiel (het)	чкъург	[ʧqhurg]
reservewiel (het)	тӏаьхьалонан чкъург	[thæhalɔnan ʧqhurg]
wieldop (de)	кад	[kad]
aandrijfwielen (mv.)	лело чкъургаш	[lelɔ ʧqhurgaʃ]
met voorwielaandrijving	хьалхараприводан	[halharaprivɔdan]
met achterwielaandrijving	тӏехьараприводан	[theharaprivɔdan]
met vierwielaandrijving	дуьззинаприводан	[dyz:inaprivɔdan]
versnellingsbak (de)	передачан гӏутакх	[peredaʧan ɣutaq]
automatisch (bn)	автоматически	[avtɔmatiʧeski]
mechanisch (bn)	механически	[mehaniʧeski]
versnellingspook (de)	передачан гӏутакхан зеразакъ	[peredaʧan ɣutaqan zerazaqh]
voorlicht (het)	фара	[fara]
voorlichten (mv.)	фараш	[faraʃ]
dimlicht (het)	гергара серло	[gergara serlɔ]
grootlicht (het)	генара серло	[genara serlɔ]
stoplicht (het)	собар-хаам	[sɔbar ha:m]
standlichten (mv.)	габаритам серло	[gabaritam serlɔ]
noodverlichting (de)	аварии серло	[avari: serlɔ]
mistlichten (mv.)	дахкарна дуьхьалара фараш	[dahkarna dyhalara faraʃ]
pinker (de)	«поворотник»	[pɔvɔrɔtnik]
achteruitrijdlicht (het)	юханехьа дахар	[juhaneha dahar]

176. Auto's. Passagiersruimte

interieur (het)	салон	[salɔn]
leren (van leer gemaak)	тӏаьрсиган	[thærsigan]
fluwelen (abn)	велюран	[welyran]
bekleding (de)	тӏетухург	[thetuhurg]
toestel (het)	прибор	[pribɔr]
instrumentenbord (het)	приборийн у	[pribɔri:n u]

157

| snelheidsmeter (de) | спидометр | [spidɔmetr] |
| pijltje (het) | цамза | [tsamza] |

kilometerteller (de)	лолург	[lɔlurg]
sensor (de)	гойтург	[gɔjturg]
niveau (het)	барам	[baram]
controlelampje (het)	лампа	[lampa]

stuur (het)	тlам, тlоман чкъург	[tham], [thɔman tʃqhurg]
toeter (de)	сигнал	[signal]
knopje (het)	кнопка	[knɔpka]
schakelaar (de)	лакъорг	[laqhɔrg]

stoel (bestuurders~)	охьахоийла	[ɔhahoi:la]
rugleuning (de)	букъ	[buqh]
hoofdsteun (de)	гlовла	[ɣɔvla]
veiligheidsgordel (de)	доьхка	[døhka]
de gordel aandoen	доьхка тlедолла	[døhka thedɔl:a]
regeling (de)	нисдар	[nisdar]

| airbag (de) | хlаваан гlайба | [hava:n ɣajba] |
| airconditioner (de) | кондиционер | [kɔnditsiɔner] |

radio (de)	радио	[radiɔ]
CD-speler (de)	CD-проигрыватель	[sidi prɔigrıvateʎ]
aanzetten (bijv. radio ~)	йолаялийта	[jolajali:ta]
antenne (de)	антенна	[anteŋa]
handschoenenkastje (het)	бардачок	[bardatʃok]
asbak (de)	чимтосург	[tʃimtɔsurg]

177. Auto's. Motor

| diesel- (abn) | дизелан | [dizelan] |
| benzine- (~motor) | бензинан | [benzinan] |

motorinhoud (de)	двигателан чухоам	[dwigatelan tʃuhoam]
vermogen (het)	нуьцкъалла	[nytsqhal:a]
paardenkracht (de)	говран ницкъ	[gɔvran nitsqh]
zuiger (de)	поршень	[pɔrʃeŋ]
cilinder (de)	цилиндр	[tsilindr]
klep (de)	клапан	[klapan]

injectie (de)	инжектор	[inʒektɔr]
generator (de)	генератор	[generatɔr]
carburator (de)	карбюратор	[karbyratɔr]
motorolie (de)	моторан даьтта	[mɔtɔran dæt:a]

radiator (de)	радиатор	[radiatɔr]
koelvloeistof (de)	шело туху кочалла	[ʃelɔ tuhu kɔtʃal:a]
ventilator (de)	мохтухург	[mɔhtuhurg]

accu (de)	аккумулятор	[ak:umuʎatɔr]
starter (de)	стартер	[starter]
contact (ontsteking)	зажигани	[zaʒigani]

bougie (de)	латаен свеча	[lataen swetʃa]
pool (de)	клемма	[klem:a]
positieve pool (de)	плюс	[plys]
negatieve pool (de)	минус	[minus]
zekering (de)	предохранитель	[predɔhraniteʎ]

luchtfilter (de)	хӀаваан фильтр	[hava:n fiʎtr]
oliefilter (de)	даьттан фильтр	[dæt:an fiʎtr]
benzinefilter (de)	ягоран фильтр	[jagɔran fiʎtr]

178. Auto's. Botsing. Reparatie

auto-ongeval (het)	авари	[avari]
verkeersongeluk (het)	некъан хилларг	[neqhan hil:arg]
aanrijden	кхета	[qeta]
(tegen een boom, enz.)		
verongelukken (ww)	доха	[dɔha]
beschadiging (de)	лазор	[lazɔr]
heelhuids (bn)	могуш-маьрша	[mɔguʃ mærʃa]

kapot gaan (zijn gebroken)	доха	[dɔha]
sleeptouw (het)	буксиран трос	[buksiran trɔs]

lek (het)	чеккхдаккхар	[ʧek:dak:ar]
lekke krijgen (band)	дассадала	[das:adala]
oppompen (ww)	дуса	[dusa]
druk (de)	таӀам	[taəam]
checken (controleren)	хьажа	[haʒa]

reparatie (de)	таяр	[tajar]
garage (de)	таяран пхьалгӀа	[tajaran phalɣa]
wisselstuk (het)	запчасть	[zapʧastʲ]
onderdeel (het)	деталь	[detaʎ]

bout (de)	болт	[bɔlt]
schroef (de)	винт	[wint]
moer (de)	гайка	[gajka]
sluitring (de)	шайба	[ʃajba]
kogellager (de/het)	подшипник	[pɔdʃipnik]

pijp (de)	турба	[turba]
pakking (de)	прокладка	[prɔkladka]
kabel (de)	сара	[sara]

dommekracht (de)	домкрат	[dɔmkrat]
moersleutel (de)	гайкин догӀа	[gajkin dɔɣa]
hamer (de)	жӀов	[ʒəɔv]
pomp (de)	насос	[nasɔs]
schroevendraaier (de)	сетал	[setal]

brandblusser (de)	цӀайойург	[tshajojurg]
gevarendriehoek (de)	аварии кхосаберг	[avari: qɔsaberg]
afslaan	дӀайов	[dəajov]
(ophouden te werken)		

| uitvallen (het) | сацор | [saʦɔr] |
| zijn gebroken | дохо | [dɔho] |

oververhitten (ww)	тӏех дохдала	[theh dɔhdala]
verstopt raken (ww)	дукъадала	[duqhadala]
bevriezen (autodeur, enz.)	рӏоро	[ɣɔrɔ]
barsten (leidingen, enz.)	эккха	[ɛk:a]

druk (de)	таӏам	[taəam]
niveau (bijv. olieniveau)	барам	[baram]
slap (de drijfriem is ~)	гӏийла	[ɣi:la]

deuk (de)	ведйина меттиг	[wedjına met:ig]
geklop (vreemde geluiden)	тата	[tata]
barst (de)	датӏар	[dathar]
kras (de)	мацхар	[maʦhar]

179. Auto's. Weg

weg (de)	некъ	[neqh]
snelweg (de)	автонекъ	[avtɔneqh]
autoweg (de)	силам-некъ	[silam neqh]
richting (de)	арло, тӏедерзор	[aɣɔ], [thederzɔr]
afstand (de)	некъан бохалла	[neqhan bɔhal:a]

brug (de)	тӏай	[thaj]
parking (de)	паркинг	[parkiŋ]
plein (het)	майда	[majda]
verkeersknooppunt (het)	гӏонжарӏа	[ɣɔnʒaɣa]
tunnel (de)	туннель	[tuŋeʎ]

benzinestation (het)	автозаправка	[avtɔzapravka]
parking (de)	машинаш дӏахӏиттайойла	[maʃinaʃ dəahit:ajojla]
benzinepomp (de)	бензоколонка	[benzɔkɔlɔŋka]
garage (de)	гараж	[garaʒ]
tanken (ww)	дотта	[dɔt:a]
brandstof (de)	ягорг	[jagɔrg]
jerrycan (de)	канистр	[kanistr]

asfalt (het)	асфальт	[asfaʎt]
markering (de)	билгало	[bilgalɔ]
trottoirband (de)	дийна дист	[di:na dist]
geleiderail (de)	керт	[kert]
greppel (de)	кювет	[kywet]
vluchtstrook (de)	некъан йист	[neqhan jıst]
lichtmast (de)	боӏам	[bɔɣam]

besturen (een auto ~)	лело	[lelɔ]
afslaan (naar rechts ~)	дӏадерза	[dəaderza]
U-bocht maken (ww)	духадерзар	[duhaderzar]
achteruit (de)	юханехьа дахар	[juhaneha dahar]

| toeteren (ww) | сигнал етта | [signal et:a] |
| toeter (de) | аьзнийн сигнал | [æzni:n signal] |

vastzitten (in modder)	диса	[disɑ]
spinnen (wielen gaan ~)	хьийзаш латта	[hi:zaʃ lat:a]
uitzetten (ww)	дӀадайа	[dəadaja]

snelheid (de)	сихалла	[sihal:a]
een snelheidsovertreding maken	сихалла тӀехьа йаккха	[sihal:a theha jak:a]
bekeuren (ww)	гӀуда тоха	[ɣuda tɔha]
verkeerslicht (het)	светофор	[swetɔfɔr]
rijbewijs (het)	лелорхочун бакъонаш	[lelɔrhɔtʃun baqhɔnaʃ]

overgang (de)	дехьаволийла	[dehavɔli:la]
kruispunt (het)	галморзе	[galmɔrze]
zebrapad (oversteekplaats)	гӀашлойн дехьаволийла	[ɣaʃlɔjn dehavɔli:la]
bocht (de)	гола	[gɔla]
voetgangerszone (de)	гӀашлойн зона	[ɣaʃlɔjn zɔna]

180. Verkeersborden

verkeersregels (mv.)	некъантӀехула лелоран бакъонаш	[neqhanthehula lelaran baqhɔnaʃ]
verkeersbord (het)	билгало	[bilgalɔ]
inhalen (het)	хьалхадалар	[halhadalar]
bocht (de)	го	[gɔ]
U-bocht, kering (de)	духадерзор	[duhaderzɔr]
Rotonde (de)	хьинзаме болам	[hinzame bɔlam]

Verboden richting	чувар дихкина ду	[tʃu:ar dihkina du]
Verboden toegang	лелар дихкина ду	[lelar dihkina du]
Inhalen verboden	хьалхадалар дихкина ду	[halhadalar dihkina du]
Parkeerverbod	дӀахӀуттийла дихкина ду	[dəahut:i:la dihkina du]
Verbod stil te staan	social дихкина ду	[sɔtsi:la dihkina du]

Gevaarlijke bocht	цӀеххьашха дӀаверзар	[tshehaʃha dəawerzar]
Gevaarlijke daling	цӀеххьашха басе	[tshehaʃha base]
Eenrichtingsweg	цхьана агӀорхьа лелар	[tshana aɣɔrha lelar]
Voetgangers	гӀашлойн дехьаволийла	[ɣaʃlɔjn dehavɔli:la]
Slipgevaar	шера некъ	[ʃera neqh]
Voorrang verlenen	некъ бита	[neqh bita]

MENSEN. GEBEURTENISSEN IN HET LEVEN

Gebeurtenissen in het leven

181. Vakanties. Evenement

feest (het)	дезде	[dezde]
nationale feestdag (de)	къаьмнийн дезде	[qhæmni:n dezde]
feestdag (de)	деза де	[deza de]
herdenken (ww)	даздан	[dazdan]
gebeurtenis (de)	хилларг	[hil:arg]
evenement (het)	мероприяти	[merɔprijati]
banket (het)	той	[tɔj]
receptie (de)	тIеэцар	[thæʦar]
feestmaal (het)	той	[tɔj]
verjaardag (de)	шо кхачар	[ʃɔ qaʧar]
jubileum (het)	юбилей	[jubilej]
vieren (ww)	билгалдаккха	[bilgaldak:a]
Nieuwjaar (het)	Керла шо	[kerla ʃɔ]
Gelukkig Nieuwjaar!	Керлачу шарца декъал дойла шу!	[kerlaʧu ʃarʦa deqhal dɔjla ʃu]
Kerstfeest (het)	Рождество	[rɔʒdestvɔ]
Vrolijk kerstfeest!	Рождествоца декъал дойла шу!	[rɔʒdestvɔʦa deqhal dɔjla ʃu]
kerstboom (de)	керлачу шеран ёлка	[kerlaʧu ʃəran ɜlka]
vuurwerk (het)	салют	[salyt]
bruiloft (de)	ловзар	[lɔvzar]
bruidegom (de)	зуда ехна стаг	[zuda ehna stag]
bruid (de)	нускал	[nuskal]
uitnodigen (ww)	схьакхайкха	[shaqajqa]
uitnodiging (de)	кхайкхар	[qajqar]
gast (de)	хьаша	[haʃa]
op bezoek gaan	хьошалгІа ваха	[hɔʃalɣa vaha]
gasten verwelkomen	хьешашна дуьхьалваха	[heʃaʃna dyhalvaha]
geschenk, cadeau (het)	совгІат	[sɔvɣat]
geven (iets cadeau ~)	совгІатна дала	[sɔvɣatna dala]
geschenken ontvangen	совгІаташ схьаэца	[sɔvɣataʃ shaəʦa]
boeket (het)	курс	[kurs]
felicitaties (mv.)	декъалдар	[deqhaldar]
feliciteren (ww)	декъалдан	[deqhaldan]

wenskaart (de)	декъалден открытка	[deqhalden ɔtkrɪtka]
een kaartje versturen	открытка дӏадахьийта	[ɔtkrɪtka dəadahi:ta]
een kaartje ontvangen	открытка схьаэца	[ɔtkrɪtka shaэtsa]

toast (de)	кад	[kad]
aanbieden (een drankje ~)	дала	[dala]
champagne (de)	шампански	[ʃampanski]

plezier hebben (ww)	сакъера	[saqhera]
plezier (het)	сакъерар	[saqherar]
vreugde (de)	хазахетар	[hazahetar]

| dans (de) | хелхар | [helhar] |
| dansen (ww) | хелхадала | [helhadala] |

| wals (de) | вальс | [vaʌs] |
| tango (de) | танго | [taŋɔ] |

182. Begrafenissen. Begrafenis

kerkhof (het)	кешнаш	[keʃnaʃ]
graf (het)	каш	[kaʃ]
grafsteen (de)	чурт	[ʧurt]
omheining (de)	керт	[kert]
kapel (de)	килс	[kils]

dood (de)	далар	[dalar]
sterven (ww)	дала	[dala]
overledene (de)	велларг	[wel:arg]
rouw (de)	Iаьржа	[əærʒa]

begraven (ww)	дӏадолла	[dəadɔl:a]
begrafenisonderneming (de)	велчан ламаста ден бюро	[welʧan lamasta den byrɔ]
begrafenis (de)	тезет	[tezet]

krans (de)	кочар	[kɔʧar]
doodskist (de)	гроб	[grɔb]
lijkwagen (de)	катафалк	[katafalk]
lijkkleed (de)	марчо	[marʧɔ]

| urn (de) | урна | [urna] |
| crematorium (het) | крематорий | [krematɔri] |

overlijdensbericht (het)	некролог	[nekrɔlɔg]
huilen (wenen)	делха	[delha]
snikken (huilen)	делха	[delha]

183. Oorlog. Soldaten

peloton (het)	завод	[zavɔd]
compagnie (de)	рота	[rɔta]
regiment (het)	полк	[pɔlk]

leger (armee)	эскар	[ɛskar]
divisie (de)	дивизи	[diwizi]
sectie (de)	тоба	[tɔba]
troep (de)	эскар	[ɛskar]
soldaat (militair)	салти	[salti]
officier (de)	эпсар	[ɛpsar]
soldaat (rang)	могlарера	[mɔɣarera]
sergeant (de)	сержант	[serʒant]
luitenant (de)	лейтенант	[lejtenant]
kapitein (de)	капитан	[kapitan]
majoor (de)	майор	[major]
kolonel (de)	полковник	[pɔlkɔvnik]
generaal (de)	инарла	[inarla]
matroos (de)	хlордахо	[hɔrdaho]
kapitein (de)	капитан	[kapitan]
bootsman (de)	боцман	[bɔtsman]
artillerist (de)	артиллерист	[artil:erist]
valschermjager (de)	десантхо	[desantho]
piloot (de)	кеманхо	[kemanho]
stuurman (de)	штурман	[ʃturman]
mecanicien (de)	механик	[mehanik]
sappeur (de)	сапёр	[sapɜr]
parachutist (de)	парашютхо	[paraʃytho]
verkenner (de)	талламхо	[tal:amho]
scherpschutter (de)	иччархо	[itʃarhɔ]
patrouille (de)	патруль	[patruʎ]
patrouilleren (ww)	гlаролла дан	[ɣarɔl:a dan]
wacht (de)	гlарол	[ɣarɔl]
krijger (de)	эскархо	[ɛskarhɔ]
held (de)	турпалхо	[turpalho]
heldin (de)	турпалхо	[turpalho]
patriot (de)	патриот	[patriɔt]
verrader (de)	ямартхо	[jamartho]
verraden (ww)	ямартдала	[jamartdala]
deserteur (de)	деддарг	[ded:arg]
deserteren (ww)	дада	[dada]
huurling (de)	ялхо	[jalho]
rekruut (de)	керла бlахо	[kerla bəaho]
vrijwilliger (de)	лаамерниг	[la:memig]
gedode (de)	дийнарг	[di:narg]
gewonde (de)	чов хилла	[tʃov hil:a]
krijgsgevangene (de)	йийсархо	[ji:sarhɔ]

184. Oorlog. Militaire acties. Deel 1

oorlog (de)	тӀом	[thɔm]
oorlog voeren (ww)	тӀом бан	[thɔm ban]
burgeroorlog (de)	граждански тӀом	[graჳdanski thɔm]
achterbaks (bw)	тешнабехкехь	[teʃnabehkeh]
oorlogsverklaring (de)	дӀахьебан	[dəaheban]
verklaren (de oorlog ~)	хьебан	[heban]
agressie (de)	агресси	[agres:i]
aanvallen (binnenvallen)	тӀелата	[thelata]
binnenvallen (ww)	дӀалаца	[dəalatsa]
invaller (de)	дӀалецархо	[dəaletsarhɔ]
veroveraar (de)	даккхархо	[dak:arhɔ]
verdediging (de)	дуьхьало, лардар	[dyhalɔ], [lardar]
verdedigen (je land ~)	дуьхьало ян, лардан	[dyhalɔ jan], [lardan]
zich verdedigen (ww)	дуьхьало ян	[dyhalɔ jan]
vijand, tegenstander (de)	мостагӀ	[mɔstaɣ]
vijandelijk (bn)	мостагӀийн	[mɔstaɣi:n]
strategie (de)	стратеги	[strategi]
tactiek (de)	тактика	[taktika]
order (de)	омра	[ɔmra]
bevel (het)	буьйр	[byjr]
bevelen (ww)	омра дан	[ɔmra dan]
opdracht (de)	тӀедиллар	[thedil:ar]
geheim (bn)	къайлаха	[qhajlaha]
slag (de)	латар	[latar]
strijd (de)	тӀом	[thɔm]
aanval (de)	атака	[ataka]
bestorming (de)	штурм	[ʃturm]
bestormen (ww)	штурм ян	[ʃturm jan]
bezetting (de)	лацар	[latsar]
aanval (de)	тӀелатар	[thelatar]
in het offensief te gaan	тӀелета	[theleta]
terugtrekking (de)	юхадалар	[juhadalar]
zich terugtrekken (ww)	юхадала	[juhadala]
omsingeling (de)	го бар	[gɔ bar]
omsingelen (ww)	го бан	[gɔ ban]
bombardement (het)	бомбанаш еттар	[bɔmbanaʃ et:ar]
een bom gooien	бомб чукхосса	[bɔmb ʧuqɔs:a]
bombarderen (ww)	бомбанаш етта	[bɔmbanaʃ et:a]
ontploffing (de)	эккхар	[ɛk:ar]
schot (het)	ялар	[jalar]
een schot lossen	кхосса	[qɔs:a]

schieten (het)	кхийсар	[qi:sar]
mikken op (ww)	хьежо	[heʒɔ]
aanleggen (een wapen ~)	тӀехьажо	[thehaʒɔ]
treffen (doelwit ~)	кхета	[qeta]

zinken (tot zinken brengen)	хи бухадахийта	[hi buhadahi:ta]
kogelgat (het)	Iуьрг	[əyrg]
zinken (gezonken zijn)	хи буха даха	[hi buha daha]

front (het)	фронт	[frɔnt]
hinterland (het)	тӀехье	[thehe]
evacuatie (de)	эвакуаци	[ɛvakuatsi]
evacueren (ww)	эвакуаци ян	[ɛvakuatsi jan]

loopgraaf (de)	окоп, траншей	[ɔkɔp], [tranʃəj]
prikkeldraad (de)	кӀохцал-сара	[k:ɔhtsal sara]
verdedigingsobstakel (het)	дуьхьало	[dyhalɔ]
wachttoren (de)	чардакх	[tʃardaq]

hospitaal (het)	госпиталь	[gɔspitaʎ]
verwonden (ww)	чов ян	[tʃov jan]
wond (de)	чов	[tʃov]
gewonde (de)	чов хилла	[tʃov hil:a]
gewond raken (ww)	чов хила	[tʃov hila]
ernstig (~e wond)	хала	[hala]

185. Oorlog. Militaire acties. Deel 2

krijgsgevangenschap (de)	йийсарехь хилар	[ji:sareh hilar]
krijgsgevangen nemen	йийсар дан	[ji:sar dan]
krijgsgevangene zijn	йийсарехь хила	[ji:sareh hila]
krijgsgevangen genomen worden	йийсарехь кхача	[ji:sareh qatʃa]

concentratiekamp (het)	концлагерь	[kɔntslagerʲ]
krijgsgevangene (de)	йийсархо	[ji:sarhɔ]
vluchten (ww)	дада	[dada]

verrader (de)	ямартхо	[jamarthɔ]
verraad (het)	ямартло	[jamartlɔ]

fusilleren (executeren)	тоьпаш тоха	[tøpaʃ tɔha]
executie (de)	тоьпаш тохар	[tøpaʃ tɔhar]

uitrusting (de)	духар	[duhar]
schouderstuk (het)	погон	[pɔgɔn]
gasmasker (het)	противогаз	[prɔtivɔgaz]

portofoon (de)	раци	[ratsi]
geheime code (de)	шифр	[ʃifr]
samenzwering (de)	конспираци	[kɔnspiratsi]
wachtwoord (het)	пароль	[parɔʎ]
mijn (landmijn)	мина	[mina]
ondermijnen (legden mijnen)	минаш яхка	[minaʃ jahka]

mijnenveld (het)	минийн аре	[mini:n are]
luchtalarm (het)	хӏаваан орца	[hava:n ɔrtsa]
alarm (het)	орца	[ɔrtsa]
signaal (het)	сигнал	[signal]
vuurpijl (de)	хааман ракета	[ha:man raketa]

staf (generale ~)	штаб	[ʃtab]
verkenningstocht (de)	разведка	[razwedka]
toestand (de)	хьал	[hal]
rapport (het)	рапорт	[rapɔrt]
hinderlaag (de)	кӏело	[k:elɔ]
versterking (de)	рӏо	[ɣɔ]

doel (bewegend ~)	рӏакх	[ɣaq]
proefterrein (het)	полигон	[pɔligɔn]
manoeuvres (mv.)	манёвраш	[manɜvraʃ]

paniek (de)	дохар	[dɔhar]
verwoesting (de)	бохор	[bohor]
verwoestingen (mv.)	дохор	[dɔhor]
verwoesten (ww)	дохо	[dɔho]

overleven (ww)	дийна диса	[di:na disa]
ontwapenen (ww)	герз схьадаккха	[gerz shadak:a]
behandelen (een pistool ~)	лело	[lelɔ]

| Geeft acht! | Тийна! | [ti:na] |
| Op de plaats rust! | Паррӏат! | [parɣat] |

heldendaad (de)	хьуьнар	[hynar]
eed (de)	дуй	[duj]
zweren (een eed doen)	дуй баа	[duj ba:]

decoratie (de)	совгӏат	[sɔvɣat]
onderscheiden (een ereteken geven)	совгӏат дала	[sɔvɣat dala]
medaille (de)	мидал	[midal]
orde (de)	орден	[ɔrden]

overwinning (de)	толам	[tɔlam]
verlies (het)	эшар	[ɛʃar]
wapenstilstand (de)	маслаӏат	[maslaʔat]

wimpel (vaandel)	байракх	[bajraq]
roem (de)	гӏардалар	[ɣardalar]
parade (de)	парад	[parad]
marcheren (ww)	марш-болар дан	[marʃ bolar dan]

186. Wapens

wapens (mv.)	герз	[gerz]
vuurwapens (mv.)	долу герз	[dolu gerz]
koude wapens (mv.)	шийла герз	[ʃi:la gerz]
chemische wapens (mv.)	химически герз	[himitʃeski gerz]

| kern-, nucleair (bn) | ядеран | [jaderan] |
| kernwapens (mv.) | ядеран герз | [jaderan gerz] |

| bom (de) | бомба | [bomba] |
| atoombom (de) | атоман бомба | [atoman bomba] |

pistool (het)	тапча	[taptʃa]
geweer (het)	топ	[top]
machinepistool (het)	автомат	[avtomat]
machinegeweer (het)	пулемёт	[pulemʒt]

loop (schietbuis)	lуьрг	[əyrg]
loop (bijv. geweer met kortere ~)	чIижаргla	[ʈʰhiʒarɣa]
kaliber (het)	калибр	[kalibr]

trekker (de)	лаг	[lag]
korrel (de)	lалашо	[əalaʃɔ]
magazijn (het)	гlутакх	[ɣutaq]
geweerkolf (de)	хен	[hen]

| granaat (handgranaat) | гранат | [granat] |
| explosieven (mv.) | оьккхург | [øk:urg] |

kogel (de)	даьндарг	[dændarg]
patroon (de)	патарма	[patarma]
lading (de)	бустам	[bustam]
ammunitie (de)	тIеман гlирс	[təeman ɣirs]

bommenwerper (de)	бомбардировщик	[bombardirovçik]
straaljager (de)	истребитель	[istrebiteʎ]
helikopter (de)	вертолёт	[wertɔlʒt]

afweergeschut (het)	зенитка	[zenitka]
tank (de)	танк	[taŋk]
kanon (tank met een ~ van 76 mm)	йоккха топ	[jok:a top]

| artillerie (de) | артиллери | [artil:eri] |
| aanleggen (een wapen ~) | тlехьажо | [thehaʒɔ] |

projectiel (het)	снаряд	[snarʲad]
mortiergranaat (de)	мина	[mirʲu]
mortier (de)	миномёт	[minomʒt]
granaatscherf (de)	гериг	[gerig]

duikboot (de)	хи буха лела кема	[hi buha lela kema]
torpedo (de)	торпеда	[tɔrpeda]
raket (de)	ракета	[raketa]

laden (geweer, kanon)	дуза	[duza]
schieten (ww)	кхийса	[qi:sa]
richten op (mikken)	хьежо	[heʒɔ]
bajonet (de)	цхьамза	[tshamza]
degen (de)	шпага	[ʃpaga]
sabel (de)	тур	[tur]

speer (de)	гоьмукъ	[gømuqh]
boog (de)	секха Iад	[seqa əad]
pijl (de)	пха	[pha]
musket (de)	мушкет	[muʃket]
kruisboog (de)	арбалет	[arbalet]

187. Oude mensen

primitief (bn)	духхьарлера	[duharlera]
voorhistorisch (bn)	историл хьалхара	[istoril halhara]
eeuwenoude (~ beschaving)	мацахлера	[matsahlera]

Steentijd (de)	ТIулган оьмар	[thulgan ømar]
Bronstijd (de)	бронзанан оьмар	[brɔnzanan ømar]
IJstijd (de)	шен зама	[ʃən zama]

stam (de)	тукхам	[tuqam]
menseneter (de)	нахбуург	[nahbu:rg]
jager (de)	таллархо	[tal:arhɔ]
jagen (ww)	талла эха	[tal:a ɛha]
mammoet (de)	мамонт	[mamɔnt]

grot (de)	хьех	[heh]
vuur (het)	цIе	[tshe]
kampvuur (het)	цIе	[tshe]
rotstekening (de)	тархаш тIера суьрташ	[tarhaʃ thera syrtaʃ]

werkinstrument (het)	къинхьегаман гIирс	[qhinhegaman ɣirs]
speer (de)	гоьмукъ	[gømuqh]
stenen bijl (de)	тIулгийн диг	[thulgi:n dig]

| oorlog voeren (ww) | тIом бан | [thɔm ban] |
| temmen (bijv. wolf ~) | караламо | [karaəamɔ] |

| idool (het) | цIу | [tshu] |
| aanbidden (ww) | текъа | [teqha] |

| bijgeloof (het) | доьгIначух тешар | [døɣnatʃuh teʃar] |
| ritueel (het) | Iадат | [əadat] |

| evolutie (de) | эволюци | [ɛvɔlytsi] |
| ontwikkeling (de) | кхиам | [qiam] |

| verdwijning (de) | дIадалар | [dəadalar] |
| zich aanpassen (ww) | дIадола | [dəadɔla] |

archeologie (de)	археологи	[arheɔlɔgi]
archeoloog (de)	археолог	[arheɔlɔg]
archeologisch (bn)	археологин	[arheɔlɔgin]

opgravingsplaats (de)	ахкар	[ahkar]
opgravingen (mv.)	ахкар	[ahkar]
vondst (de)	карийнарг	[kari:narg]
fragment (het)	дакъа	[daqha]

188. Middeleeuwen

volk (het)	халкъ	[halqh]
volkeren (mv.)	адамаш	[adamaʃ]
stam (de)	тукхам	[tuqam]
stammen (mv.)	тукхамаш	[tuqamaʃ]
barbaren (mv.)	варварш	[varvarʃ]
Galliërs (mv.)	галлаш	[gal:aʃ]
Goten (mv.)	готаш	[gotaʃ]
Slaven (mv.)	славянаш	[slavʲanaʃ]
Vikings (mv.)	викинг	[wikiŋ]
Romeinen (mv.)	римлянаш	[rimʎanaʃ]
Romeins (bn)	римски	[rimski]
Byzantijnen (mv.)	византийцаш	[wizanti:tsaʃ]
Byzantium (het)	Византи	[wizanti]
Byzantijns (bn)	византийн	[wizanti:n]
keizer (bijv. Romeinse ~)	император	[imperatɔr]
opperhoofd (het)	баьчча	[bætʃa]
machtig (bn)	нуьцкъала	[nytsqhala]
koning (de)	паччахь	[patʃah]
heerser (de)	урхалча	[urhaltʃa]
ridder (de)	къонах	[qhɔnah]
feodaal (de)	феодал	[feɔdal]
feodaal (bn)	феодалийн	[feɔdali:n]
vazal (de)	вассал	[vas:al]
hertog (de)	герцог	[gertsɔg]
graaf (de)	граф	[graf]
baron (de)	барон	[barɔn]
bisschop (de)	епископ	[episkɔp]
harnas (het)	гӏарӏ	[ɣaɣ]
schild (het)	турс	[turs]
zwaard (het)	гӏалакх	[ɣalaq]
vizier (het)	цхар	[tshar]
maliënkolder (de)	гӏарӏ	[ɣaɣ]
kruistocht (de)	жӏаран тӏом	[ʒəaran thɔm]
kruisvaarder (de)	жӏархо	[ʒəarhɔ]
gebied (bijv. bezette ~en)	латта	[lat:a]
aanvallen (binnenvallen)	тӏелата	[thelata]
veroveren (ww)	даккха	[dak:a]
innemen (binnenvallen)	дӏалаца	[dəalatsa]
bezetting (de)	лацар	[latsar]
bezet (bn)	лаьцна	[lætsna]
belegeren (ww)	лаца	[latsa]
inquisitie (de)	Ӏазап латтор	[əazap lat:ɔr]
inquisiteur (de)	Ӏазап латторхо	[əazap lat:ɔrhɔ]

foltering (de)	lазап	[əazap]
wreed (bn)	къиза	[qhiza]
ketter (de)	мунепакъ	[munepaqh]
ketterij (de)	мунепакъ-lилма	[munepaqh əilma]

zeevaart (de)	хикема лелор	[hikema lelɔr]
piraat (de)	пират	[pirat]
piraterij (de)	пираталла	[piratal:a]
enteren (het)	абордаж	[abɔrdaʒ]
buit (de)	хlонц	[hɔnts]
schatten (mv.)	хазна	[hazna]

ontdekking (de)	гучудаккхар	[gutʃudak:ar]
ontdekken (bijv. nieuw land)	гучудаккха	[gutʃudak:a]
expeditie (de)	экспедици	[ɛkspeditsi]

musketier (de)	мушкетёр	[muʃketɜr]
kardinaal (de)	кардинал	[kardinal]
heraldiek (de)	геральдика	[geraʎdika]
heraldisch (bn)	геральдически	[geraʎditʃeski]

189. Leider. Baas. Autoriteiten

koning (de)	паччахь	[patʃah]
koningin (de)	зуда-паччахь	[zuda patʃah]
koninklijk (bn)	паччахьан	[patʃahan]
koninkrijk (het)	паччахьалла	[patʃahal:a]

prins (de)	принц	[prints]
prinses (de)	принцесса	[printses:a]

president (de)	президент	[patʃah]
vicepresident (de)	вице-президент	[witse prezident]
senator (de)	сенатхо	[senatho]

monarch (de)	монарх	[mɔnarh]
heerser (de)	урхалча	[urhaltʃa]
dictator (de)	диктатор	[diktatɔr]
tiran (de)	lазапхо	[əazapho]
magnaat (de)	магнат	[magnat]

directeur (de)	директор	[direktɔr]
chef (de)	куьйгалхо	[kyjgalho]
beheerder (de)	урхалхо	[urhalho]
baas (de)	хьаькам	[hækam]
eigenaar (de)	да	[da]

hoofd (bijv. ~ van de delegatie)	куьйгалхо	[kyjgalho]
autoriteiten (mv.)	хьаькамаш	[hækamaʃ]
superieuren (mv.)	хьаькамаш	[hækamaʃ]

gouverneur (de)	губернатор	[gubernatɔr]
consul (de)	консул	[kɔnsul]

diplomaat (de)	дипломат	[diplɔmat]
burgemeester (de)	мэр	[mɛr]
sheriff (de)	шериф	[ʃərif]

keizer (bijv. Romeinse ~)	император	[imperatɔr]
tsaar (de)	паччахь	[patʃah]
farao (de)	пирӀон	[pirəɔn]
kan (de)	хан	[han]

190. Weg. Weg. Routebeschrijving

weg (de)	некъ	[neqh]
route (de kortste ~)	некъ	[neqh]

autoweg (de)	силам-некъ	[silam neqh]
snelweg (de)	автонекъ	[avtɔneqh]
rijksweg (de)	къаьмнийн некъ	[qhæmni:n neqh]

hoofdweg (de)	коьрта некъ	[kørta neqh]
landweg (de)	ворданан некъ	[vɔrdanan neqh]

pad (het)	тача	[tatʃa]
paadje (het)	тача	[tatʃa]

Waar?	Мичахь?	[mitʃah]
Waarheen?	Мича?	[mitʃa]
Waaruit?	Мичара?	[mitʃara]

richting (de)	арло, тӀедерзор	[aɣɔ], [thederzɔr]
aanwijzen (de weg ~)	гайта	[gajta]

naar links (bw)	аьрру арлоп	[ær:u aɣɔr]
naar rechts (bw)	аьтту арлоп	[æt:u aɣɔr]
rechtdoor (bw)	дуьххьал дӀа	[dyhal dəa]
terug (bijv. ~ keren)	юха	[juha]

bocht (de)	гола	[gɔla]
afslaan (naar rechts ~)	дӀадерза	[dəaderza]
U-bocht maken (ww)	духадерзар	[duhaderzar]

zichtbaar worden (ww)	гуш хила	[guʃ hila]
verschijnen (in zicht komen)	гучудала	[gutʃudala]

stop (korte onderbreking)	сацор	[satsɔr]
zich verpozen (uitrusten)	садала	[sadaəa]
rust (de)	садалар	[sadaəar]

verdwalen (de weg kwijt zijn)	тила	[tila]
leiden naar ... (de weg)	дига	[diga]
bereiken (ergens aankomen)	арадала	[aradala]
deel (~ van de weg)	дакъа	[daqha]

asfalt (het)	асфальт	[asfaʌt]
trottoirband (de)	дийна дист	[di:na dist]

greppel (de)	саьнгар	[sæŋar]
putdeksel (het)	люк	[lyk]
vluchtstrook (de)	некъан йист	[neqhan jɪst]
kuil (de)	ор	[ɔr]

| gaan (te voet) | даха | [daha] |
| inhalen (voorbijgaan) | хьалхадала | [halhadala] |

| stap (de) | гӀулч | [ɣultʃ] |
| te voet (bw) | гӀаш | [ɣaʃ] |

blokkeren (de weg ~)	юкъарло ян	[juqharlɔ jan]
slagboom (de)	шлагбаум	[ʃlagbaum]
doodlopende straat (de)	кӀажбухе	[k:aӡbuhe]

191. De wet overtreden. Criminelen. Deel 1

bandiet (de)	талорхо	[talɔrhɔ]
misdaad (de)	зулам	[zulam]
misdadiger (de)	зуламхо	[zulamho]

| dief (de) | къу | [qhu] |
| stelen, diefstal (de) | къола | [qhɔla] |

kidnappen (ww)	лачкъо	[latʃqhɔ]
kidnapping (de)	лачкъор	[latʃqhor]
kidnapper (de)	лачкъийнарг	[latʃqhi:narg]

| losgeld (het) | мах | [mah] |
| eisen losgeld (ww) | мехах схьаэцар | [mehah shaətsar] |

overvallen (ww)	талор дан	[talɔr dan]
overval (de)	талор, талор дар	[talɔr], [talɔr dar]
overvaller (de)	талорхо	[talɔrhɔ]

afpersen (ww)	нуьцкъала даккха	[nytsqhala dak:a]
afperser (de)	даккха гӀертарг	[dak:a ɣertarg]
afpersing (de)	нуьцкъала даккхар	[nytsqhala dak:ar]

vermoorden (ww)	ден	[den]
moord (de)	дер	[der]
moordenaar (de)	дийнарг	[di:narg]

schot (het)	ялар	[jalar]
een schot lossen	кхосса	[qɔs:a]
neerschieten (ww)	тоьпаца ден	[tøpatsa den]
schieten (ww)	кхийса	[qi:sa]
schieten (het)	кхийсар	[qi:sar]

ongeluk (gevecht, enz.)	хилларг	[hil:arg]
gevecht (het)	вовшахлатар	[vɔvʃahlatar]
Help!	Гӏо дан кхайкха! Орца дала!	[ɣɔ dan qajqa ɔrtsa dala]
slachtoffer (het)	хӀаллакъхилларг	[hal:aqhil:arg]

173

beschadigen (ww)	зен дан	[zen dan]
schade (de)	зен	[zen]
lijk (het)	дакъа	[daqha]
zwaar (~ misdrijf)	докхха	[dɔk:a]

aanvallen (ww)	тӏелата	[thelata]
slaan (iemand ~)	етта	[et:a]
in elkaar slaan (toetakelen)	етта	[et:a]
ontnemen (beroven)	дӏадаккха	[dəadak:a]
steken (met een mes)	урс хьакха	[urs haqa]
verminken (ww)	заьӏап дан	[zææəp dan]
verwonden (ww)	чов ян	[ʧɔv jan]

chantage (de)	шантаж	[ʃantaʒ]
chanteren (ww)	шантаж ян	[ʃantaʒ jan]
chanteur (de)	шантажхо	[ʃantaʒhо]

afpersing (de)	рэкет	[rɛket]
afperser (de)	рэкитхо	[rɛkitho]
gangster (de)	гангстер	[gaŋster]
maffia (de)	мафи	[mafi]

kruimeldief (de)	кисанан курхалча	[kisanan kurhalʧa]
inbreker (de)	къу	[qhu]
smokkelen (het)	контрабанда	[kɔntrabanda]
smokkelaar (de)	контрабандхо	[kɔntrabandho]

namaak (de)	харц хӏума дар	[harts huma dar]
namaken (ww)	тардан	[tardan]
namaak-, vals (bn)	харц	[harts]

192. De wet overtreden. Criminelen. Deel 2

verkrachting (de)	хьийзор	[hi:zɔr]
verkrachten (ww)	хьийзо	[hi:zɔ]
verkrachter (de)	ницкъбархо	[nitsqhbarhɔ]
maniak (de)	маньяк	[maɲjak]

prostituee (de)	кхахьпа	[qahpa]
prostitutie (de)	кхахьпалла	[qahpal:a]
pooier (de)	сутенёр	[sutenɜr]

| drugsverslaafde (de) | наркоман | [narkɔman] |
| drugshandelaar (de) | наркотикаш йохкархо | [narkɔtikaʃ johkarhɔ] |

opblazen (ww)	эккхийта	[ɛk:i:ta]
explosie (de)	эккхар	[ɛk:ar]
in brand steken (ww)	лато	[latɔ]
brandstichter (de)	цӏетасархо	[tshetasarhɔ]

terrorisme (het)	терроризм	[ter:ɔrizm]
terrorist (de)	террорхо	[ter:ɔrhɔ]
gijzelaar (de)	закъалт	[zaqhalt]
bedriegen (ww)	lexo	[əeho]

| bedrog (het) | Iехор | [əehor] |
| oplichter (de) | хIилланча | [hil:antʃa] |

omkopen (ww)	эца	[ɛtsa]
omkoperij (de)	эцар	[ɛtsar]
smeergeld (het)	кхаъ	[qa]

vergif (het)	дIовш	[dəovʃ]
vergiftigen (ww)	дIовш мало	[dəovʃ malɔ]
vergif innemen (ww)	дIовш мала	[dəovʃ mala]

| zelfmoord (de) | ша-шен дар | [ʃa ʃən dar] |
| zelfmoordenaar (de) | ша-шен дийнарг | [ʃa ʃən di:narg] |

bedreigen (bijv. met een pistool)	кхерам тийса	[qeram ti:sa]
bedreiging (de)	кхерор	[qerɔr]
een aanslag plegen	гIерта	[ɣerta]
aanslag (de)	гIортар	[ɣɔrtar]

| stelen (een auto) | дIадига | [dəadiga] |
| kapen (een vliegtuig) | дIадига | [dəadiga] |

| wraak (de) | чIир | [tʃhir] |
| wreken (ww) | бекхам бан | [beqam ban] |

martelen (gevangenen)	Iазап дан	[əazap dan]
foltering (de)	Iазап	[əazap]
folteren (ww)	Iазап далло	[əazap dal:ɔ]

piraat (de)	пират	[pirat]
straatschender (de)	хулиган	[huligan]
gewapend (bn)	герзан	[gerzan]
geweld (het)	ницкъ бар	[nitsqh bar]

| spionage (de) | шпионаж | [ʃpiɔnaʒ] |
| spioneren (ww) | зен | [zen] |

193. Politie. Wet. Deel 1

| gerecht (het) | дов хаттар | [dov hat:ar] |
| gerechtshof (het) | суд | [sud] |

rechter (de)	суьдхо	[sydho]
jury (de)	векалш	[wekalʃ]
juryrechtspraak (de)	векалашан суьд	[wekalaʃan syd]
berechten (ww)	суд ян	[sud jan]

advocaat (de)	хьехамча	[hehamtʃa]
beklaagde (de)	суьдерниг	[sydernig]
beklaagdenbank (de)	суьдерниган гIант	[sydernigan ɣant]

| beschuldiging (de) | бехкедар | [behkedar] |
| beschuldigde (de) | бехкевийриг | [behkevi:rig] |

| vonnis (het) | кхел | [qel] |
| veroordelen (in een rechtszaak) | кхел ян | [qel jan] |

schuldige (de)	бехкениг	[behkenig]
straffen (ww)	таlзар дан	[taezar dan]
bestraffing (de)	таlзар	[taezar]

boete (de)	гlуда	[ɣuda]
levenslange opsluiting (de)	валлалц чуволлар	[val:alts tʃu:ɔl:ar]
doodstraf (de)	ден суд ян	[den sud jan]
elektrische stoel (de)	электрически гlант	[ɛlektritʃeski ɣant]
schavot (het)	тангlалкх	[tanɣalq]

executeren (ww)	ден	[den]
executie (de)	ден суд яр	[den sud jar]
gevangenis (de)	набахте	[nabahte]
cel (de)	камера	[kamera]

konvooi (het)	кано	[kanɔ]
gevangenisbewaker (de)	тlехьожург	[thehɔʒurg]
gedetineerde (de)	лаьцна стаг	[læʦna stag]

| handboeien (mv.) | гlоьмаш | [ɣømaʃ] |
| handboeien omdoen | гlоьмаш йохка | [ɣømaʃ johka] |

ontsnapping (de)	дадар	[dadar]
ontsnappen (ww)	дада	[dada]
verdwijnen (ww)	къайладала	[qhajladala]
vrijlaten (uit de gevangenis)	мукъадаккха	[muqhadak:a]
amnestie (de)	амнисти	[amnisti]

politie (de)	полици	[politsi]
politieagent (de)	полици	[politsi]
politiebureau (het)	полицин дакъа	[politsin daqha]
knuppel (de)	резинин чхьонкар	[rezinin tʃhɔŋkar]
megafoon (de)	рупор	[rupɔr]

patrouilleerwagen (de)	патрулан машина	[patrulan maʃina]
sirene (de)	сирена	[sirena]
de sirene aansteken	сирена лато	[sirena latɔ]
geloei (het) van de sirene	угlар	[uɣar]

plaats delict (de)	хилла меттиг	[hil:a met:ig]
getuige (de)	теш	[teʃ]
vrijheid (de)	паргlато	[parɣatɔ]
handlanger (de)	декъахо	[deqhaho]
ontvluchten (ww)	къайладала	[qhajladala]
spoor (het)	лар	[lar]

194. Politie. Wet. Deel 2

| opsporing (de) | лахар | [lahar] |
| opsporen (ww) | леха | [leha] |

verdenking (de)	шекьхилар	[ʃəkʰhilar]
verdacht (bn)	шеконан	[ʃəkɔnan]
aanhouden (stoppen)	сацо	[satsɔ]
tegenhouden (ww)	сацо	[satsɔ]

strafzaak (de)	дов	[dɔv]
onderzoek (het)	таллам	[tal:am]
detective (de)	детектив, лахарча	[detektiv], [lahartʃa]
onderzoeksrechter (de)	талламхо	[tal:amho]
versie (de)	верси	[wersi]

motief (het)	бахьана	[bahana]
verhoor (het)	ледар	[ledar]
ondervragen (door de politie)	ледан	[ledan]
ondervragen (omstanders ~)	ледан	[ledan]
controle (de)	хьажар	[haʒar]

razzia (de)	го бар	[gɔ bar]
huiszoeking (de)	хьажар	[haʒar]
achtervolging (de)	тӏаьхьадалар	[thæhadalar]
achtervolgen (ww)	тӏаьхьадаьлла лела	[thæhadæl:a lela]
opsporen (ww)	хьежа	[heʒa]

arrest (het)	лацар	[latsar]
arresteren (ww)	лаца	[latsa]
vangen, aanhouden (een dief, enz.)	схьалаца	[shalatsa]

document (het)	документ	[dɔkument]
bewijs (het)	тешам	[teʃam]
bewijzen (ww)	тешо	[teʃɔ]
voetspoor (het)	лар	[lar]
vingerafdrukken (mv.)	тӏелгийн таммаӏанаш	[thelgi:n tam:aɣanaʃ]
bewijs (het)	бахьана	[bahana]

alibi (het)	алиби	[alibi]
onschuldig (bn)	бехке доцу	[behke dɔtsu]
onrecht (het)	нийсо цахилар	[ni:sɔ tsahilar]
onrechtvaardig (bn)	нийса доцу	[ni:sa dɔtsu]

crimineel (bn)	криминалан	[kriminalan]
confisqueren (in beslag nemen)	пачхьалкхдаккха	[patʃhalqdak:a]
drug (de)	наркотик	[narkɔtik]
wapen (het)	герз	[gerz]
ontwapenen (ww)	герз схьадаккха	[gerz shadak:a]

| bevelen (ww) | омра дан | [ɔmra dan] |
| verdwijnen (ww) | къайладала | [qhajladala] |

wet (de)	закон	[zakɔn]
wettelijk (bn)	законехь	[zakɔneh]
onwettelijk (bn)	законехь доцу	[zakɔneh dɔtsu]

| verantwoordelijkheid (de) | жоьпалла | [ʒøpal:a] |
| verantwoordelijk (bn) | жоьпаллин | [ʒøpal:in] |

NATUUR

De Aarde. Deel 1

195. De kosmische ruimte

kosmos (de)	космос	[kɔsmɔs]
kosmisch (bn)	космосан	[kɔsmɔsan]
kosmische ruimte (de)	космосан меттиг	[kɔsmɔsan met:ig]
wereld (de)	дуьне	[dyne]
heelal (het)	lалам	[əalam]
sterrenstelsel (het)	галактика	[galaktika]

ster (de)	седа	[seda]
sterrenbeeld (het)	седарчий гулам	[sedarʧi: gulam]
planeet (de)	дуьне	[dyne]
satelliet (de)	спутник	[sputnik]

meteoriet (de)	метеорит	[meteɔrit]
komeet (de)	комета	[kɔmeta]
asteroïde (de)	астероид	[asterɔid]

baan (de)	орбита	[ɔrbita]
draaien (om de zon, enz.)	хьийза	[hi:za]
atmosfeer (de)	хlаваъ	[hava]

Zon (de)	Малх	[malh]
zonnestelsel (het)	Маьлхан система	[mælhan sistema]
zonsverduistering (de)	малх лацар	[malh laʦar]

| Aarde (de) | Латта | [lat:a] |
| Maan (de) | Бутт | [but:] |

Mars (de)	Марс	[mars]
Venus (de)	Венера	[wenera]
Jupiter (de)	Юпитер	[jupiter]
Saturnus (de)	Сатурн	[saturn]

Mercurius (de)	Меркурий	[merkuri:]
Uranus (de)	Уран	[uran]
Neptunus (de)	Нептун	[neptun]
Pluto (de)	Плутон	[plutɔn]

Melkweg (de)	Ча такхийна Тача	[ʧa taqi:na tatʃa]
Grote Beer (de)	Ворх1 вешин ворх1 седа	[vɔrh weʃin vɔrh seda]
Poolster (de)	Къилбаседа	[qhilbaseda]

| marsmannetje (het) | марсианин | [marsianin] |
| buitenaards wezen (het) | инопланетянин | [inɔplanet'anin] |

| bovenaards (het) | пришелец | [priʃelets] |
| vliegende schotel (de) | хlаваэхула лела тарелка | [havaɕhula lela tarelka] |

ruimtevaartuig (het)	космосан кема	[kɔsmɔsan kema]
ruimtestation (het)	орбитин станци	[ɔrbitin stantsi]
start (de)	старт	[start]

motor (de)	двигатель	[dwigateʎ]
straalpijp (de)	сопло	[sɔplɔ]
brandstof (de)	ягорг	[jagɔrg]

cabine (de)	кабина	[kabina]
antenne (de)	антенна	[anteŋa]
patrijspoort (de)	иллюминатор	[il:yminatɔr]
zonnebatterij (de)	маьлхан батарей	[mælhan batarej]
ruimtepak (het)	скафандр	[skafandr]

| gewichtloosheid (de) | йозалла яр | [jozal:a jar] |
| zuurstof (de) | кислород | [kislɔrɔd] |

| koppeling (de) | вовшахтасар | [vɔvʃahtasar] |
| koppeling maken | вовшахтасса | [vɔvʃahtas:a] |

observatorium (het)	обсерватори	[ɔbservatɔri]
telescoop (de)	телескоп	[teleskɔp]
waarnemen (ww)	тергам бан	[tergam ban]
exploreren (ww)	талла	[tal:a]

196. De Aarde

Aarde (de)	Латта	[lat:a]
aardbol (de)	дуьне	[dyne]
planeet (de)	дуьне, планета	[dyne], [planeta]

atmosfeer (de)	атмосфера	[atmɔsfera]
aardrijkskunde (de)	географи	[geɔgrafi]
natuur (de)	Iалам	[ɛalam]

wereldbol (de)	глобус	[globus]
kaart (de)	карта	[karta]
atlas (de)	атлас	[atlas]

| Europa (het) | Европа | [evrɔpa] |
| Azië (het) | Ази | [azi] |

| Afrika (het) | Африка | [afrika] |
| Australië (het) | Австрали | [avstrali] |

Amerika (het)	Америка	[amerika]
Noord-Amerika (het)	Къилбаседан Америка	[qhilbasedan amerika]
Zuid-Amerika (het)	Къилбера Америка	[qhilbera amerika]

| Antarctica (het) | Антарктида | [antarktida] |
| Arctis (de) | Арктика | [arktika] |

197. Windrichtingen

noorden (het)	къилбаседа	[qhilbaseda]
naar het noorden	къилбаседехьа	[qhilbasedeha]
in het noorden	къилбаседехь	[qhilbasedeh]
noordelijk (bn)	къилбаседан	[qhilbasedan]

zuiden (het)	къилбе	[qhilbe]
naar het zuiden	къилбехьа	[qhilbeha]
in het zuiden	къилбехь	[qhilbeh]
zuidelijk (bn)	къилбера	[qhilbera]

westen (het)	малхбузе	[malhbuze]
naar het westen	малхбузехьа	[malhbuzeha]
in het westen	малхбузехь	[malhbuzeh]
westelijk (bn)	малхбузера	[malhbuzera]

oosten (het)	малхбале	[malhbale]
naar het oosten	малхбалехьа	[malhbaleha]
in het oosten	малхбалехь	[malhbaleh]
oostelijk (bn)	малхбалехьара	[malhbalehara]

198. Zee. Oceaan

zee (de)	хӀорд	[hɔrd]
oceaan (de)	хӀорд, океан	[hɔrd], [ɔkean]
golf (baai)	айма	[ajma]
straat (de)	хидоькъе	[hidøqhe]

grond (vaste grond)	латта	[lat:a]
continent (het)	материк	[materik]
eiland (het)	гӀайре	[ɣajre]
schiereiland (het)	ахгӀайре	[ahɣajre]
archipel (de)	архипелаг	[arhipelag]

baai, bocht (de)	бухта	[buhta]
haven (de)	гавань	[gavaɲ]
lagune (de)	лагуна	[laguna]
kaap (de)	мара	[mara]

atol (de)	атолл	[atɔl:]
rif (het)	риф	[rif]
koraal (het)	маржак	[marʒak]
koraalrif (het)	маржанийн риф	[marʒani:n rif]

diep (bn)	кӀоарга	[k:ɔarga]
diepte (de)	кӀоргалла	[k:ɔrgal:a]
diepzee (de)	бух боцу Ӏин	[buh bɔʦu əin]
trog (bijv. Marianentrog)	кӀаг	[k:ag]

stroming (de)	дӀаэхар	[dəaəhar]
omspoelen (ww)	го баьккхина хи хила	[gɔ bæk:ina hi hila]
oever (de)	хийист	[hi:ist]

kust (de)	йист	[jıst]
vloed (de)	хIорд тIекхетар	[hɔrd theqetar]
eb (de)	хIорд чубожа боьлла	[hɔrd tʃubɔʒa bøl:a]
ondiepte (ondiep water)	гомхе	[gɔmhe]
bodem (de)	бух	[buh]

golf (hoge ~)	тулгIе	[tulɣe]
golfkam (de)	тулгIийн дукъ	[tulɣi:n duqh]
schuim (het)	чопа	[tʃɔpa]

orkaan (de)	мох балар	[mɔh balar]
tsunami (de)	цунами	[tsunami]
windstilte (de)	штиль	[ʃtiʎ]
kalm (bijv. ~e zee)	тийна	[ti:na]

pool (de)	полюс	[pɔlys]
polair (bn)	полюсан	[pɔlysan]

breedtegraad (de)	шоралла	[ʃɔral:a]
lengtegraad (de)	дохалла	[dɔhal:a]
parallel (de)	параллель	[paral:eʎ]
evenaar (de)	экватор	[ɛkvatɔr]

hemel (de)	дуьне	[dyne]
horizon (de)	ана	[ana]
lucht (de)	хIаваъ	[hava]

vuurtoren (de)	маяк	[majak]
duiken (ww)	чулелха	[tʃulelha]
zinken (ov. een boot)	бухадаха	[buhadaha]
schatten (mv.)	хазна	[hazna]

199. Namen van zeeën en oceanen

Atlantische Oceaan (de)	Атлантически хIорд	[atlantitʃeski hɔrd]
Indische Oceaan (de)	Индихойн хIорд	[indihojn hɔrd]
Stille Oceaan (de)	Тийна хIорд	[ti:na hɔrd]
Noordelijke IJszee (de)	Къилбаседанан Шен хIорд	[qhilbasedanan ʃen hɔrd]

Zwarte Zee (de)	IаьРжа хIорд	[æærʒa hɔrd]
Rode Zee (de)	ЦIен хIорд	[tshen hɔrd]
Gele Zee (de)	Можа хIорд	[mɔʒa hɔrd]
Witte Zee (de)	КIайн хIорд	[k:ajn hɔrd]

Kaspische Zee (de)	Каспи хIорд	[kaspi hɔrd]
Dode Zee (de)	Са доцу хIорд	[sa dɔtsu hɔrd]
Middellandse Zee (de)	Средизмени хIорд	[sredizemni hɔrd]

Egeïsche Zee (de)	Эгейски хIорд	[ɛgejski hɔrd]
Adriatische Zee (de)	Адреатически хIорд	[adreatitʃeski hɔrd]

Arabische Zee (de)	Аравийски хIорд	[aravi:ski hɔrd]
Japanse Zee (de)	Японийн хIорд	[japɔni:n hɔrd]

| Beringzee (de) | Берингово хӀорд | [beriŋɔvɔ hɔrd] |
| Zuid-Chinese Zee (de) | Къилба-Китайн хӀорд | [qhilbɑ kitɑjn hɔrd] |

Koraalzee (de)	Маржанийн хӀорд	[marʒɑni:n hɔrd]
Tasmanzee (de)	Тасманово хӀорд	[tasmɑnɔvɔ hɔrd]
Caribische Zee (de)	Карибски хӀорд	[karibski hɔrd]

| Barentszzee (de) | Баренцово хӀорд | [barentsɔvɔ hɔrd] |
| Karische Zee (de) | Карски хӀорд | [karski hɔrd] |

Noordzee (de)	Къилбаседан хӀорд	[qhilbasedɑn hɔrd]
Baltische Zee (de)	Балтийски хӀорд	[balti:ski hɔrd]
Noorse Zee (de)	Норвержски хӀорд	[nɔrwerʒski hɔrd]

200. Bergen

berg (de)	лам	[lam]
bergketen (de)	ламнийн могӀа	[lamni:n mɔɣa]
gebergte (het)	ламанан дукъ	[lamɑnɑn duqh]

bergtop (de)	бохь	[bɔh]
bergpiek (de)	бохь	[bɔh]
voet (ov. de berg)	кӀажа	[k:aʒa]
helling (de)	басе	[base]

vulkaan (de)	тӀаплам	[thɑplɑm]
actieve vulkaan (de)	тӀепинг	[thepiŋ]
uitgedoofde vulkaan (de)	байна тӀаплам	[bajnɑ thɑplɑm]

uitbarsting (de)	хьалатохар	[halɑtɔhar]
krater (de)	кратер	[krater]
magma (het)	магма	[magma]
lava (de)	лава	[lava]
gloeiend (~e lava)	цӀийдина	[tshi:dinɑ]

kloof (canyon)	Ӏин	[ein]
bergkloof (de)	чӀож	[tʃhɔʒ]
spleet (de)	чӀаж	[tʃhaʒ]

bergpas (de)	ламанан дукъ	[lamɑnɑn duqh]
plateau (het)	акъари	[aqhari]
klip (de)	тарх	[tarh]
heuvel (de)	гу	[gu]

gletsjer (de)	ша-ор	[ʃa ɔr]
waterval (de)	чухчари	[tʃuhtʃari]
geiser (de)	гейзер	[gejzer]
meer (het)	Ӏам	[eam]

vlakte (de)	аре	[are]
landschap (het)	пейзаж	[pejzaʒ]
echo (de)	йилбазмохь	[jɪlbazmɔh]
alpinist (de)	алтпинист	[altpinist]
bergbeklimmer (de)	тархашхо	[tarhaʃho]

trotseren (berg ~)	карадало	[karadalɔ]
beklimming (de)	тӀедалар	[thedalar]

201. Bergen namen

Alpen (de)	Альпаш	[aʎpaʃ]
Mont Blanc (de)	Монблан	[mɔnblan]
Pyreneeën (de)	Пиренеи	[pirenei]

Karpaten (de)	Карпаташ	[karpataʃ]
Oeralgebergte (het)	Уралан лаьмнаш	[uralan læmnaʃ]
Kaukasus (de)	Кавказ	[kavkaz]
Elbroes (de)	Эльбрус	[eʎbrus]

Altaj (de)	Алтай	[altaj]
Tiensjan (de)	Тянь-Шань	[tʲaɲ ʃaɲ]
Pamir (de)	Памир	[pamir]
Himalaya (de)	Гималаи	[gimalai]
Everest (de)	Эверест	[everest]

Andes (de)	Анднаш	[andnaʃ]
Kilimanjaro (de)	Килиманджаро	[kilimandʒarɔ]

202. Rivieren

rivier (de)	доьду хи	[dødu hi]
bron (~ van een rivier)	хьост, шовда	[hɔst], [ʃɔvda]
rivierbedding (de)	харш	[harʃ]
rivierbekken (het)	бассейн	[bas:ejn]
uitmonden in …	кхета	[qeta]

zijrivier (de)	га	[ga]
oever (de)	хийист	[hi:ist]

stroming (de)	дӀаэхар	[dəaəhar]
stroomafwaarts (bw)	хица охьа	[hitsa ɔha]
stroomopwaarts (bw)	хица хьала	[hitsa hala]

overstroming (de)	хи тӀедалар	[hi thedalar]
overstroming (de)	дестар	[destar]
buiten zijn oevers treden	деста	[desta]
overstromen (ww)	дӀахьулдан	[dəahuldan]

zandbank (de)	гомхалла	[gɔmhal:a]
stroomversnelling (de)	тарх	[tarh]

dam (de)	сунт	[sunt]
kanaal (het)	татол	[tatɔl]
spaarbekken (het)	латтийла	[lat:i:la]
sluis (de)	шлюз	[ʃlyz]
waterlichaam (het)	Ӏам	[əam]
moeras (het)	уьшал	[yʃal]

| broek (het) | уьшал | [yʃɑl] |
| draaikolk (de) | айма | [ɑjmɑ] |

stroom (de)	татол	[tɑtɔl]
drink- (abn)	молу	[mɔlu]
zoet (~ water)	теза	[tezɑ]

| IJs (het) | ша | [ʃɑ] |
| bevriezen (rivier, enz.) | ша бан | [ʃɑ bɑn] |

203. Namen van rivieren

| Seine (de) | Сена | [senɑ] |
| Loire (de) | Луара | [luɑrɑ] |

Theems (de)	Темза	[temzɑ]
Rijn (de)	Рейн	[rejn]
Donau (de)	Дунай	[dunɑj]

Wolga (de)	Волга	[vɔlgɑ]
Don (de)	Дон	[dɔn]
Lena (de)	Лена	[lenɑ]

Gele Rivier (de)	Хуанхэ	[huɑnhɛ]
Blauwe Rivier (de)	Янцзы	[jɑntszɪ]
Mekong (de)	Меконг	[mekɔŋ]
Ganges (de)	Ганг	[gɑŋ]

Nijl (de)	Нил	[nil]
Kongo (de)	Конго	[kɔŋɔ]
Okavango (de)	Окаванго	[ɔkavɑŋɔ]
Zambezi (de)	Замбези	[zɑmbezi]
Limpopo (de)	Лимпопо	[limpɔpɔ]
Mississippi (de)	Миссисипи	[misːisipi]

204. Bos

| bos (het) | хьун | [hun] |
| bos- (abn) | хьунан | [hunɑn] |

oerwoud (dicht bos)	варш	[vɑrʃ]
bosje (klein bos)	боьлак	[bølɑk]
open plek (de)	ирзу	[irzu]

| struikgewas (het) | коьллаш | [kølːɑʃ] |
| struiken (mv.) | колл | [kɔlː] |

| paadje (het) | тача | [tɑtʃɑ] |
| ravijn (het) | боьра | [børɑ] |

| boom (de) | дитт | [ditː] |
| blad (het) | гӏа | [ɣɑ] |

gebladerte (het)	гӏаш	[ɣaʃ]
vallende bladeren (mv.)	гӏа дожар	[ɣa dɔʒar]
vallen (ov. de bladeren)	охьа дожа	[ɔha dɔʒa]
boomtop (de)	бохь	[bɔh]

tak (de)	га	[ga]
ent (de)	га	[ga]
knop (de)	патар	[patar]
naald (de)	кӏохцалг	[k:ɔhʦalg]
dennenappel (de)	бӏар	[bəar]

boom holte (de)	хара	[hara]
nest (het)	бен	[ben]
hol (het)	ӏуьрг	[əyrg]

stam (de)	гӏад	[ɣad]
wortel (bijv. boom~s)	орам	[ɔram]
schors (de)	кевстиг	[kevstig]
mos (het)	корсам	[kɔrsam]

ontwortelen (een boom)	бухдаккха	[buhdak:a]
kappen (een boom ~)	хьакха	[haqa]
ontbossen (ww)	хьакха	[haqa]
stronk (de)	юьхк	[juhk]

kampvuur (het)	цӏе	[ʦhe]
bosbrand (de)	цӏе	[ʦhe]
blussen (ww)	дӏадайа	[dəadaja]

boswachter (de)	хьуьнхо	[hynho]
bescherming (de)	лардар	[lardar]
beschermen (bijv. de natuur ~)	лардан	[lardan]
stroper (de)	браконьер	[brakɔɲjer]
val (de)	гура	[gura]

| plukken (vruchten, enz.) | лахьо | [lahɔ] |
| verdwalen (de weg kwijt zijn) | тила | [tila] |

205. Natuurlijke hulpbronnen

natuurlijke rijkdommen (mv.)	ӏаламан тӏаьхьалонаш	[əalaman thæhalɔnaʃ]
delfstoffen (mv.)	пайде маьӏданаш	[pajde mæədanaʃ]
lagen (mv.)	маьӏданаш	[mæədanaʃ]
veld (bijv. olie~)	маьӏданаш дохку	[mæədanaʃ dɔhku]

winnen (uit erts ~)	даккха	[dak:a]
winning (de)	даккхар	[dak:ar]
erts (het)	маьӏда	[mæəda]
mijn (bijv. kolenmijn)	маьӏда доккхийла, шахта	[mæəda dɔk:i:la], [ʃahta]
mijnschacht (de)	шахта	[ʃahta]
mijnwerker (de)	кӏорабаккхархо	[k:ɔrabak:arhɔ]
gas (het)	газ	[gaz]
gasleiding (de)	газъюьргург	[gazʰjugurg]

185

olie (aardolie)	нефть	[neftʲ]
olieleiding (de)	нефтьузург	[neftʲuzurg]
oliebron (de)	нефтан чардакх	[neftan ʧardaq]
boortoren (de)	буру туху вышка	[buru tuhu viʃka]
tanker (de)	танкер	[taŋker]

zand (het)	гӀум	[ɣum]
kalksteen (de)	кир-маьлда	[kir mæəda]
grind (het)	жагӀа	[ʒaɣa]
veen (het)	lexa	[əeha]
klei (de)	поппар	[pɔpːar]
steenkool (de)	кӀора	[kːɔra]

IJzer (het)	эчиг	[ɛʧig]
goud (het)	деши	[deʃi]
zilver (het)	дети	[deti]
nikkel (het)	никель	[nikeʎ]
koper (het)	цӀаста	[ʦhasta]

zink (het)	цинк	[ʦiŋk]
mangaan (het)	марганец	[marganeʦ]
kwik (het)	гинсу	[ginsu]
lood (het)	даш	[daʃ]

mineraal (het)	минерал	[mineral]
kristal (het)	кристалл	[kristalː]
marmer (het)	шагатӀулг	[ʃagathulg]
uraan (het)	уран	[uran]

De Aarde. Deel 2

206. Weer

weer (het)	хенан хӏоттам	[henan hɔt:am]
weersvoorspelling (de)	хенан хӏоттаман прогноз	[henan hɔt:aman prɔgnɔz]
temperatuur (de)	температура	[temperatura]
thermometer (de)	термометр	[termɔmetr]
barometer (de)	барометр	[barɔmetr]
vochtigheid (de)	тӏуьнан	[thynan]
hitte (de)	йовхо	[jovho]
heet (bn)	довха	[dɔvha]
het is heet	йовха	[jovha]
het is warm	йовха	[jovha]
warm (bn)	довха	[dɔvha]
het is koud	шийла	[ʃi:la]
koud (bn)	шийла	[ʃi:la]
zon (de)	малх	[malh]
schijnen (de zon)	кхета	[qeta]
zonnig (~e dag)	маьлхан	[mælhan]
opgaan (ov. de zon)	схьакхета	[shaqeta]
ondergaan (ww)	чубуза	[ʧubuza]
wolk (de)	марха	[marha]
bewolkt (bn)	мархаш йолу	[marhaʃ jolu]
regenwolk (de)	марха	[marha]
somber (bn)	кхоьлина	[qølina]
regen (de)	догӏа	[dɔɣa]
het regent	догӏа догӏу	[dɔɣa dɔɣu]
regenachtig (bn)	догӏане	[dɔɣane]
motregenen (ww)	серса	[sersa]
plensbui (de)	кхевсина догӏа	[qevsina dɔɣa]
stortbui (de)	догӏа	[dɔɣa]
hard (bn)	чӏогӏа	[ʧhɔɣa]
plas (de)	ӏам	[əam]
nat worden (ww)	тӏадо	[thadɔ]
mist (de)	дохк	[dɔhk]
mistig (bn)	дохк долу	[dɔhk dɔlu]
sneeuw (de)	ло	[lɔ]
het sneeuwt	ло догӏу	[lɔ dɔɣu]

207. Zwaar weer. Natuurrampen

noodweer (storm)	йочана	[jotʃana]
bliksem (de)	ткъес	[tqhes]
flitsen (ww)	стега	[stega]
donder (de)	стигал къовкъар	[stigal qhɔvqhar]
donderen (ww)	къекъа	[qheqha]
het dondert	стигал къекъа	[stigal qheqha]
hagel (de)	къора	[qhɔra]
het hagelt	къора йоrly	[qhɔra joɣu]
overstromen (ww)	дӏахьулдан	[dəahuldan]
overstroming (de)	хи тӏедалар	[hi thedalar]
aardbeving (de)	мохк бегор	[mɔhk begɔr]
aardschok (de)	дегар	[degar]
epicentrum (het)	эпицентр	[ɛpitsentr]
uitbarsting (de)	хьалатохар	[halatɔhar]
lava (de)	лава	[lava]
wervelwind (de)	йилбазмох	[jɪlbazmɔh]
windhoos (de)	торнадо	[tɔrnadɔ]
tyfoon (de)	тайфун	[tajfun]
orkaan (de)	мох балар	[mɔh balar]
storm (de)	дарц	[darts]
tsunami (de)	цунами	[tsunami]
cycloon (de)	дарц	[darts]
onweer (het)	йочана	[jotʃana]
brand (de)	цӏе	[tshe]
ramp (de)	катастрофа	[katastrɔfa]
meteoriet (de)	метеорит	[meteɔrit]
lawine (de)	хьаьтт	[hæt:]
sneeuwverschuiving (de)	чухарцар	[tʃuhartsar]
sneeuwjacht (de)	дарц	[darts]
sneeuwstorm (de)	дарц	[darts]

208. Geluiden. Geluiden

stilte (de)	тийналла	[tajnal:a]
geluid (het)	аз	[az]
lawaai (het)	гӏовгӏа	[ɣɔvɣa]
lawaai maken (ww)	гӏовгӏа ян	[ɣɔvɣa jan]
lawaaierig (bn)	гӏовгӏа йолу	[ɣɔvɣa jolu]
luid (~ spreken)	чӏогӏа	[tʃhɔɣa]
luid (bijv. ~e stem)	чӏогӏа	[tʃhɔɣa]
aanhoudend (voortdurend)	хаддаза	[had:aza]

schreeuw (de)	мохь	[mɔh]
schreeuwen (ww)	мохь бетта	[mɔh bet:a]
gefluister (het)	шабар-шибар	[ʃabar ʃibar]
fluisteren (ww)	шабар-шибар дан	[ʃabar ʃibar dan]
geblaf (het)	гӏалх	[ɣalh]
blaffen (ww)	гӏалх дан	[ɣalh dan]
gekreun (het)	узар	[uzar]
kreunen (ww)	узарш дан	[uzarʃ dan]
hoest (de)	йовхарш	[jovharʃ]
hoesten (ww)	йовхарш етта	[jovharʃ et:a]
gefluit (het)	шок	[ʃɔk]
fluiten (op het fluitje blazen)	шок етта	[ʃɔk et:a]
geklop (het)	тӏак	[thak]
kloppen (aan een deur)	детта	[det:a]
kraken (hout, ijs)	лелха	[lelha]
gekraak (het)	къарс	[qhars]
sirene (de)	сирена	[sirena]
fluit (stoom ~)	мохь	[mɔh]
fluiten (schip, trein)	дека	[deka]
toeter (de)	сигнал	[signal]
toeteren (ww)	сигнал етта	[signal et:a]

209. Winter

winter (de)	ла	[əa]
winter- (abn)	лаьнан	[əænan]
in de winter (bw)	лай	[əaj]
sneeuw (de)	ло	[lɔ]
het sneeuwt	ло дорлу	[lɔ dɔɣu]
sneeuwval (de)	ло диллар	[lɔ dil:ar]
sneeuwhoop (de)	оьла	[øla]
sneeuwvlok (de)	лайн чим	[lajn tʃim]
sneeuwbal (de)	ло	[lɔ]
sneeuwman (de)	снеговик	[snegɔwik]
IJspegel (de)	кхазарг	[qazarg]
december (de)	декабрь	[dekabrʲ]
januari (de)	январь	[janvarʲ]
februari (de)	февраль	[fevraʎ]
vorst (de)	шело	[ʃəlɔ]
vries- (abn)	шийла	[ʃi:la]
onder nul (bw)	нолал лохаха	[nɔlal lɔhaha]
eerste vorst (de)	йис	[jis]
rijp (de)	йис	[jis]
koude (de)	шело	[ʃəlɔ]

het is koud	шийла	[ʃi:la]
bontjas (de)	кетар	[ketar]
wanten (mv.)	каранаш	[karanaʃ]

ziek worden (ww)	цамгар кхета	[tsamgar qeta]
verkoudheid (de)	шелдалар	[ʃəldalar]
verkouden raken (ww)	шелдала	[ʃəldala]

IJs (het)	ша	[ʃa]
IJzel (de)	ша	[ʃa]
bevriezen (rivier, enz.)	ша бан	[ʃa ban]
IJsschol (de)	окъам	[ɔqham]

ski's (mv.)	когсалазаш	[kɔgsalazaʃ]
skiër (de)	лыжашхо	[lıʒaʃho]
skiën (ww)	когсалазаш хехка	[kɔgsalazaʃ hehka]
schaatsen (ww)	конькаш хехка	[kɔɲkaʃ hehka]

Fauna

210. Zoogdieren. Roofdieren

roofdier (het)	гӏира экха	[ɣira ɛqa]
tijger (de)	цӏоькъалом	[tshøqhalɔm]
leeuw (de)	лом	[lɔm]
wolf (de)	борз	[bɔrz]
vos (de)	цхьогал	[tshɔgal]
jaguar (de)	ягуар	[jaguar]
luipaard (de)	леопард	[leɔpard]
jachtluipaard (de)	гепард	[gepard]
panter (de)	пантера	[pantera]
poema (de)	пума	[puma]
sneeuwluipaard (de)	лайн цӏокъ	[lajn tshɔqh]
lynx (de)	акха цициг	[aqa tsitsig]
coyote (de)	койот	[kɔjot]
jakhals (de)	чагӏалкх	[ʧaɣalq]
hyena (de)	чагӏалкх	[ʧaɣalq]

211. Wilde dieren

dier (het)	дийнат	[di:nat]
beest (het)	экха	[ɛqa]
eekhoorn (de)	тарсал	[tarsal]
egel (de)	зу	[zu]
haas (de)	пхьагал	[phagal]
konijn (het)	кролик	[krɔlik]
das (de)	далам	[daəam]
wasbeer (de)	акха жӏаьла	[aqa ʒæla]
hamster (de)	оьпа	[øpa]
marmot (de)	дӏам	[dəam]
mol (de)	боьлкъазар	[bølqhazar]
muis (de)	дахка	[dahka]
rat (de)	мукадахка	[mukadahka]
vleermuis (de)	бирдолаг	[birdɔlag]
hermelijn (de)	горностай	[gɔrnɔstaj]
sabeldier (het)	салор	[salɔr]
marter (de)	салор	[salɔr]
wezel (de)	дингад	[diŋad]
nerts (de)	норка	[nɔrka]

bever (de)	бобр	[bɔbr]
otter (de)	хешт	[heʃt]

paard (het)	говр	[gɔvr]
eland (de)	боккха сай	[bɔqa saj]
hert (het)	сай	[saj]
kameel (de)	эмкал	[ɛmkal]

bizon (de)	бизон	[bizɔn]
oeros (de)	була	[bula]
buffel (de)	гомаш-буга	[gɔmaʃ buga]

zebra (de)	зебр	[zebra]
antilope (de)	антилопа	[antilɔpa]
ree (de)	лу	[lu]
damhert (het)	шоьккари	[ʃøk:ari]
gems (de)	масар	[masar]
everzwijn (het)	нал	[nal]

walvis (de)	кит	[kit]
rob (de)	тюлень	[tyleɲ]
walrus (de)	морж	[mɔrʒ]
zeehond (de)	котик	[kɔtik]
dolfijn (de)	дельфин	[deʎfin]

beer (de)	ча	[ʧa]
IJsbeer (de)	кӏайн ча	[k:ajn ʧa]
panda (de)	панда	[panda]

aap (de)	маймал	[majmal]
chimpansee (de)	шимпанзе	[ʃimpanze]
orang-oetan (de)	орангутанг	[ɔraŋutaŋ]
gorilla (de)	горилла	[gɔril:a]
makaak (de)	макака	[makaka]
gibbon (de)	гиббон	[gib:ɔn]

olifant (de)	пийл	[pi:l]
neushoorn (de)	мермалa	[mermaəa]
giraffe (de)	жираф	[ʒiraf]
nijlpaard (het)	бегемот	[begemɔt]

kangoeroe (de)	кенгуру	[keŋuru]
koala (de)	коала	[kɔala]

mangoest (de)	мангуст	[maŋust]
chinchilla (de)	шиншилла	[ʃinʃil:a]
stinkdier (het)	скунс	[skuns]
stekelvarken (het)	дикобраз	[dikɔbraz]

212. Huisdieren

poes (de)	цициг	[tsitsig]
kater (de)	цициг	[tsitsig]
paard (het)	говр	[gɔvr]

| hengst (de) | айгlaп | [ajɣar] |
| merrie (de) | кхела | [qela] |

koe (de)	етта	[et:a]
stier (de)	сту	[stu]
os (de)	сту	[stu]

schaap (het)	жий	[ʒi:]
ram (de)	уьстагl	[ystaɣ]
geit (de)	газа	[gaza]
bok (de)	бож	[bɔʒ]

| ezel (de) | вир | [wir] |
| muilezel (de) | бlарза | [bəarza] |

varken (het)	хьакха	[haqa]
biggetje (het)	хуьрсик	[hyrsik]
konijn (het)	кролик	[krɔlik]

| kip (de) | котам | [kɔtam] |
| haan (de) | боргlал | [bɔrɣal] |

eend (de)	бад	[bad]
woerd (de)	нlаьна-бад	[nəæna bad]
gans (de)	глаз	[ɣaz]

| kalkoen haan (de) | москал-нlаьна | [mɔskal nəæna] |
| kalkoen (de) | москал-котам | [mɔskal kɔtam] |

huisdieren (mv.)	цlера дийнаташ	[tshera di:nataʃ]
tam (bijv. hamster)	караlамийна	[karaəami:na]
temmen (tam maken)	караlамо	[karaəamɔ]
fokken (bijv. paarden ~)	лело	[lelɔ]

boerderij (de)	ферма	[ferma]
gevogelte (het)	зlакардаьхний	[zəakardæhni:]
rundvee (het)	хьайбанаш	[hajbanaʃ]
kudde (de)	бажа	[baʒa]

paardenstal (de)	божал	[bɔʒal]
zwijnenstal (de)	хьакхарчийн божал	[haqartʃi:n bɔʒal]
koeienstal (de)	божал	[bɔʒal]
konijnenhok (het)	кроликийн бун	[krɔliki:n bun]
kippenhok (het)	котаман бун	[kɔtaman bun]

213. Honden. Hondenrassen

hond (de)	жlаьла	[ʒəæla]
herdershond (de)	жен жlаьла	[ʒen ʒəæla]
poedel (de)	пудель	[pudeʎ]
teckel (de)	такса	[taksa]

| buldog (de) | бульдог | [buʎdɔg] |
| boxer (de) | боксёр | [bɔksɜr] |

mastiff (de)	мастиф	[mɑstif]
rottweiler (de)	ротвейлер	[rɔtwejler]
doberman (de)	доберман	[dɔberman]

basset (de)	бассет	[bɑs:et]
bobtail (de)	бобтейл	[bɔbtejl]
dalmatiër (de)	далматинец	[dalmatineʦ]
cockerspaniël (de)	кокер-спаниель	[kɔker spanieʎ]

| newfoundlander (de) | ньюфаундленд | [njyfaundlend] |
| sint-bernard (de) | сенбернар | [senbernar] |

poolhond (de)	хаски	[haski]
chowchow (de)	чау-чау	[ʧau ʧau]
spits (de)	кӀезалг	[k:ezalg]
mopshond (de)	мопс	[mɔps]

214. Dierengeluiden

geblaf (het)	гӀалх	[ɣalh]
blaffen (ww)	гӀалх дан	[ɣalh dan]
miauwen (ww)	Iaxa	[əaha]
spinnen (katten)	мур дан	[mur dan]

loeien (ov. een koe)	Iexa	[əeha]
brullen (stier)	Iexa	[əeha]
grommen (ov. de honden)	гӀиргӀ дан	[ɣiɣ dan]

gehuil (het)	ырлап	[uɣar]
huilen (wolf, enz.)	ырла	[uɣa]
janken (ov. een hond)	цӀовза	[ʦhɔvza]

mekkeren (schapen)	Iexa	[əeha]
knorren (varkens)	хур-хур дан	[hur hur dan]
gillen (bijv. varken)	цӀовза	[ʦhɔvza]

kwaken (kikvorsen)	вакъ-вакъ баха	[vaqh vaqh baha]
zoemen (hommel, enz.)	зуз дан	[zuz dan]
tjirpen (sprinkhanen)	чӀа-чӀа дан	[ʧha ʧha dan]

215. Jonge dieren

jong (het)	кӀорни	[k:ɔrni]
poesje (het)	цициган кӀорни	[ʦiʦigan k:ɔrni]
muisje (het)	дехкан кӀорни	[dehkan k:ɔrni]
puppy (de)	кӀеза	[k:eza]

jonge haas (de)	пхьагалан кӀорни	[phagalan k:ɔrni]
konijntje (het)	кроликан кӀорни	[krɔlikan k:ɔrni]
wolfje (het)	берзан кӀеза	[berzan k:eza]
vosje (het)	цхьогалан кӀорни	[ʦhogalan k:ɔrni]
beertje (het)	чайтаӀ	[ʧajtaə]

leeuwenjong (het)	лоьман кӏорни	[ləman k:ɔrni]
tijgertje (het)	цӏоькъалоьман кӏорни	[tshøqhaløman k:ɔrni]
olifantenjong (het)	пийлан кӏорни	[pi:lan k:ɔrni]

biggetje (het)	хуьрсик	[hyrsik]
kalf (het)	эса	[ɛsa]
geitje (het)	буьхьиг	[byhig]
lam (het)	лахар	[əahar]
reekalf (het)	сен бекъа	[sen beqha]
jonge kameel (de)	эмкалан бекъа	[ɛmkalan beqha]

| slangenjong (het) | лаьхьанан кӏорни | [læhanan k:ɔrni] |
| kikkertje (het) | пхьидан кӏорни | [phidan k:ɔrni] |

vogeltje (het)	чантал	[ʧantal]
kuiken (het)	кӏорни	[k:ɔrni]
eendje (het)	бедан кӏорни	[bedan k:ɔrni]

216. Vogels

vogel (de)	олхазар	[ɔlhazar]
duif (de)	кхокха	[qɔqa]
mus (de)	хьоза	[hɔza]
koolmees (de)	цӏирцӏирхьоза	[tshirʦhirhɔza]
ekster (de)	къорза къиг	[qhɔrza qhig]

raaf (de)	хьаргӏа	[harɣa]
kraai (de)	къиг	[qhig]
kauw (de)	жаргӏаргӏа	[ʒaɣʒaɣa]
roek (de)	човка	[ʧɔvka]

eend (de)	бад	[bad]
gans (de)	гӏаз	[ɣaz]
fazant (de)	акха котам	[aqa kɔtam]

arend (de)	аьрзу	[ærzu]
havik (de)	куьйра	[kyjra]
valk (de)	леча	[leʧa]
gier (de)	ломъаьрзу	[lɔmʰærzu]
condor (de)	кондор	[kɔndɔr]

zwaan (de)	гӏургӏаз	[ɣurɣaz]
kraanvogel (de)	гӏаргӏули	[ɣarɣuli]
ooievaar (de)	чӏерийдохург	[ʧheri:dɔhurg]

papegaai (de)	тоти	[tɔti]
kolibrie (de)	колибри	[kɔlibri]
pauw (de)	тӏаус	[thaus]

struisvogel (de)	страус	[straus]
reiger (de)	чӏерийлоьцург	[ʧheri:løʦurg]
flamingo (de)	фламинго	[flamiŋɔ]
pelikaan (de)	пеликан	[pelikan]
nachtegaal (de)	зарзар	[zarzar]

zwaluw (de)	чlерlардиг	[ʧheɣardig]
lijster (de)	шоршал	[ʃorʃal]
zanglijster (de)	дека шоршал	[deka ʃorʃal]
merel (de)	lаьржа шоршал	[əærʒa ʃorʃal]

gierzwaluw (de)	мерцхалдиг	[merʦhaldig]
leeuwerik (de)	нlаьвла	[nəævla]
kwartel (de)	лекъ	[leqh]

specht (de)	хенаklур	[henak:ur]
koekoek (de)	хlуттут	[hut:ut]
uil (de)	буxla	[buha]
oehoe (de)	соька	[søka]
auerhoen (het)	къоракуота	[qhɔrakuɔta]
korhoen (het)	акxа котам	[aqa kɔtam]
patrijs (de)	моша	[mɔʃa]

spreeuw (de)	алкханч	[alqanʧ]
kanarie (de)	можа хьоза	[mɔʒa hɔza]
hazelhoen (het)	акxа котам	[aqa kɔtam]
vink (de)	хьуьнан хьоза	[hynan hɔza]
goudvink (de)	лайн хьоза	[lajn hɔza]

meeuw (de)	чайка	[ʧajka]
albatros (de)	альбатрос	[aʌbatrɔs]
pinguïn (de)	пингвин	[piŋwin]

217. Vogels. Zingen en geluiden

fluiten, zingen (ww)	дека	[deka]
schreeuwen (dieren, vogels)	мохь бетта	[mɔh bet:a]
kraaien (ov. een haan)	кхайкха	[qajqa]
kukeleku	lуьl lape-lуь	[əyə əare əy]

klokken (hen)	кla-кla дан	[k:a k:a dan]
krassen (kraai)	къа-къа дан	[qha qha dan]
kwaken (eend)	вакъ-вакъ баха	[vaqh vaqh baha]
piepen (kuiken)	цlийза	[ʦhi:za]
tjilpen (bijv. een mus)	гlир-гlир дан	[ɣir ɣir dan]

218. Vis. Zeedieren

brasem (de)	чабакx-чlара	[ʧabaq ʧhara]
karper (de)	карп	[karp]
baars (de)	окунь	[ɔkuɲ]
meerval (de)	яй	[jaj]
snoek (de)	гlазкхийн чlара	[ɣazqi:n ʧhara]

zalm (de)	лосось	[lɔsɔsʲ]
steur (de)	цlен чlара	[ʦhen ʧhara]
haring (de)	сельдь	[seʌdʲ]
atlantische zalm (de)	сёмга	[sɔmga]

| makreel (de) | скумбри | [skumbri] |
| platvis (de) | камбала | [kambala] |

snoekbaars (de)	судак	[sudak]
kabeljauw (de)	треска	[treska]
tonijn (de)	тунец	[tunets]
forel (de)	бакъ чlара	[baqh ʈhara]

paling (de)	жlаьлин чlара	[ʒæælin ʈhara]
sidderrog (de)	электрически скат	[ɛlektriʧeski skat]
murene (de)	мурена	[murena]
piranha (de)	пиранья	[piraɲja]

haai (de)	гlоркхма	[ɣɔrqma]
dolfijn (de)	дельфин	[deʌfin]
walvis (de)	кит	[kit]

krab (de)	краб	[krab]
kwal (de)	медуза	[meduza]
octopus (de)	бархlкогберг	[barhkɔgberg]

zeester (de)	хlордан седа	[hɔrdan seda]
zee-egel (de)	хlордан зу	[hɔrdan zu]
zeepaardje (het)	хlордан говр	[hɔrdan gɔvr]

oester (de)	устрица	[ustritsa]
garnaal (de)	креветка	[krewetka]
kreeft (de)	омар	[ɔmar]
langoest (de)	лангуст	[laɲust]

219. Amfibieën. Reptielen

| slang (de) | лаьхьа | [læha] |
| giftig (slang) | дlаьвше | [dəævʃə] |

adder (de)	лаьхьа	[læha]
cobra (de)	кобра	[kɔbra]
python (de)	питон	[pitɔn]
boa (de)	саьрмикъ	[særmiqh]
ringslang (de)	вотангар	[vɔtaɲar]
ratelslang (de)	шов ден лаьхьа	[ʃɔv den læha]
anaconda (de)	анаконда	[anakɔnda]

hagedis (de)	моьлкъа	[mølqha]
leguaan (de)	игуана	[iguana]
varaan (de)	варан	[varan]
salamander (de)	саламандра	[salamandra]
kameleon (de)	хамелион	[hamelɔn]
schorpioen (de)	скорпион	[skɔrpiɔn]

schildpad (de)	уьнтlапхьид	[ynthaphid]
kikker (de)	пхьид	[phid]
pad (de)	бецан пхьид	[betsan phid]
krokodil (de)	саьрмикъ	[særmiqh]

220. Insecten

insect (het)	сагалмат	[sagalmat]
vlinder (de)	полла	[pɔl:a]
mier (de)	зингат	[ziŋat]
vlieg (de)	моза	[mɔza]
mug (de)	чуьрк	[ʧyrk]
kever (de)	чхьаьвриг	[ʧhævrig]

wesp (de)	зӀуга	[zəuga]
bij (de)	накхармоза	[naqarmɔza]
hommel (de)	бумбари	[bumbari]
horzel (de)	тӀод	[thɔd]

spin (de)	гезг	[gezg]
spinnenweb (het)	гезгмаша	[gezgmaʃa]

libel (de)	шайтӀанан дин	[ʃajthanan din]
sprinkhaan (de)	цӀаьпцалг	[tshæptsalg]
nachtvlinder (de)	полла	[pɔl:a]

kakkerlak (de)	чхьаьвриг	[ʧhævrig]
mijt (de)	веччалг	[weʧalg]
vlo (de)	сагал	[sagal]
kriebelmug (de)	пхьажбуург	[phaʒbu:rg]

treksprinkhaan (de)	цӀоз	[tshɔz]
slak (de)	этмаьиг	[ɛtmæəig]
krekel (de)	цаьпцалг	[tsæptsalg]
glimworm (de)	бумбари	[bumbari]
lieveheersbeestje (het)	дедо	[dedɔ]
meikever (de)	бумбари	[bumbari]

bloedzuiger (de)	цӀубдар	[tshubdar]
rups (de)	нӀаьвцициг	[nəævtsitsig]
aardworm (de)	нӀаьна	[nəæna]
larve (de)	нӀаьна	[nəæna]

221. Dieren. Lichaamsdelen

snavel (de)	зӀок	[zəok]
vleugels (mv.)	тӀемаш	[themaʃ]
poot (ov. een vogel)	ког	[kɔg]
verenkleed (het)	мас ялар	[mas jalar]
veer (de)	пелаг	[pelag]
kuifje (het)	жима кӀужал	[ʒima k:uʒal]

kieuwen (mv.)	жӀараш	[ʒəaraʃ]
kuit, dril (de)	зирх	[zirh]
larve (de)	нӀаьвцициг	[nəævtsitsig]
vin (de)	пелаг	[pelag]
schubben (mv.)	пелаг	[pelag]
slagtand (de)	пхьарцерг	[phartserg]

poot (bijv. ~ van een kat)	тlод	[thɔd]
muil (de)	муцlар	[mutshar]
bek (mond van dieren)	бага	[baga]
staart (de)	цlога	[tshɔga]
snorharen (mv.)	мекхаш	[meqaʃ]

| hoef (de) | берг | [berg] |
| hoorn (de) | маlа | [maəa] |

schild (schildpad, enz.)	у	[u]
schelp (de)	лахьорч	[lahɔrtʃ]
eierschaal (de)	чкъуьйриг	[tʃqhyjrig]

| vacht (de) | тlапрlа | [tharɣa] |
| huid (de) | цlока | [tshɔka] |

222. Acties van de dieren

vliegen (ww)	лела	[lela]
cirkelen (vogel)	хьийза	[hi:za]
wegvliegen (ww)	дlадаха	[dəadaha]
klapwieken (ww)	лесто	[lestɔ]

pikken (vogels)	зlок етта	[zəok et:a]
broeden (de eend zit te ~)	тевна даккха	[tevna dak:a]
uitbroeden (ww)	даха	[daha]
een nest bouwen	даlа	[daəa]

kruipen (ww)	текха	[teqa]
steken (bij)	ю тоха	[ju tɔha]
bijten (de hond, enz.)	леца	[letsa]

snuffelen (ov. de dieren)	хьожа яха	[hɔʒa jaha]
blaffen (ww)	гlалх дан	[ɣalh dan]
sissen (slang)	хиш-ш дан	[hiʃʃ dan]
doen schrikken (ww)	кхеро	[qerɔ]
aanvallen (ww)	тlелата	[thelata]

knagen (ww)	lийша	[əi:ʃa]
schrammen (ww)	сизаш дан	[sizaʃ dan]
zich verbergen (ww)	дlалечкъа	[dəaletʃqha]

spelen (ww)	ловза	[lɔvza]
jagen (ww)	талла эха	[tal:a ɛha]
winterslapen	дlадижан хила	[dəadiʒan hila]
uitsterven (dinosauriërs, enz.)	хlу дан	[hu dan]

223. Dieren. Leefomgevingen

leefgebied (het)	дахаран хьал	[daharan hal]
migratie (de)	миграци	[migratsi]
berg (de)	лам	[lam]

rif (het)	риф	[rif]
klip (de)	тарх	[tarh]

bos (het)	хьун	[hun]
jungle (de)	джунглеш	[dʒuŋleʃ]
savanne (de)	саванна	[savaŋa]
toendra (de)	тундра	[tundra]

steppe (de)	аре	[are]
woestijn (de)	гӏум-аре	[ɣum are]
oase (de)	оазис	[ɔazis]

zee (de)	хӏорд	[hɔrd]
meer (het)	Iам	[əam]
oceaan (de)	хӏорд, океан	[hɔrd], [ɔkean]

moeras (het)	уьшал	[yʃal]
zoetwater- (abn)	тезачу хин	[tezatʃu hin]
vijver (de)	Iам	[əam]
rivier (de)	доьду хи	[dødu hi]

berenhol (het)	чен бен	[tʃen ben]
nest (het)	бен	[ben]
boom holte (de)	хара	[hara]
hol (het)	Iуьрг	[əyrg]
mierenhoop (de)	туьйлиг	[tyjlig]

224. Dierverzorging

dierentuin (de)	дийнатийн парк	[diːnatiːn park]
natuurreservaat (het)	заповедник	[zapɔwednik]

fokkerij (de)	питомник	[pitɔmnik]
openluchtkooi (de)	вольер	[vɔʎjer]
kooi (de)	ога	[ɔga]
hondenhok (het)	перги	[pergi]

duiventil (de)	кхокхийн бун	[qɔqiːn bun]
aquarium (het)	аквариум	[akvarium]
dolfinarium (het)	дельфинари	[deʎfinari]

fokken (bijv. honden ~)	доло	[dɔlɔ]
nakomelingen (mv.)	тӏаьхье	[thæhe]
temmen (tam maken)	караламо	[karaɛamɔ]

voeding (de)	докъар	[dɔqhar]
voederen (ww)	хӏума яла	[huma jala]
dresseren (ww)	караламо	[karaɛamɔ]

dierenwinkel (de)	зоотуька	[zoːtyka]
muilkorf (de)	бетахъюллург	[betahʲjulːurg]
halsband (de)	кочатосург	[kɔtʃatɔsurg]
naam (ov. een dier)	яхна цӏе	[jahna tshe]
stamboom (honden met ~)	тайпа	[tajpa]

225. Dieren. Diversen

meute (wolven)	арданг	[ardaŋ]
zwerm (vogels)	жӏуга	[ʒəuga]
school (vissen)	жӏуга	[ʒəuga]
kudde (wilde paarden)	рема	[rema]
mannetje (het)	боьрша хӏума	[børʃa huma]
vrouwtje (het)	стен хӏума	[sten huma]
hongerig (bn)	меца	[metsa]
wild (bn)	акха	[aqa]
gevaarlijk (bn)	кхераме	[qerame]

226. Paarden

ras (het)	тайпа	[tajpa]
veulen (het)	бекъа	[beqha]
merrie (de)	кхела	[qela]
mustang (de)	мустанг	[mustaŋ]
pony (de)	пони	[poni]
koudbloed (de)	дезчу киранийн говр	[deztʃu kirani:n gɔvr]
manen (mv.)	кхес	[qes]
staart (de)	цӏога	[tshɔga]
hoef (de)	берг	[berg]
hoefijzer (het)	лан	[lan]
beslaan (ww)	лан тоха	[lan tɔha]
paardensmid (de)	аьчкан пхьар	[ætʃkan phar]
zadel (het)	нуьйр	[nyjr]
stijgbeugel (de)	луьйта	[lyjta]
breidel (de)	дирста	[dirsta]
leidsels (mv.)	архаш	[arhaʃ]
zweep (de)	шед	[ʃəd]
ruiter (de)	бере	[bere]
inrijden (ww)	дин ӏамор	[din əamɔr]
zadelen (ww)	нуьйр тилла	[nyjr til:a]
een paard bestijgen	нуьйра хаа	[nyjra ha:]
galop (de)	юм	[jum]
galopperen (ww)	кхийсалуш ядар	[qi:saluʃ jadar]
draf (de)	чабол	[tʃabɔl]
in draf (bw)	чаболехь	[tʃabɔleh]
renpaard (het)	хохку говр	[hohku gɔvr]
paardenrace (de)	хахкар	[hahkar]
paardenstal (de)	божал	[bɔʒal]
voederen (ww)	хӏума яла	[huma jala]

hooi (het)	йол	[jɔl]
water geven (ww)	мийло	[mi:lɔ]
wassen (paard ~)	цландан	[tshandan]
kluisteren (met hobbles)	баргол тоха	[bargɔl tɔha]
paardenkar (de)	ворда	[vɔrda]
grazen (gras eten)	дажа	[daʒa]
hinniken (ww)	терса	[tersa]
een trap geven	мийра тоха	[mi:ra tɔha]

Flora

227. Bomen

boom (de)	дитт	[dit:]
loof- (abn)	гlаш долу	[ɣaʃ dɔlu]
dennen- (abn)	баганан	[baganan]
groenblijvend (bn)	гуттар сийна	[gut:ar si:na]
appelboom (de)	lаж	[əaʒ]
perenboom (de)	кхор	[qɔr]
kers (de)	балл	[bal:]
pruimelaar (de)	хьач	[haʧ]
berk (de)	дакх	[daq]
eik (de)	наж	[naʒ]
linde (de)	хьех	[heh]
esp (de)	мах	[mah]
esdoorn (de)	къахк	[qhahk]
spar (de)	база	[baza]
den (de)	зез	[zez]
lariks (de)	бага	[baga]
zilverspar (de)	пихта	[pihta]
ceder (de)	кедр	[kedr]
populier (de)	талл	[tal:]
lijsterbes (de)	датта	[dat:a]
wilg (de)	дак	[dak]
els (de)	маъ	[ma]
beuk (de)	поп	[pɔp]
iep (de)	мубшдечиг	[myʃdeʧig]
es (de)	къахьашту	[qhahaʃtu]
kastanje (de)	каштан	[kaʃtan]
magnolia (de)	магноли	[magnɔli]
palm (de)	пальма	[paʎma]
cipres (de)	кипарис	[kiparis]
mangrove (de)	мангрови дитт	[maŋrɔwi dit:]
baobab (apenbroodboom)	баобаб	[baɔbab]
eucalyptus (de)	эквалипт	[ɛkvalipt]
mammoetboom (de)	секвойя	[sekvɔja]

228. Heesters

struik (de)	колл	[kɔl:]
heester (de)	колл	[kɔl:]

| wijnstok (de) | кемсаш | [kemsaʃ] |
| wijngaard (de) | кемсийн беш | [kemsi:n beʃ] |

frambozenstruik (de)	цӏен комар	[tshen kɔmar]
rode bessenstruik (de)	цӏен кхезарш	[tshen qezarʃ]
kruisbessenstruik (de)	кӏудалгаш	[k:udalgaʃ]

acacia (de)	акаци	[akatsi]
zuurbes (de)	муьстарг	[mystarg]
jasmijn (de)	жасмин	[ʒasmin]

jeneverbes (de)	жӏолам	[ʒəɔlam]
rozenstruik (de)	розанийн кол	[rɔzani:n kɔl]
hondsroos (de)	хьармак	[harmak]

229. Champignons

paddenstoel (de)	жӏаьлин нускал	[ʒæælin nuskal]
eetbare paddenstoel (de)	даа мегаш долу	[da: megaʃ dɔlu
	жӏаьлин нускал	ʒæælin nuskal]
giftige paddenstoel (de)	дӏовше жӏаьлин нускал	[dəɔvʃə ʒæælin nuskal]
hoed (de)	жӏаьлин нускалан корта	[ʒæælin nuskalan kɔrta]
steel (de)	жӏаьлин нускалан кога	[ʒæælin nuskalan kɔga]

gewoon eekhoorntjesbrood (het)	кӏайн жӏаьлин нускал	[k:ajn ʒæælin nuskal]
rosse populierenboleet (de)	подосиновик	[pɔdɔsinɔwik]
berkenboleet (de)	подберёзовик	[pɔdberzɔwik]
cantharel (de)	лисичка	[lisitʃka]
russula (de)	буьйдалг	[byjdalg]

morille (de)	сморчок	[smɔrtʃɔk]
vliegenzwam (de)	мухомор	[muhomɔr]
groene knolzwam (de)	поганка	[pɔgaŋka]

230. Vruchten. Bessen

vrucht (de)	стом	[stɔm]
vruchten (mv.)	стоьмаш	[stømaʃ]
appel (de)	Ӏаж	[əaʒ]
peer (de)	кхор	[qɔr]
pruim (de)	хьач	[hatʃ]

aardbei (de)	цӏазам	[tshazam]
kers (de)	балл	[bal:]
druif (de)	кемсаш	[kemsaʃ]

framboos (de)	цӏен комар	[tshen kɔmar]
zwarte bes (de)	Ӏаьржа кхезарш	[əærʒa qezarʃ]
rode bes (de)	цӏен кхезарш	[tshen qezarʃ]
kruisbes (de)	кӏудалгаш	[k:udalgaʃ]
veenbes (de)	клюква	[klykva]

sinaasappel (de)	апельсин	[apeʌsin]
mandarijn (de)	мандарин	[mandarin]
ananas (de)	ананас	[ananas]
banaan (de)	банан	[banan]
dadel (de)	хурма	[hurma]

citroen (de)	лимон	[limɔn]
abrikoos (de)	туьрк	[tyrk]
perzik (de)	гӀаммарла	[ɣamːaɣa]
kiwi (de)	киви	[kiwi]
grapefruit (de)	грейпфрут	[grejpfrut]

bes (de)	цӀазам	[tshazam]
bessen (mv.)	цӀазамаш	[tshazamaʃ]
vossenbes (de)	брусника	[brusnika]
bosaardbei (de)	пхьагал-цӀазам	[phagal tshazam]
bosbes (de)	Iаьржа балл	[əærʒa balː]

231. Bloemen. Planten

| bloem (de) | зезаг | [zezeag] |
| boeket (het) | курс | [kurs] |

roos (de)	роза	[rɔza]
tulp (de)	алцӀензлам	[altshenzəam]
anjer (de)	гвоздика	[gvɔzdika]
gladiool (de)	гладиолус	[gladiɔlus]

korenbloem (de)	сендарг	[sendarg]
klokje (het)	тухтати	[tuhtati]
paardenbloem (de)	баппа	[bapːa]
kamille (de)	кӀайдарг	[kːajdarg]

aloë (de)	алоэ	[alɔɛ]
cactus (de)	кактус	[kaktus]
ficus (de)	фикус	[fikus]

lelie (de)	лили	[lili]
geranium (de)	герань	[geraɲ]
hyacint (de)	гиацинт	[giatsint]

mimosa (de)	мимоза	[mimɔza]
narcis (de)	нарцисс	[nartsis:]
Oostindische kers (de)	настурция	[nasturtsi]

orchidee (de)	орхидей	[ɔrhidej]
pioenroos (de)	цӀен лерг	[tshen lerg]
viooltje (het)	тобалкх	[tɔbalq]

driekleurig viooltje (het)	анютийн бӀаьргаш	[anytiːn bəærgaʃ]
vergeet-mij-nietje (het)	незабудка	[nezabudka]
madeliefje (het)	маргаритка	[margaritka]
papaver (de)	петӀамат	[pethamat]
hennep (de)	кӀомал	[kːɔmal]

munt (de)	Іаждарбуц	[əaʒdarbuts]
lelietje-van-dalen (het)	чІегІардиган кІа	[tʃheɣardigan k:a]
sneeuwklokje (het)	лайн зезаг	[lajn zezag]

brandnetel (de)	нитташ	[nit:aʃ]
veldzuring (de)	муьстарг	[mystarg]
waterlelie (de)	кувшинка	[ku:ʃiŋka]
varen (de)	чураш	[tʃuraʃ]
korstmos (het)	корсам	[kɔrsam]

oranjerie (de)	оранжерей	[ɔranʒerej]
gazon (het)	бешмайда	[beʃmajda]
bloemperk (het)	хас	[has]

plant (de)	орамат	[ɔramat]
gras (het)	буц	[buts]
grasspriet (de)	бецан хелиг	[betsan helig]

blad (het)	rІa	[ɣa]
bloemblad (het)	жаз	[ʒaz]
stengel (de)	rІодам	[ɣɔdam]
knol (de)	орамстом	[ɔramstɔm]

scheut (de)	зІийдиг	[zəi:dig]
doorn (de)	кІохцал	[k:ɔhtsal]

bloeien (ww)	заза даккха	[zaza dak:a]
verwelken (ww)	маргІалдола	[marɣaldɔla]
geur (de)	хьожа	[hɔʒa]
snijden (bijv. bloemen ~)	дІахадо	[dəahadɔ]
plukken (bloemen ~)	схьадаккха	[shadak:a]

232. Granen, graankorrels

graan (het)	буьртиг	[byrtig]
graangewassen (mv.)	буьртиган ораматаш	[byrtigan ɔramataʃ]
aar (de)	кан	[kan]

tarwe (de)	кІа	[k:a]
rogge (de)	божан	[bɔʒan]
haver (de)	сула	[sula]

gierst (de)	борц	[bɔrts]
gerst (de)	мукх	[muq]

maïs (de)	хьаьжкІа	[hæʒk:a]
rijst (de)	дуга	[duga]
boekweit (de)	цІен дуга	[tshen duga]

erwt (de)	кхоьш	[qøʃ]
boon (de)	кхоь	[qø]
soja (de)	кхоь	[qø]
linze (de)	хьоьзийн кхоьш	[høzi:n qøʃ]
bonen (mv.)	кхоьш	[qøʃ]

233. Groenten. Groene groenten

groenten (mv.)	хасстоьмаш	[has:tømaʃ]
verse kruiden (mv.)	гӀабуц	[ɣabuts]
tomaat (de)	помидор	[pɔmidɔr]
augurk (de)	наьрс	[nærs]
wortel (de)	жӀонка	[ʒəɔŋka]
aardappel (de)	картол	[kartɔl]
ui (de)	хох	[hoh]
knoflook (de)	саьрмасекх	[særmaseq]
kool (de)	копаста	[kɔpasta]
bloemkool (de)	къорза копаста	[qhɔrza kɔpasta]
spruitkool (de)	брюссельски копаста	[brys:eʌski kɔpasta]
rode biet (de)	бурак	[burak]
aubergine (de)	баклажан	[baklaʒan]
courgette (de)	кабачок	[kabatʃok]
pompoen (de)	гӀабакх	[ɣabaq]
knolraap (de)	хорсам	[horsam]
peterselie (de)	чам-буц	[tʃam buts]
dille (de)	оччам	[ɔtʃam]
sla (de)	салат	[salat]
selderij (de)	сельдерей	[seʌderej]
asperge (de)	спаржа	[sparʒa]
spinazie (de)	шпинат	[ʃpinat]
erwt (de)	кхоьш	[qøʃ]
bonen (mv.)	кхоьш	[qøʃ]
maïs (de)	хьаьжкӀа	[hæʒk:a]
boon (de)	кхоь	[qø]
peper (de)	бурч	[burtʃ]
radijs (de)	цӀен хорсам	[tshen horsam]
artisjok (de)	артишок	[artiʃok]

REGIONALE AARDRIJKSKUNDE

Landen. Nationaliteiten

234. West-Europa

Europa (het)	Европа	[evrɔpɑ]
Europese Unie (de)	Европин Союз	[evrɔpin sɔjuz]
Europaan (de)	европахо	[evrɔpɑhо]
Europees (bn)	европин	[evrɔpin]
Oostenrijk (het)	Австри	[ɑvstri]
Oostenrijker (de)	австрихо	[ɑvstriho]
Oostenrijkse (de)	австрихо	[ɑvstriho]
Oostenrijks (bn)	австрихойн	[ɑvstrihojn]
Groot-Brittannië (het)	Великобритани	[welikɔbritɑni]
Engeland (het)	Ингалс	[iŋɑls]
Engelsman (de)	ингалсхо	[iŋɑlsho]
Engelse (de)	ингалсхо	[iŋɑlsho]
Engels (bn)	ингалсан	[iŋɑlsɑn]
België (het)	Бельги	[beʌgi]
Belg (de)	бельгихо	[beʌgiho]
Belgische (de)	бельгихо	[beʌgiho]
Belgisch (bn)	бельгин	[beʌgin]
Duitsland (het)	Германи	[germɑni]
Duitser (de)	немцой	[nemtsɔj]
Duitse (de)	немцой	[nemtsɔj]
Duits (bn)	немцойн	[nemtsɔjn]
Nederland (het)	Нидерланды	[niderlɑndı]
Holland (het)	Голланди	[gɔlːɑndi]
Nederlander (de)	голландхо	[gɔlːɑndho]
Nederlandse (de)	голландхо	[gɔlːɑndho]
Nederlands (bn)	голландхойн	[gɔlːɑndhojn]
Griekenland (het)	Греци	[gretsi]
Griek (de)	грек	[grek]
Griekse (de)	грек	[grek]
Grieks (bn)	грекийн	[grekiːn]
Denemarken (het)	Дани	[dɑni]
Deen (de)	датхо	[dɑtho]
Deense (de)	датхо	[dɑtho]
Deens (bn)	датхойн	[dɑthojn]
Ierland (het)	Ирланди	[irlɑndi]
Ier (de)	ирландхо	[irlɑndho]

| Ierse (de) | ирландхо | [irlandho] |
| Iers (bn) | ирландхойн | [irlandhojn] |

IJsland (het)	Исланди	[islandi]
IJslander (de)	исландхо	[islandho]
IJslandse (de)	исландхо	[islandho]
IJslands (bn)	исландхойн	[islandhojn]

Spanje (het)	Испани	[ispani]
Spanjaard (de)	испанхо	[ispanho]
Spaanse (de)	испанхо	[ispanho]
Spaans (bn)	испанхойн	[ispanhojn]

Italië (het)	Итали	[itali]
Italiaan (de)	итальян	[itaʎjan]
Italiaanse (de)	итальян	[itaʎjan]
Italiaans (bn)	итальянийн	[itaʎjani:n]

Cyprus (het)	Кипр	[kipr]
Cyprioot (de)	кипрхо	[kiprhɔ]
Cypriotische (de)	кипрхо	[kiprhɔ]
Cypriotisch (bn)	кипрхойн	[kiprhɔjn]

Malta (het)	Мальта	[maʎta]
Maltees (de)	мальтахо	[maʎtaho]
Maltese (de)	мальтахо	[maʎtaho]
Maltees (bn)	мальтахойн	[maʎtahojn]

Noorwegen (het)	Норвеги	[nɔrwegi]
Noor (de)	норвег	[nɔrweg]
Noorse (de)	норвег	[nɔrweg]
Noors (bn)	норвегийн	[nɔrwegi:n]

Portugal (het)	Португали	[pɔrtugali]
Portugees (de)	португалихо	[pɔrtugaliho]
Portugese (de)	португалихо	[pɔrtugaliho]
Portugees (bn)	португалихойн	[pɔrtugalihojn]

Finland (het)	Финлянди	[finʎandi]
Fin (de)	финн	[fiɲ]
Finse (de)	финн	[fiɲ]
Fins (bn)	финнийн	[fiɲi:n]

Frankrijk (het)	Франци	[frantsi]
Fransman (de)	француз	[frantsuz]
Française (de)	француз	[frantsuz]
Frans (bn)	французийн	[frantsuzi:n]

Zweden (het)	Швеци	[ʃwetsi]
Zweed (de)	швед	[ʃwed]
Zweedse (de)	швед	[ʃwed]
Zweeds (bn)	шведийн	[ʃwedi:n]

Zwitserland (het)	Швейцари	[ʃwejtsari]
Zwitser (de)	швейцар	[ʃwejtsar]
Zwitserse (de)	швейцар	[ʃwejtsar]

Zwitsers (bn)	швейцарин	[ʃwejtsɑrin]
Schotland (het)	Шотланди	[ʃɔtlɑndi]
Schot (de)	шотланди	[ʃɔtlɑndi]
Schotse (de)	шотланди	[ʃɔtlɑndi]
Schots (bn)	шотландийн	[ʃɔtlɑndi:n]

Vaticaanstad (de)	Ватикан	[vɑtikɑn]
Liechtenstein (het)	Лихтенштейн	[lihtenʃtejn]
Luxemburg (het)	Люксембург	[lyksemburg]
Monaco (het)	Монако	[mɔnɑkɔ]

235. Centraal- en Oost-Europa

Albanië (het)	Албани	[ɑlbɑni]
Albanees (de)	албанихо	[ɑlbɑniho]
Albanese (de)	албанихо	[ɑlbɑniho]
Albanees (bn)	албанихойн	[ɑlbɑnihojn]

Bulgarije (het)	Болгари	[bɔlgɑri]
Bulgaar (de)	болгар	[bɔlgɑr]
Bulgaarse (de)	болгар	[bɔlgɑr]
Bulgaars (bn)	болгарийн	[bɔlgɑri:n]

Hongarije (het)	Венгри	[weŋri]
Hongaar (de)	венгр	[weŋr]
Hongaarse (de)	венгр	[weŋr]
Hongaars (bn)	венгрийн	[weŋri:n]

Letland (het)	Латви	[lɑtwi]
Let (de)	латыш	[lɑtɪʃ]
Letse (de)	латыш	[lɑtɪʃ]
Lets (bn)	латвийн	[lɑtvi:n]

Litouwen (het)	Литва	[litvɑ]
Litouwer (de)	литвахо	[litvɑho]
Litouwse (de)	литвахо	[litvɑho]
Litouws (bn)	литвахойн	[litvɑhojn]

Polen (het)	Польша	[pɔʎʃɑ]
Pool (de)	поляк	[pɔʎɑk]
Poolse (de)	поляк	[pʊʎuk]
Pools (bn)	полякийн	[pɔʎɑki:n]

Roemenië (het)	Румыни	[rumɪni]
Roemeen (de)	румын	[rumɪn]
Roemeense (de)	румын	[rumɪn]
Roemeens (bn)	румынийн	[rumɪni:n]

Servië (het)	Серби	[serbi]
Serviër (de)	серб	[serb]
Servische (de)	серб	[serb]
Servisch (bn)	сербийн	[serbi:n]
Slowakije (het)	Словаки	[slɔvɑki]
Slowaak (de)	словак	[slɔvɑk]

Slowaakse (de)	словак	[slɔvak]
Slowaakse (bn)	словакийн	[slɔvaki:n]

Kroatië (het)	Хорвати	[horvati]
Kroaat (de)	хорват	[horvat]
Kroatische (de)	хорват	[horvat]
Kroatisch (bn)	хорватийн	[horvati:n]

Tsjechië (het)	Чехи	[ʧehi]
Tsjech (de)	чех	[ʧeh]
Tsjechische (de)	чех	[ʧeh]
Tsjechisch (bn)	чехийн	[ʧehi:n]

Estland (het)	Эстони	[ɛstɔni]
Est (de)	эстон	[ɛstɔn]
Estse (de)	эстон	[ɛstɔn]
Ests (bn)	эсонийн	[ɛsɔni:n]

Bosnië en Herzegovina (het)	Босни е Герцоговина е	[bɔsni e gerʦɔgɔwina e]
Macedonië (het)	Македони	[makedɔni]
Slovenië (het)	Словени	[slɔweni]
Montenegro (het)	Черногори	[ʧernɔgɔri]

236. Voormalige USSR landen

Azerbeidzjan (het)	Азербайджан	[azerbajʤan]
Azerbeidzjaan (de)	азербайджанхо	[azerbajʤanhо]
Azerbeidjaanse (de)	азербайджанхо	[azerbajʤanhо]
Azerbeidjaans (bn)	азербайджанхойн	[azerbajʤanhojn]

Armenië (het)	Армени	[armeni]
Armeen (de)	эрмало	[ɛrmalɔ]
Armeense (de)	эрмало	[ɛrmalɔ]
Armeens (bn)	эрмалойн	[ɛrmalɔjn]

Wit-Rusland (het)	Беларусь	[belarusʲ]
Wit-Rus (de)	белорусхо	[belɔrushо]
Wit-Russische (de)	белорусхо	[belɔrushо]
Wit-Russisch (bn)	белорусхойн	[belɔrushojn]

Georgië (het)	Грузи	[gruzi]
Georgiër (de)	гуьржи	[gyrʒi]
Georgische (de)	гуьржи	[gyrʒi]
Georgisch (bn)	гуьржийн	[gyrʒi:n]

Kazakstan (het)	Казахстан	[kazahstan]
Kazak (de)	казах	[kazah]
Kazakse (de)	казах	[kazah]
Kazakse (bn)	казахийн	[kazahi:n]

Kirgizië (het)	Кыргызстан	[kɪrgɪzstan]
Kirgiziër (de)	киргиз	[kirgiz]
Kirgizische (de)	киргиз	[kirgiz]
Kirgizische (bn)	киргизийн	[kirgizi:n]

Moldavië (het)	Молдова	[mɔldɔva]
Moldaviër (de)	молдован	[mɔldɔvan]
Moldavische (de)	молдован	[mɔldɔvan]
Moldavisch (bn)	молдованийн	[mɔldɔvani:n]

Rusland (het)	Росси	[rɔs:i]
Rus (de)	оьрси	[ørsi]
Russin (de)	оьрси	[ørsi]
Russisch (bn)	оьрсийн	[ørsi:n]

Tadzjikistan (het)	Таджикистан	[tadʒikistan]
Tadzjiek (de)	таджик	[tadʒik]
Tadzjiekse (de)	таджик	[tadʒik]
Tadzjieks (bn)	таджикийн	[tadʒiki:n]

Turkmenistan (het)	Туркменистан	[turkmenistan]
Turkmeen (de)	туркмен	[turkmen]
Turkmeense (de)	туркмен	[turkmen]
Turkmeens (bn)	туркменийн	[turkmeni:n]

Oezbekistan (het)	Узбекистан	[uzbekistan]
Oezbeek (de)	узбек	[uzbek]
Oezbeekse (de)	узбек	[uzbek]
Oezbeeks (bn)	узбекийн	[uzbeki:n]

Oekraïne (het)	Украина	[ukraina]
Oekraïner (de)	украин	[ukrain]
Oekraïense (de)	украин	[ukrain]
Oekraïens (bn)	украинийн	[ukraini:n]

237. Azië

| Azië (het) | Ази | [azi] |
| Aziatisch (bn) | азиатский | [aziatski:] |

Vietnam (het)	Вьетнам	[vjetnam]
Vietnamees (de)	вьетнамхо	[vjetnamho]
Vietnamese (de)	вьетнамхо	[vjetnamho]
Vietnamees (bn)	вьетнамхойн	[vjetnamhojn]

India (het)	Инди	[indi]
Indiër (de)	индус	[indus]
Indische (de)	индус	[indus]
Indisch (bn)	индихойн	[indihojn]

Israël (het)	Израиль	[izraiʎ]
Israëliër (de)	израильхо	[izraiʎho]
Israëlische (de)	израильхо	[izraiʎho]
Israëlisch (bn)	израильхойн	[izraiʎhojn]

Jood (etniciteit)	жуьгти	[ʒygti]
Jodin (de)	жуьгти	[ʒygti]
Joods (bn)	жуьгтийн	[ʒygti:n]
China (het)	Китай	[kitaj]

212

Chinees (de)	китай	[kitaj]
Chinese (de)	китай	[kitaj]
Chinees (bn)	китайн	[kitajn]
Koreaan (de)	корей	[kɔrej]
Koreaanse (de)	корей	[kɔrej]
Koreaans (bn)	корейн	[kɔrejn]
Libanon (het)	Ливан	[livan]
Libanees (de)	ливан	[livan]
Libanese (de)	ливан	[livan]
Libanees (bn)	ливанийн	[livani:n]
Mongolië (het)	Монголи	[mɔŋɔli]
Mongool (de)	монгол	[mɔŋɔl]
Mongoolse (de)	монгол	[mɔŋɔl]
Mongools (bn)	монголийн	[mɔŋɔli:n]
Maleisië (het)	Малази	[malazi]
Maleisiër (de)	малаец	[malaeʦ]
Maleisische (de)	малаец	[malaeʦ]
Maleisisch (bn)	малаецан	[malaeʦan]
Pakistan (het)	Пакистан	[pakistan]
Pakistaan (de)	пакистанхо	[pakistanho]
Pakistaanse (de)	пакистанхо	[pakistanho]
Pakistaans (bn)	пакистанхойн	[pakistanhojn]
Saoedi-Arabië (het)	Саудовски Арави	[saudɔvski arawi]
Arabier (de)	lаьрби	[əærbi]
Arabische (de)	lаьрби	[əærbi]
Arabisch (bn)	lаьрбийн	[əærbi:n]
Thailand (het)	Таиланд	[tailand]
Thai (de)	тайландхо	[tajlandho]
Thaise (de)	тайландхо	[tajlandho]
Thai (bn)	тайландхойн	[tajlandhojn]
Taiwan (het)	Тайвань	[tajvaɲ]
Taiwanees (de)	тайваньхо	[tajvaɲho]
Taiwanese (de)	тайваньхо	[tajvaɲho]
Taiwanees (bn)	тайваньхойн	[tajvaɲhojn]
Turkije (het)	Турци	[turʦi]
Turk (de)	турко	[turkɔ]
Turkse (de)	турко	[turkɔ]
Turks (bn)	туркойн	[turkɔjn]
Japan (het)	Япони	[japɔni]
Japanner (de)	япон	[japɔn]
Japanse (de)	япон	[japɔn]
Japans (bn)	японийн	[japɔni:n]
Afghanistan (het)	Афганистан	[afganistan]
Bangladesh (het)	Бангладеш	[baɲladeʃ]
Indonesië (het)	Индонези	[indɔnezi]

213

Jordanië (het)	Иордани	[iɔrdani]
Irak (het)	Ирак	[irak]
Iran (het)	Иран	[iran]
Cambodja (het)	Камбоджа	[kambɔdʒa]
Koeweit (het)	Кувейт	[ku:ejt]
Laos (het)	Лаос	[laɔs]
Myanmar (het)	Мьянма	[mjanma]
Nepal (het)	Непал	[nepal]
Verenigde Arabische	Цхьаьнакхеттачу	[tʃhænaqet:atʃu
Emiraten	Iаьрбийн Эмираташ	əærbi:n ɛmirataʃ]
Syrië (het)	Сири	[siri]
Palestijnse autonomie (de)	Палестина	[palestina]
Zuid-Korea (het)	Къилбера Корея	[qhilbera kɔreja]
Noord-Korea (het)	Къилбаседера Корея	[qhilbasedera kɔreja]

238. Noord-Amerika

Verenigde Staten	Америкин	[amerikin
van Amerika	Цхьаьнакхетта Штаташ	tʃhænaqet:a ʃtataʃ]
Amerikaan (de)	америкахо	[amerikaho]
Amerikaanse (de)	америкахо	[amerikaho]
Amerikaans (bn)	америкин	[amerikin]
Canada (het)	Канада	[kanada]
Canadees (de)	канадхо	[kanadho]
Canadese (de)	канадхо	[kanadho]
Canadees (bn)	канадин	[kanadin]
Mexico (het)	Мексика	[meksika]
Mexicaan (de)	мексикахо	[meksikaho]
Mexicaanse (de)	мексикахо	[meksikaho]
Mexicaans (bn)	мексикахойн	[meksikahojn]

239. Midden- en Zuid-Amerika

Argentinië (het)	Аргентина	[argentina]
Argentijn (de)	аргентинахо	[argentinaho]
Argentijnse (de)	аргентинахо	[argentinaho]
Argentijns (bn)	аргентинахойн	[argentinahojn]
Brazilië (het)	Бразили	[brazili]
Braziliaan (de)	бразилихо	[braziliho]
Braziliaanse (de)	бразилихо	[braziliho]
Braziliaans (bn)	бразилихойн	[brazilihojn]
Colombia (het)	Колумби	[kɔlumbi]
Colombiaan (de)	колумбихо	[kɔlumbiho]
Colombiaanse (de)	колумбихо	[kɔlumbiho]
Colombiaans (bn)	колумбихойн	[kɔlumbihojn]
Cuba (het)	Куба	[kuba]

Cubaan (de)	кубахо	[kubaho]
Cubaanse (de)	кубахо	[kubaho]
Cubaans (bn)	кубахойн	[kubahojn]

Chili (het)	Чили	[ʧili]
Chileen (de)	чилихо	[ʧiliho]
Chileense (de)	чилихо	[ʧiliho]
Chileens (bn)	чилихойн	[ʧilihojn]

Bolivia (het)	Боливи	[boliwi]
Venezuela (het)	Венесуэла	[wenesuɛla]
Paraguay (het)	Парагвай	[paragvaj]
Peru (het)	Перу	[peru]
Suriname (het)	Суринам	[surinam]
Uruguay (het)	Уругвай	[urugvaj]
Ecuador (het)	Эквадор	[ɛkvadɔr]

Bahama's (mv.)	Багамахойн гӀайренаш	[bagamahojn ɣajrenaʃ]
Haïti (het)	Гаити	[gaiti]
Dominicaanse Republiek (de)	Доминиканхойн республика	[dominikanhojn respublika]
Panama (het)	Панама	[panama]
Jamaica (het)	Ямайка	[jamajka]

240. Afrika

Egypte (het)	Мисар	[misar]
Egyptenaar (de)	мисархо	[misarhɔ]
Egyptische (de)	мисархо	[misarhɔ]
Egyptisch (bn)	мисаран	[misaran]

Marokko (het)	Марокко	[marɔk:ɔ]
Marokkaan (de)	мароккохо	[marɔk:ɔho]
Marokkaanse (de)	мароккохо	[marɔk:ɔho]
Marokkaans (bn)	мароккохойн	[marɔk:ɔhojn]

Tunesië (het)	Тунис	[tunis]
Tunesiër (de)	тунисахо	[tunisaho]
Tunesische (de)	тунисахо	[tunisaho]
Tunesisch (bn)	тунисахойн	[tunisahojn]

Ghana (het)	Гана	[gana]
Zanzibar (het)	Занзибар	[zanzibar]
Kenia (het)	Кени	[keni]
Libië (het)	Ливи	[liwi]
Madagaskar (het)	Мадагаскар	[madagaskar]

Namibië (het)	Намиби	[namibi]
Senegal (het)	Сенегал	[senegal]
Tanzania (het)	Танзани	[tanzani]
Zuid-Afrika (het)	ЮАР	[juar]
Afrikaan (de)	африкахо	[afrikaho]
Afrikaanse (de)	африкахо	[afrikaho]
Afrikaans (bn)	африкахойн	[afrikahojn]

241. Australië. Oceanië

Australië (het)	Австрали	[avstrali]
Australiër (de)	австралихо	[avstraliho]
Australische (de)	австралихо	[avstraliho]
Australisch (bn)	австралихойн	[avstralihojn]
Nieuw-Zeeland (het)	Керла Зеланди	[kerla zelandi]
Nieuw-Zeelander (de)	керлазеландихо	[kerlazelandiho]
Nieuw-Zeelandse (de)	керлазеландихо	[kerlazelandiho]
Nieuw-Zeelands (bn)	керлазеландихойн	[kerlazelandihojn]
Tasmanië (het)	Тасмани	[tasmani]
Frans-Polynesië	Французийн Полинези	[frantsuzi:n polinezi]

242. Steden

Amsterdam	Амстердам	[amsterdam]
Ankara	Анкара	[aŋkara]
Athene	Афинаш	[afinaʃ]
Bagdad	Багдад	[bagdad]
Bangkok	Бангкок	[baŋkɔk]
Barcelona	Барселона	[barselɔna]
Beiroet	Бейрут	[bejrut]
Berlijn	Берлин	[berlin]
Boedapest	Будапешт	[budapeʃt]
Boekarest	Бухарест	[buharest]
Bombay, Mumbai	Бомбей	[bɔmbej]
Bonn	Бонн	[bɔŋ]
Bordeaux	Бордо	[bɔrdɔ]
Bratislava	Братислава	[bratislava]
Brussel	Брюссель	[brys:eʎ]
Caïro	Каир	[kair]
Calcutta	Калькутта	[kaʎkut:a]
Chicago	Чикаго	[tʃikagɔ]
Dar Es Salaam	Дар-эс-Салам	[dar ɛs salam]
Delhi	Дели	[deli]
Den Haag	Гаага	[ga:ga]
Dubai	Дубай	[dubaj]
Dublin	Дублин	[dublin]
Düsseldorf	Дюссельдорф	[dys:eʎdɔrf]
Florence	Флоренци	[flɔrentsi]
Frankfort	Франкфурт	[fraŋkfurt]
Genève	Женева	[ʒeneva]
Hamburg	Гамбург	[gamburg]
Hanoi	Ханой	[hanɔj]
Havana	Гавана	[gavana]
Helsinki	Хельсинки	[heʎsiŋki]

Hiroshima	Хиросима	[hirɔsima]
Hongkong	Гонконг	[gɔŋkɔŋ]
Istanbul	Стамбул	[stambul]
Jeruzalem	Иерусалим	[ierusalim]
Kiev	Киев	[kiev]

Kopenhagen	Копенгаген	[kɔpeŋagen]
Kuala Lumpur	Куала-Лумпур	[kuala lumpur]
Lissabon	Лиссабон	[lis:abɔn]
Londen	Лондон	[lɔndɔn]
Los Angeles	Лос-Анджелес	[lɔs andʒeles]

Lyon	Лион	[liɔn]
Madrid	Мадрид	[madrid]
Marseille	Марсель	[marseʎ]
Mexico-Stad	Мехико	[mehikɔ]
Miami	Майями	[majami]

Montreal	Монреаль	[mɔnreaʎ]
Moskou	Москва	[mɔskva]
München	Мюнхен	[mynhen]
Nairobi	Найроби	[najrɔbi]
Napels	Неаполь	[neapɔʎ]

New York	Нью-Йорк	[njy jork]
Nice	Ницца	[nitsa]
Oslo	Осло	[ɔslɔ]
Ottawa	Оттава	[ɔt:ava]
Parijs	Париж	[pariʒ]

Peking	Пекин	[pekin]
Praag	Прага	[praga]
Rio de Janeiro	Рио-де-Жанейро	[riɔ de ʒanejrɔ]
Rome	Рим	[rim]
Seoel	Сеул	[seul]
Singapore	Сингапур	[siŋapur]

Sint-Petersburg	Санкт-Петербург	[saŋkt peterburg]
Sjanghai	Шанхай	[ʃanhaj]
Stockholm	Стокгольм	[stɔkgɔʎm]
Sydney	Сидней	[sidnej]
Taipei	Тайпей	[tajpej]
Tokio	Токио	[tɔkiɔ]

Toronto	Торонто	[tɔrɔntɔ]
Venetië	Венеция	[wenetsi]
Warschau	Варшава	[varʃava]
Washington	Вашингтон	[vaʃiŋtɔn]
Wenen	Вена	[wena]

243. Politiek. Overheid. Deel 1

| politiek (de) | политика | [pɔlitika] |
| politiek (bn) | политически | [pɔlitiʧeski] |

politicus (de)	политик	[politik]
staat (land)	пачхьалкх	[patʃhalq]
burger (de)	гражданин	[graʒdanin]
staatsburgerschap (het)	гражданалла	[graʒdanal:a]
nationaal wapen (het)	къаьмнийн герб	[qhæmni:n gerb]
volkslied (het)	пачхьалкхан гимн	[patʃhalqan gimn]
regering (de)	правительство	[prawiteʎstvɔ]
staatshoofd (het)	мехкан куьйгалхо	[mehkan kyjgalho]
parlement (het)	парламент	[parlament]
partij (de)	парти	[parti]
kapitalisme (het)	капитализм	[kapitalizm]
kapitalistisch (bn)	капиталистийн	[kapitalisti:n]
socialisme (het)	социализм	[sɔtsializm]
socialistisch (bn)	социалистийн	[sɔtsialisti:n]
communisme (het)	коммунизм	[kɔm:unizm]
communistisch (bn)	коммунистически	[kɔm:unistitʃeski]
communist (de)	коммунист	[kɔm:unist]
democratie (de)	демократи	[demɔkrati]
democraat (de)	демократ	[demɔkrat]
democratisch (bn)	демократийн	[demɔkrati:n]
democratische partij (de)	демократийн парти	[demɔkrati:n parti]
liberaal (de)	либерал	[liberal]
liberaal (bn)	либералийн	[liberali:n]
conservator (de)	консерватор	[kɔnservatɔr]
conservatief (bn)	консервативни	[kɔnservativni]
republiek (de)	республика	[respublika]
republikein (de)	республикахо	[respublikaho]
Republikeinse Partij (de)	республикански парти	[respublikanski parti]
verkiezing (de)	харжамаш	[harʒamaʃ]
kiezen (ww)	харжа	[harʒa]
kiezer (de)	харжамхо	[harʒamho]
verkiezingscampagne (de)	харжамийн компани	[harʒami:n kɔmpani]
stemming (de)	кхаж тасар	[qaʒ tasar]
stemmen (ww)	кхаж таса	[qaʒ tasa]
stemrecht (het)	бакъо	[baqhɔ]
kandidaat (de)	кандидат	[kandidat]
zich kandideren	хоржуш хила	[horʒuʃ hila]
campagne (de)	компани	[kɔmpani]
oppositie- (abn)	оппозиционни	[ɔp:ɔzitsiɔɲi]
oppositie (de)	оппозици	[ɔp:ɔzitsi]
bezoek (het)	визит	[wizit]
officieel bezoek (het)	леррина визит	[ler:ina wizit]
internationaal (bn)	гӀаланашна юккъера	[ɣalanaʃna jukqhera]

218

| onderhandelingen (mv.) | дагадовлар | [dagadɔvlar] |
| onderhandelen (ww) | дагабовла | [dagabɔvla] |

244. Politiek. Overheid. Deel 2

maatschappij (de)	юкъаралла	[juqharal:a]
grondwet (de)	конституци	[kɔnstitutsi]
macht (politieke ~)	Іедал	[əedal]
corruptie (de)	коррупци	[kɔr:uptsi]

| wet (de) | закон | [zakɔn] |
| wettelijk (bn) | законехь | [zakɔneh] |

| rechtvaardigheid (de) | нийсо | [ni:sɔ] |
| rechtvaardig (bn) | нийса | [ni:sa] |

comité (het)	комитет	[kɔmitet]
wetsvoorstel (het)	законопроект	[zakɔnɔprɔekt]
begroting (de)	бюджет	[bydʒet]
beleid (het)	политика	[pɔlitika]
hervorming (de)	хийцар	[hi:tsar]
radicaal (bn)	кІоргІера	[k:ɔrg:era]

macht (vermogen)	ницкъ	[nitsqh]
machtig (bn)	чІорла	[tʃhɔɣa]
aanhanger (de)	арІончa	[aɣɔntʃa]
invloed (de)	Іаткъар	[əatqhar]

regime (het)	дІахІоттам	[dəahɔt:am]
conflict (het)	конфликт	[kɔnflikt]
samenzwering (de)	къайлаха барт	[qhajlaha bart]
provocatie (de)	питана	[pitana]

omverwerpen (ww)	дІадаккха	[dəadak:a]
omverwerping (de)	дІадаккхар	[dəadak:ar]
revolutie (de)	революци	[revɔlytsi]

| staatsgreep (de) | хийцам бар | [hi:tsam bar] |
| militaire coup (de) | тІеман хийцам бар | [theman hi:tsam bar] |

crisis (de)	кризис	[krizis]
economische recessie (de)	экономикин лахдалар	[ɛkɔnɔmikin lahdalar]
betoger (de)	демонстрант	[demɔnstrant]
betoging (de)	демонстраци	[demɔnstratsi]
krijgswet (de)	тІеман хьал	[theman hal]
militaire basis (de)	база	[baza]

| stabiliteit (de) | чІоарла хилар | [tʃhɔaɣa hilar] |
| stabiel (bn) | чІоарІделла | [tʃhɔaɣdel:a] |

uitbuiting (de)	эксплуатаци	[ɛkspluatatsi]
uitbuiten (ww)	дацо	[datsɔ]
racisme (het)	расизм	[rasizm]
racist (de)	расизмхо	[rasizmhɔ]

| fascisme (het) | фашизм | [faʃizm] |
| fascist (de) | фашизмхо | [faʃizmho] |

245. Landen. Diversen

vreemdeling (de)	арахьарниг	[araharnig]
buitenlands (bn)	кхечу мехкан	[qetʃu mehkan]
in het buitenland (bw)	дозанал дехьа	[dɔzanal deha]

emigrant (de)	эмигрант	[ɛmigrant]
emigratie (de)	эмиграци	[ɛmigratsi]
emigreren (ww)	эмиграци ян	[ɛmigratsi jan]

Westen (het)	Малхбузе	[malhbuze]
Oosten (het)	Малхбале	[malhbale]
Verre Oosten (het)	Гена-Малхбале	[gena malhbale]

beschaving (de)	цивилизаци	[tsiwilizatsi]
mensheid (de)	адамалла	[adamal:a]
wereld (de)	Iалам	[əalam]
vrede (de)	машар	[maʃar]
wereld- (abn)	дуьненан	[dynenan]

vaderland (het)	даймохк	[dajmɔhk]
volk (het)	халкъ	[halqh]
bevolking (de)	бахархой	[baharhɔj]
mensen (mv.)	нах	[nah]
natie (de)	къам	[qham]
generatie (de)	тIаьхье	[thæhe]
gebied (bijv. bezette ~en)	латта	[lat:a]
regio, streek (de)	регион	[regiɔn]
deelstaat (de)	штат	[ʃtat]

traditie (de)	ламаст	[lamast]
gewoonte (de)	Iадат	[əadat]
ecologie (de)	экологи	[ɛkɔlɔgi]

Indiaan (de)	индей	[indej]
zigeuner (de)	цигон	[tsigɔn]
zigeunerin (de)	цигон	[tsigɔn]
zigeuner- (abn)	цигонийн	[tsigɔni:n]

rijk (het)	импери	[imperi]
kolonie (de)	колони	[kɔlɔni]
slavernij (de)	лолла	[lɔl:a]
invasie (de)	тIелатар	[thelatar]
hongersnood (de)	мацалла	[matsal:a]

246. Grote religieuze groepen. Bekentenissen

| religie (de) | дин | [din] |
| religieus (bn) | динан | [dinan] |

geloof (het)	динах тешар	[dinah teʃar]
geloven (ww)	теша	[teʃa]
gelovige (de)	делах тешарг	[delah teʃarg]

atheïsme (het)	атеизм	[ateizm]
atheïst (de)	атеист	[ateist]

christendom (het)	керсталла	[kerstal:a]
christen (de)	керста	[kersta]
christelijk (bn)	керстанан	[kerstanan]

katholicisme (het)	Католизм	[katɔlizm]
katholiek (de)	католик	[katɔlik]
katholiek (bn)	католикийн	[katɔliki:n]

protestantisme (het)	Протестанство	[prɔtestanstvɔ]
Protestante Kerk (de)	Протестантийн килс	[prɔtestanti:n kils]
protestant (de)	протестант	[prɔtestant]

orthodoxie (de)	Керста дин	[kersta din]
Orthodoxe Kerk (de)	Керста килс	[kersta kils]
orthodox	керстанан	[kerstanan]

presbyterianisme (het)	Пресвитерианство	[preswiterianstvɔ]
Presbyteriaanse Kerk (de)	Пресвитерианийн килс	[preswiteriani:n kils]
presbyteriaan (de)	пресвитерианин	[preswiterianin]

lutheranisme (het)	Лютерианийн килс	[lyteriani:n kils]
lutheraan (de)	лютерианин	[lyterianin]

baptisme (het)	Баптизм	[baptizm]
baptist (de)	баптист	[baptist]

Anglicaanse Kerk (de)	Ингалсан килс	[iŋalsan kils]
anglicaan (de)	англиканин	[aŋlikanin]
mormonisme (het)	Мормонство	[mɔrmɔnstvɔ]
mormoon (de)	мормон	[mɔrmɔn]

Jodendom (het)	Иудаизм	[iudaizm]
jood (aanhanger van het Jodendom)	жугти	[ʒugti]

boeddhisme (het)	Буддизм	[bud:izm]
boeddhist (de)	буддист	[bud:ist]

hindoeïsme (het)	Индуизм	[induizm]
hindoe (de)	индуист	[induist]

islam (de)	Ислам	[islam]
islamiet (de)	бусалба	[busalba]
islamitisch (bn)	бусалбанийн	[busalbani:n]

sjiisme (het)	Шиизм	[ʃi:zm]
sjiiet (de)	шиизмхо	[ʃi:zmho]
soennisme (het)	Суннаталла	[suŋatal:a]
soenniet (de)	суннатхо	[suŋatho]

247. Religies. Priesters

priester (de)	мозгlар	[mɔzɣar]
paus (de)	Римера папа	[rimera papa]
monnik (de)	монах	[mɔnah]
non (de)	монах	[mɔnah]
pastoor (de)	пастор	[pastɔr]
abt (de)	аббат	[ab:at]
vicaris (de)	викари	[wikari]
bisschop (de)	епископ	[episkɔp]
kardinaal (de)	кардинал	[kardinal]
predikant (de)	кхайкхорхо	[qajqɔrhɔ]
preek (de)	кхайкхор	[qajqɔr]
kerkgangers (mv.)	килсе оьхурш	[kilse øhurʃ]
gelovige (de)	делах тешарг	[delah teʃarg]
atheïst (de)	атеист	[ateist]

248. Geloof. Christendom. Islam

Adam	Адам	[adam]
Eva	Хьава	[hava]
God (de)	Дела	[dela]
Heer (de)	Аллахl	[al:ah]
Almachtige (de)	Дела	[dela]
zonde (de)	къа	[qha]
zondigen (ww)	къинош лето	[qhinoʃ letɔ]
zondaar (de)	къинош дерг	[qhinoʃ derg]
zondares (de)	къинош дерг	[qhinoʃ derg]
hel (de)	жоьжахати	[ʒøʒahati]
paradijs (het)	ялсамани	[jalsamani]
Jezus	Иисус	[i:sus]
Jezus Christus	Ииисус Христос	[i:sus hristɔs]
Heilige Geest (de)	Деза Са	[deza sa]
Verlosser (de)	Кlелхьардаьккхинарг	[k:elhardæk:inarg]
Maagd Maria (de)	lийса-пайхамаран нана	[əi:sa pajhamaran nana]
duivel (de)	Шайтlа	[ʃajtha]
duivels (bn)	шайтlан	[ʃajthan]
Satan	Йилбаз	[jɪlbaz]
satanisch (bn)	йилбазан	[jɪlbazan]
engel (de)	малик	[malik]
beschermengel (de)	малик-лардархо	[malik lardarhɔ]
engelachtig (bn)	маликан	[malikan]

apostel (de)	апостол	[apostɔl]
aartsengel (de)	архангел	[arhaŋel]
antichrist (de)	дажал	[daʒal]

Kerk (de)	Килс	[kils]
bijbel (de)	Библи	[bibli]
bijbels (bn)	библин	[biblin]

Oude Testament (het)	Къена Весет	[qhena weset]
Nieuwe Testament (het)	Керла Весет	[kerla weset]
evangelie (het)	Инжил	[inʒil]
Heilige Schrift (de)	Жайна	[ʒajna]
Hemel, Hemelrijk (de)	Стигал, Стигалан Паччахьалла	[stigal], [stigalan patʃahal:a]

gebod (het)	весет	[weset]
profeet (de)	пайхмар	[pajhmar]
profetie (de)	пайхмаралла	[pajhmaral:a]

Allah	Аллахl	[al:ah]
Mohammed	Мухьаммад	[muham:ad]
Koran (de)	Къорlан	[qhɔrəan]

moskee (de)	маьждиг	[mæʒdig]
moellah (de)	молла	[mɔl:a]
gebed (het)	ламаз	[lamaz]
bidden (ww)	ламаз дан	[lamaz dan]

pelgrimstocht (de)	Хьаьжцla вахар	[hæʒtsha vahar]
pelgrim (de)	хьаьжа	[hæʒa]
Mekka	Макка	[mak:a]

kerk (de)	килс	[kils]
tempel (de)	зиярат	[zijarat]
kathedraal (de)	килс	[kils]
gotisch (bn)	готически	[gotitʃeski]
synagoge (de)	синагога	[sinagɔga]
moskee (de)	маьждиг	[mæʒdig]

kapel (de)	килс	[kils]
abdij (de)	аббатство	[ab:atstvɔ]
nonnenklooster (het)	монастырь	[mɔnastɪrʲ]
mannenklooster (het)	монастырь	[mɔnastɪrʲ]

klok (de)	горгал	[gɔrgal]
klokkentoren (de)	мамсар	[mamsar]
luiden (klokken)	детта	[det:a]

kruis (het)	жlара	[ʒəara]
koepel (de)	бохь	[bɔh]
icoon (de)	икона	[ikɔna]

ziel (de)	са	[sa]
lot, noodlot (het)	кхел	[qel]
kwaad (het)	вон	[vɔn]
goed (het)	диканиг	[dikanig]

vampier (de)	убар	[ubar]
heks (de)	гӀам	[ɣam]
demoon (de)	йилбаз	[jɪlbaz]
duivel (de)	шайтӀа	[ʃajtha]
geest (de)	са	[sa]

verzoeningsleer (de)	къинойх цӀандалар	[qhinɔjh tshandalar]
vrijkopen (ww)	цӀандала	[tshandala]

mis (de)	гӀуллакх	[ɣul:aq]
de mis opdragen	гӀуллакх дан	[ɣul:aq dan]
biecht (de)	дохковалар	[dɔhkɔvalar]
biechten (ww)	дохкодала	[dɔhkɔdala]

heilige (de)	эвлаяъ	[ɛvlaja]
heilig (bn)	деза	[deza]
wijwater (het)	деза хи	[deza hi]

ritueel (het)	Ӏадат	[əadat]
ritueel (bn)	Ӏадатан	[əadatan]
offerande (de)	carӀa даккхар	[saɣa dak:ar]

bijgeloof (het)	доьгӀначух тешар	[døɣnatʃuh teʃar]
bijgelovig (bn)	доьгӀначух теша	[døɣnatʃuh teʃa]
hiernamaals (het)	эхартара дахар	[ɛhartara dahar]
eeuwige leven (het)	даим дахар	[daim dahar]

DIVERSEN

249. Diverse nuttige woorden

achtergrond (de)	фон	[fɔn]
balans (de)	баланс	[balans]
basis (de)	лард	[lard]
begin (het)	юьхь	[juh]
beurt (wie is aan de ~?)	parl	[raɣ]

categorie (de)	категори	[kategɔri]
comfortabel (~ bed, enz.)	беглийла	[beɣi:la]
compensatie (de)	меттахlоттор	[met:ahɔt:ɔr]
deel (gedeelte)	дакъа	[daqha]

deeltje (het)	дакъалг	[daqhalg]
ding (object, voorwerp)	хlума	[huma]
dringend (bn, urgent)	сиха	[siha]
dringend (bw, met spoed)	чехха	[tʃehka]
effect (het)	эффект	[ɛf:ekt]

eigenschap (kwaliteit)	башхало	[baʃhalɔ]
einde (het)	чаккхе	[tʃak:e]
element (het)	элемент	[ɛlement]
feit (het)	хилларг	[hil:arg]
fout (de)	гlалат	[ɣalat]

geheim (het)	къайле	[qhajle]
graad (mate)	дарж	[darʒ]
groei (ontwikkeling)	дегl даккхар	[deɣ dak:ar]
hindernis (de)	дуьхьало	[dyhalɔ]
hinderpaal (de)	новкъарло	[nɔvqharlɔ]

hulp (de)	гlо	[ɣɔ]
ideaal (het)	идеал	[ideal]
inspanning (de)	гlора	[ɣɔra]
keuze (een grote ~)	харжар	[harʒar]
labyrint (het)	лабиринт	[labirint]

manier (de)	кеп	[kep]
moment (het)	юкъ	[juqh]
nut (bruikbaarheid)	пайда	[pajda]
onderscheid (het)	башхалла	[baʃhal:a]

ontwikkeling (de)	кхиам	[qiam]
oplossing (de)	дар	[dar]
origineel (het)	оригинал	[ɔriginal]
pauze (de)	сацангlа	[satsanɣa]
positie (de)	хьал	[hal]
principe (het)	принцип	[printsip]

probleem (het)	проблема	[problema]
proces (het)	процесс	[protses:]
reactie (de)	реакци	[reaktsi]

reden (om ~ van)	бахьана	[bahana]
risico (het)	кхерам	[qeram]
samenvallen (het)	нисдалар	[nisdalar]
serie (de)	сери	[seri]

situatie (de)	хьал	[hal]
soort (bijv. ~ sport)	тайпа	[tajpa]
standaard (bn)	стандартан	[standartan]
standaard (de)	стандарт	[standart]
stijl (de)	стиль	[stiʎ]

stop (korte onderbreking)	садалар	[sadaɘar]
systeem (het)	къепе	[qhepe]
tabel (bijv. ~ van Mendelejev)	таблица	[tablitsa]
tempo (langzaam ~)	болар	[bolar]
term (medische ~en)	термин	[termin]

type (soort)	тайпа	[tajpa]
variant (de)	вариант	[variant]
veelvuldig (bn)	кест-кеста	[kest kesta]
vergelijking (de)	дустар	[dustar]
voorbeeld (het goede ~)	масал	[masal]

voortgang (de)	прогресс	[progres:]
voorwerp (ding)	хIума	[huma]
vorm (uiterlijke ~)	форма	[forma]
waarheid (de)	бакъдерг	[baqhderg]
zone (de)	зона	[zona]

250. Beperkende bijwoorden. Bijvoeglijke naamwoorden. Deel 1

accuraat (uurwerk, enz.)	дурсе	[durse]
achter- (abn)	тIехьара	[thehara]
additioneel (bn)	кхин тIе	[qin the]

arm (bijv. ~e landen)	къен	[qhen]
begrijpelijk (bn)	кхетаме	[qetame]
belangrijk (bn)	ладаме	[ladame]
belangrijkst (bn)	уггар лараме	[ug:ar larame]

beleefd (bn)	гIиллакхе	[ɣil:aqe]
beperkt (bn)	кIезиг	[k:ezig]
betekenisvol (bn)	доккха	[dok:a]
bijziend (bn)	бIорзагал	[bɘorzagal]
binnen- (abn)	чоьхьара	[tʃøhara]

bitter (bn)	къаьхьа	[qhæha]
blind (bn)	блаьрзе	[bɘærze]
breed (een ~e straat)	шуьйра	[ʃyjra]
breekbaar (porselein, glas)	экам	[ɛkam]

buiten- (abn)	арахьара	[arahara]
buitenlands (bn)	кхечу мехкан	[qetʃu mehkan]
burgerlijk (bn)	граждански	[graӡdanski]
centraal (bn)	юккъера	[jukqhera]
dankbaar (bn)	баркалле	[barkal:e]
dicht (~e mist)	чорда	[tʃɔrda]

dicht (bijv. ~e mist)	дуькъа	[dyqha]
dicht (in de ruimte)	гергара	[gergara]
dichtbij (bn)	гергара	[gergara]
dichtstbijzijnd (bn)	гергара	[gerg:ara]

diepvries (~product)	гlорийна	[ɣɔri:na]
dik (bijv. muur)	стомма	[stɔm:a]
dof (~ licht)	беда	[beda]
dom (dwaas)	lовдал	[əovdal]

donker (bijv. ~e kamer)	бодане	[bɔdane]
dood (bn)	делла	[del:a]
doorzichtig (bn)	чекх са гун	[tʃeq sa gun]
droevig (~ blik)	гlайгlане	[ɣajɣane]
droog (bn)	декъа	[deqha]

dun (persoon)	оза	[ɔza]
duur (bn)	деза	[deza]
eender (bn)	цхьатерра	[tshater:a]
eenvoudig (bn)	атта	[at:a]
eenvoudig (bn)	цхьалха	[tshalha]

eeuwenoude (~ beschaving)	мацахлера	[matsahlera]
enorm (bn)	тlехдоккха	[thehdɔk:a]
geboorte- (stad, land)	дина	[dina]
gebruind (bn)	маьлхо дагийна	[mælho dagi:na]

gelijkend (bn)	тера	[tera]
gelukkig (bn)	ирсе	[irse]
gesloten (bn)	къевлина	[qhevlina]
getaand (bn)	lаьржачу аматехь	[əærӡatʃu amateh]

gevaarlijk (bn)	кхераме	[qerame]
gewoon (bn)	гуттар а хьуьлу	[gut:ar a hylu]
gezamenlijk (~ besluit)	цхьаьна ден	[tshæna den]
glad (~ oppervlak)	шера	[ʃera]
glad (~ oppervlak)	нийса	[ni:sa]

goed (bn)	дика	[dika]
goedkoop (bn)	дораха	[dɔraha]
gratis (bn)	маьхза	[mæhza]
groot (bn)	доккха	[dɔk:a]

hard (niet zacht)	чlорла	[tʃhɔɣa]
heel (volledig)	дийна	[di:na]
heet (bn)	довха	[dɔvha]
hongerig (bn)	меца	[metsa]
hoofd- (abn)	коьрта	[kørta]
hoogste (bn)	лакхара	[laqara]

huidig (courant)	хӀинцалера	[hintsalera]
jong (bn)	къона	[qhɔna]

juist, correct (bn)	нийса	[ni:sa]
kalm (bn)	тийна	[ti:na]
kinder- (abn)	берийн	[beri:n]
klein (bn)	жима, кегий	[ʒima], [kegi:]
koel (~ weer)	шийла	[ʃi:la]

kort (kortstondig)	йоццача хенан	[jotsatʃa henan]
kort (niet lang)	доца	[dotsa]
koud (~ water, weer)	шийла	[ʃi:la]
kunstmatig (bn)	искусственни	[iskus:tweŋi]

laatst (bn)	тӀаьххьара	[thæhara]
lang (een ~ verhaal)	деха	[deha]
langdurig (bn)	дехха	[deha]
lastig (~ probleem)	хала	[hala]

leeg (glas, kamer)	даьсса	[dæs:a]
lekker (bn)	чоме	[tʃɔme]
licht (kleur)	сирла	[sirla]
licht (niet veel weegt)	дайн	[dajn]

linker (bn)	аьрру	[ær:u]
luid (bijv. ~e stem)	чӀоьгӀа	[tʃhɔɣa]
mager (bn)	оза	[ɔza]
mat (bijv. ~ verf)	кхоьлина	[qølina]
moe (bn)	гӀелделла	[ɣeldel:a]

moeilijk (~ besluit)	хала	[hala]
mogelijk (bn)	тарлун	[tarlun]
mooi (bn)	хаза	[haza]
mysterieus (bn)	кхета хала	[qeta hala]

naburig (bn)	лулара	[lulara]
nalatig (bn)	ледара	[ledara]
nat (~te kleding)	тӀеда	[theda]
nerveus (bn)	нервийн	[nervi:n]
niet groot (bn)	доккха доцу	[dok:a dotsu]

niet moeilijk (hn)	хала доцу	[hala dotsu]
nieuw (bn)	цӀина	[tshina]
nodig (bn)	хьашт долу	[haʃt dɔlu]
normaal (bn)	лартӀахь долу	[larthah dɔlu]

251. Beperkende bijwoorden. Bijvoeglijke naamwoorden. Deel 2

onbegrijpelijk (bn)	кхеташ доцу	[qetaʃ dotsu]
onbelangrijk (bn)	пайда боцу	[pajda botsu]
onbeweeglijk (bn)	лелаш доцу	[lelaʃ dotsu]
onbewolkt (bn)	екхна	[eqna]
ondergronds (geheim)	къайлаха	[qhajlaha]
ondiep (bn)	гомха	[gɔmha]

onduidelijk (bn)	къаьсташ доцу	[qhæstaʃ dotsu]
onervaren (bn)	доьлла доцу	[døl:a dotsu]
onmogelijk (bn)	таро доцу	[tarɔ dotsu]
onontbeerlijk (bn)	оьшу	[øʃu]
onophoudelijk (bn)	хаддаза долу	[had:aza dɔlu]
ontkennend (bn)	дацаре	[datsare]
open (bn)	диллина	[dil:ina]
openbaar (bn)	юкъараллин	[juqharal:in]
origineel (ongewoon)	оригинал йолу	[ɔriginal jolu]
oud (~ huis)	къена	[qhena]
overdreven (bn)	барамал тlex	[baramal theh]
passend (bn)	мегаш долу	[megaʃ dɔlu]
permanent (bn)	хаддаза	[had:aza]
persoonlijk (bn)	леррина	[ler:ina]
plat (bijv. ~ scherm)	тlana	[thapa]
prachtig (~ paleis, enz.)	тlexxaза	[thehaza]
precies (bn)	нийса	[ni:sa]
prettig (bn)	тамехьа	[tameha]
privé (bn)	долара	[dɔlara]
punctueel (bn)	дурсе	[durse]
rauw (niet gekookt)	тlуьна	[thyna]
recht (weg, straat)	нийса	[ni:sa]
rechter (bn)	аьтту	[æt:u]
rijp (fruit)	кхиъна	[qina]
riskant (bn)	кхераме	[qerame]
ruim (een ~ huis)	naprlaт	[parɣat]
rustig (bn)	тийна	[ti:na]
scherp (bijv. ~ mes)	ира	[ira]
schoon (niet vies)	цlена	[tshena]
slecht (bn)	вон	[vɔn]
slim (verstandig)	хьекъале	[heqhale]
smal (~le weg)	готта	[gɔt:a]
snel (vlug)	маса	[masa]
somber (bn)	бодане	[bɔdane]
speciaal (bn)	леррина	[ler:ina]
sterk (bn)	нуьцкъала	[nytsqhala]
stevig (bn)	чlorla	[tʃhɔɣa]
straatarm (bn)	къен	[qhen]
teder (liefderijk)	кlеда-мерза	[k:eda merza]
tegenovergesteld (bn)	дуьхьалдоrlу	[dyhaldɔɣu]
tevreden (bn)	реза долу	[reza dɔlu]
tevreden (klant, enz.)	кхачаме	[qatʃame]
treurig (bn)	rlaйrlane	[ɣajɣane]
tweedehands (bn)	пайда оьцуш хилла	[pajda øtsuʃ hil:a]
uitstekend (bn)	тlexдика	[thehdika]
uitstekend (bn)	тlexдика	[thehdika]
uniek (bn)	башха	[baʃha]

| veilig (niet gevaarlijk) | кхерамза | [qeramza] |
| ver (in de ruimte) | генаха | [genaha] |

verenigbaar (bn)	цхьаьна догІу	[tshæna dɔɣu]
vermoeiend (bn)	кІаддеш долу	[k:ad:eʃ dɔlu]
verplicht (bn)	декхарийлахь долу	[deqari:lah dɔlu]
vers (~ brood)	керла	[kerla]

verst (meest afgelegen)	генара	[genara]
vettig (voedsel)	дерстина	[derstina]
vijandig (bn)	мостагІаллин	[mɔstaɣal:in]
vloeibaar (bn)	коча	[kɔtʃa]
vochtig (bn)	тІуьна	[thyna]
vol (helemaal gevuld)	дуьззина	[dyz:ina]

volgend (~ jaar)	porlepa	[rɔɣera]
voorbij (bn)	дІадахна	[dəadahna]
voornaamste (bn)	коьрта	[kørta]
vorig (~ jaar)	дІадахнар	[dəadahnar]
vorig (bijv. ~e baas)	хьалхара	[halhara]

vriendelijk (aardig)	хьоме	[home]
vriendelijk (goedhartig)	дика	[dika]
vrij (bn)	паргІат	[parɣat]
vrolijk (bn)	самукъане	[samuqhane]
vruchtbaar (~ land)	ялта хьекъа	[jalta heqha]

vuil (niet schoon)	боьха	[bøha]
waarschijnlijk (bn)	хила тарлу	[hila tarlu]
warm (bn)	мела	[mela]
wettelijk (bn)	законехь	[zakɔneh]
zacht (bijv. ~ kussen)	кІеда	[k:eda]

zacht (bn)	меллаша	[mel:aʃa]
zeldzaam (bn)	нилха	[nilha]
ziek (bn)	цомгуш	[tsɔmguʃ]
zoet (~ water)	теза	[teza]
zoet (bn)	мерза	[merza]

zonnig (~e dag)	маьлхан	[mælhan]
zorgzaam (bn)	гІайгІа йолу	[ɣajɣa jolu]
zout (de soep is ~)	дуьра	[dyra]
zuur (smaak)	муьста	[mysta]
zwaar (~ voorwerp)	деза	[deza]

DE 500 BELANGRIJKSTE WERKWOORDEN

252. Werkwoorden A-C

aaien (bijv. een konijn ~)	хьеста	[hesta]
aanbevelen (ww)	мага дан	[maga dan]
aandringen (ww)	тӀера ца вала	[thera tsa vala]
aankomen (ov. de treinen)	схьакхача	[shaqatʃa]

aanleggen (bijv. bij de pier)	йистедало	[jistedalɔ]
aanraken (met de hand)	хьекхадала	[heqadala]
aansteken (kampvuur, enz.)	лато	[latɔ]
aanstellen (in functie plaatsen)	хӀотто	[hɔt:ɔ]

aanvallen (mil.)	атак ян	[atak jan]
aanvoelen (gevaar ~)	хаадала	[ha:dala]
aanvoeren (leiden)	куьйгалла дан	[kyjgal:a dan]
aanwijzen (de weg ~)	гайта	[gajta]

aanzetten (computer, enz.)	йолаялийта	[jolajali:ta]
ademen (ww)	садела	[sadeea]
adverteren (ww)	реклама ян	[reklama jan]
adviseren (ww)	хьехам бан	[heham ban]

afdalen (on.ww.)	охьадан	[ɔhadan]
afgunstig zijn (ww)	хьега	[hega]
afhakken (ww)	дӀахадо	[dəahadɔ]
afhangen van ...	даза	[daza]

afluisteren (ww)	ладоrla	[ladɔɣa]
afnemen (verwijderen)	схьадакхха	[shadak:a]
afrukken (ww)	схьадакхха	[shadak:a]
afslaan (naar rechts ~)	дӀадерза	[dəaderza]

afsnijden (ww)	дӀахадо	[dəahadɔ]
afzeggen (ww)	дӀадакхха	[dəadak:a]
amputeren (ww)	дӀадакхха	[dəadak:a]
amuseren (ww)	самукъдаккха	[samuqhdak:a]

antwoorden (ww)	жоп дала	[ʒɔp dala]
applaudisseren (ww)	тӀараш детта	[tharaʃ det:a]
aspireren (iets willen worden)	rlepтa	[ɣerta]
assisteren (ww)	ассистент хила	[as:istent hila]

bang zijn (ww)	кхера	[qera]
barsten (plafond, enz.)	этla	[ɛtha]
bedienen (in restaurant)	хьашт кхочушдан	[haʃt qotʃuʃdan]
bedreigen (bijv. met een pistool)	кхерам тийса	[qeram ti:sa]

bedriegen (ww)	Iexo	[əeho]
beduiden (betekenen)	маьlна хила	[mæəna hila]
bedwingen (ww)	сацо	[satsɔ]
beëindigen (ww)	чекхдаккха	[tʃeqdak:a]

begeleiden (vergezellen)	цхьаьнадаьлла даха	[tshænadæl:a daha]
begieten (water geven)	хи тоха	[hi tɔha]
beginnen (ww)	доло	[dɔlɔ]
begrijpen (ww)	кхета	[qeta]
behandelen (patiënt, ziekte)	дарба лело	[darba lelɔ]

beheren (managen)	куьйгаллз дан	[kyjgal:z dan]
beïnvloeden (ww)	Iаткъам бан	[əatqham ban]
bekennen (misdadiger)	къардала	[qhardala]
beledigen (met scheldwoorden)	сий дайа	[si: daja]

beledigen (ww)	халахетар дан	[halahetar dan]
beloven (ww)	валда дан	[vaəda dan]
beperken (de uitgaven ~)	доза тоха	[dɔza tɔha]
bereiken (doel ~, enz.)	даккха	[dak:a]

bereiken (plaats van bestemming ~)	дlаккхача	[dəaqatʃa]
beschermen (bijv. de natuur ~)	лардан	[lardan]
beschuldigen (ww)	бехкедан	[behkedan]
beslissen (~ iets te doen)	сацо	[satsɔ]

besmet worden (met ...)	кхета	[qeta]
besmetten (ziekte overbrengen)	далийта	[dali:ta]
bespreken (spreken over)	дийцаре дилла	[di:tsare dil:a]
bestaan (een ~ voeren)	хила	[hila]

bestellen (eten ~)	заказ ян	[zakaz jan]
bestraffen (een stout kind ~)	таlзар дан	[taəzar dan]
betalen (ww)	ахча дала	[ahtʃa dala]
betekenen (beduiden)	хила	[hila]

betreuren (ww)	дагахьбаллам хила	[dagahbal:am hila]
bevallen (prettig vinden)	хазахета	[hazaheta]
bevelen (mil.)	омра дан	[ɔmra dan]
bevredigen (ww)	реза дан	[reza dan]

bevrijden (stad, enz.)	мукъадаккха	[muqhadak:a]
bewaren (oude brieven, enz.)	Iалашдан	[əalaʃdan]
bewaren (vrede, leven)	лардан	[lardan]
bewijzen (ww)	тешо	[teʃɔ]

bewonderen (ww)	гlаддаха	[ɣad:aha]
bezitten (ww)	хила	[hila]
bezorgd zijn (ww)	сагатдан	[sagatdan]
bezorgd zijn (ww)	сахьийзо	[sahi:zɔ]
bidden (praten met God)	ламаз дан	[lamaz dan]
bijvoegen (ww)	тlетоха	[thetɔha]

binden (ww)	дӀадехка	[dəadehka]
binnengaan (een kamer ~)	чудаха	[ʧudaha]
blazen (ww)	хьекха	[heqa]
blozen (zich schamen)	эхь хетта цӀийвала	[ɛh het:a ʦhi:vala]
blussen (brand ~)	дӀаяйа	[dəajaja]
boos maken (ww)	оьгӀаздахийта	[øɣazdahi:ta]
boos zijn (ww)	оьгӀазъэха	[øɣazʰɛha]
breken	хада	[hada]
(on.ww., van een touw)		
breken (speelgoed, enz.)	кегдан	[kegdan]
brengen (iets ergens ~)	схьадало	[shadalɔ]
charmeren (ww)	дагадоха	[dagadɔha]
citeren (ww)	дешнаш дало	[deʃnaʃ dalɔ]
compenseren (ww)	меттахӀотто	[met:ahɔt:ɔ]
compliceren (ww)	чолхе дан	[ʧɔlhe dan]
componeren (muziek ~)	даккха	[dak:a]
compromitteren (ww)	сий дайа	[si: daja]
concurreren (ww)	къийса	[qhi:sa]
controleren (ww)	тӀехьажа	[thehaʒa]
coöpereren (samenwerken)	дакъа лаца	[daqha laʦa]
coördineren (ww)	уьйр ян	[yjr jan]
creëren (ww)	кхолла	[qɔl:a]

253. Werkwoorden D-K

danken (ww)	баркалла баха	[barkal:a baha]
de was doen	дитта	[dit:a]
de weg wijzen	тӀедахийта	[thedahi:ta]
deelnemen (ww)	дакъа лаца	[daqha laʦa]
delen (wisk.)	декъа	[deqha]
denken (ww)	ойла ян	[ɔjla jan]
doden (ww)	ден	[den]
doen (ww)	дан	[dan]
dresseren (ww)	караламо	[karaəamɔ]
drinken (ww)	мала	[mala]
drogen (krederen, haar)	дакъо	[daqhɔ]
dromen (in de slaap)	гӀенаш ган	[ɣenaʃ gan]
dromen (over vakantie ~)	дагалеца	[dagaleʦa]
duiken (ww)	чулелха	[ʧulelha]
durven (ww)	хӀотта	[hɔt:a]
duwen (ww)	дӀататта	[dəatat:a]
een auto besturen	машина лело	[maʃina lelɔ]
een bad geven	лийчо	[li:ʧɔ]
een bad nemen	дила	[dila]
een conclusie trekken	сацам бан	[saʦam ban]
een foto maken (ww)	сурт даккха	[surt dak:a]

eisen (met klem vragen)	тӀедожо	[thedɔʒɔ]
erkennen (schuld)	кхета	[qeta]
erven (ww)	верасалла кхача	[werasal:a qatʃa]

eten (ww)	даа, яаа	[da:], [ja::]
excuseren (vergeven)	бехк ца билла	[behk tsa bil:a]
existeren (bestaan)	хила	[hila]
feliciteren (ww)	декъалдан	[deqhaldan]
gaan (te voet)	даха	[daha]

gaan slapen	охьадижа	[ɔhadiʒa]
gaan zitten (ww)	охьахаа	[ɔhaha:]
gaan zwemmen	лийча	[li:tʃa]
garanderen (garantie geven)	юкъара хила	[juqhara hila]

gebruiken (bijv. een potlood ~)	пайда эца	[pajda ɛtsa]
gebruiken (woord, uitdrukking)	пайда эца	[pajda ɛtsa]
geconserveerd zijn (ww)	диса	[disa]
gedateerd zijn (ww)	терахь яздан	[terah jazdan]
gehoorzamen (ww)	муьтӀахь хила	[mythah hila]

gelijken (op elkaar lijken)	тера хила	[tera hila]
geloven (vinden)	теша	[teʃa]
genoeg zijn (ww)	тоа	[tɔa]
gieten (in een beker ~)	дотта	[dɔt:a]

glimlachen (ww)	дела къежа	[dela qheʒa]
glimmen (glanzen)	къега	[qhega]
gluren (ww)	хьежа	[heʒa]
goed raden (ww)	хаа	[ha:]
gooien (een steen, enz.)	кхийса	[qi:sa]

grappen maken (ww)	забарш ян	[zabarʃ jan]
graven (tunnel, enz.)	ахка	[ahka]
haasten (iemand ~)	сихдан	[sihdan]
hebben (ww)	хила	[hila]
helpen (hulp geven)	гӀо дан	[ɣɔ dan]

herhalen (opnieuw zeggen)	юхаала	[juha:la]
herinneren (ww)	дагадан	[dagadan]
herinneren aan ... (afspraak, opdracht)	дагадайта	[dagadai:ta]
herkennen (identificeren)	вовза	[vɔvza]
herstellen (repareren)	тодан	[tɔdan]

het haar kammen	ехк хьакха	[ehk haqa]
hopen (ww)	догдаха	[dɔgdaha]
horen (waarnemen met het oor)	хаза	[haza]
houden van (muziek, enz.)	тӀера хила	[thera hila]
huilen (wenen)	делха	[delha]

huiveren (ww)	тохадала	[tɔhadala]
huren (een boot ~)	лаца	[latsa]

huren (huis, kamer)	лаца	[laʦa]
huren (personeel)	лаца	[laʦa]
imiteren (ww)	тардан	[tardan]

importeren (ww)	импорт ян	[impɔrt jan]
inenten (vaccineren)	маха тоха	[maha tɔha]
informeren (informatie geven)	информаци ян, хаам бан	[infɔrmaʦi jan], [ha:m ban]
informeren naar ... (navraag doen)	хаа	[ha:]
inlassen (invoegen)	тийса	[ti:sa]

inpakken (in papier)	юкъахьарчо	[juqhahartʃɔ]
inspireren (ww)	иракараxlоттор	[irakarahɔt:ɔr]
instemmen (akkoord gaan)	реза хила	[reza hila]
interesseren (ww)	безам хила	[bezam hila]

irriteren (ww)	карзахдаккха	[karzahdak:a]
isoleren (ww)	дlакъасто	[dəaqhastɔ]
jagen (ww)	талла эха	[tal:a ɛha]
kalmeren (kalm maken)	дlатедан	[dəatedan]

kennen (kennis hebben van iemand)	довза	[dɔvza]
kennismaken (met ...)	довза	[dɔvza]
kiezen (ww)	харжар	[harʒar]
kijken (ww)	хьежа	[heʒa]

klaarmaken (een plan ~)	кечдан	[ketʃdan]
klaarmaken (het eten ~)	кечдан	[ketʃdan]
klagen (ww)	латкъа	[latqha]
kloppen (aan een deur)	детта	[det:a]

kopen (ww)	эца	[ɛʦa]
kopieën maken	даржо	[darʒɔ]
kosten (ww)	деха	[deha]
kunnen (ww)	мага	[maga]
kweken (planten ~)	кхио	[qiɔ]

254. Werkwoorden L-R

lachen (ww)	дела	[dela]
laden (geweer, kanon)	дуза	[duza]
laden (vrachtwagen)	тlедотта	[thedɔt:a]
laten vallen (ww)	охьаэго	[ɔhaəgɔ]

lenen (geld ~)	юхалург эца	[juhalurg ɛʦa]
leren (lesgeven)	lамо	[əamɔ]
leven (bijv. in Frankrijk ~)	даха	[daha]
lezen (een boek ~)	еша	[eʃa]

lid worden (ww)	дlакхета	[dəaqeta]
liefhebben (ww)	деза	[deza]
liegen (ww)	аьшпаш ботта	[æʃpaʃ bɔt:a]
liggen (op de tafel ~)	lилла	[əil:a]

235

liggen (persoon)	вижина Ӏилла	[wiʒina əil:a]
lijden (pijn voelen)	бала хьега	[bala hega]
losbinden (ww)	схьадаста	[shadasta]
luisteren (ww)	ладоргӀа	[ladoɣa]

lunchen (ww)	делкъана хӀума яа	[delqhana huma ja:]
markeren (op de kaart, enz.)	билгало ян	[bilgalɔ jan]
melden (nieuws ~)	хаам бан	[ha:m ban]
memoriseren (ww)	дагахь латто	[dagah lat:ɔ]

mengen (ww)	вовшахъэдан	[vɔvʃahʰɛdan]
mikken op (ww)	хьежо	[heʒɔ]
minachten (ww)	ца даша	[tsa daʃa]
moeten (ww)	хьакъ долуш хила	[haqh dɔluʃ hila]

morsen (koffie, enz.)	Ӏано	[əanɔ]
naderen (dichterbij komen)	тӀедан	[thedan]
neerlaten (ww)	охьадахийта	[ɔhadahi:ta]
nemen (ww)	схьаэца	[shaətsa]

nodig zijn (ww)	оьшуш хила	[øʃuʃ hila]
noemen (ww)	цӀерш яха	[tsherʃ jaha]
noteren (opschrijven)	билгалдан	[bilgaldan]
omhelzen (ww)	марадолла	[maradɔl:a]

omkeren (steen, voorwerp)	ха харца	[ha hartsa]
onderhandelen (ww)	дагабовла	[dagabɔvla]
ondernemen (ww)	юьхьарлаца	[juharlatsa]
onderschatten (ww)	кхоччуш ца лара	[qɔtʃuʃ tsa lara]

onderscheiden (een ereteken geven)	совгӀат дала	[sɔvɣat dala]
onderstrepen (ww)	билгалдаккха	[bilgaldak:a]
ondertekenen (ww)	куьг тӀало	[kyg taəɔ]
onderwijzen (ww)	инструкцеш яла	[instruktseʃ jala]

onderzoeken (alle feiten, enz.)	къасто	[qhastɔ]
ongerust maken (ww)	сагатдан	[sagatdan]
ontbijten (ww)	марта даа	[marta da:]

ontdekken (bijv. nieuw land)	гучудаккха	[gutʃudak:a]
ontkennen (ww)	керстдан	[kerstdan]
ontlopen (gevaar, taak)	уьдуш лела	[yduʃ lela]
ontnemen (ww)	даккха	[dak:a]

ontwerpen (machine, enz.)	проект хӀотто	[prɔekt hɔt:ɔ]
oorlog voeren (ww)	тӀом бан	[thɔm ban]
op orde brengen	къепе дало	[qhepe dalɔ]
opbergen (in de kast, enz.)	дӀадаккха	[dəadak:a]
opduiken (ov. een duikboot)	тӀедала	[thedala]

openen (ww)	схьаделла	[shadel:a]
ophangen (bijv. gordijnen ~)	хьалаолла	[halɔl:a]
ophouden (ww)	дӀасацо	[dəasatsɔ]
oplossen (een probleem ~)	дан	[dan]

opmerken (zien)	ган	[gɑn]
opmerken (zien)	ган	[gɑn]
opscheppen (ww)	куралла ян	[kurɑl:ɑ jɑn]
opschrijven (op een lijst)	юкъаяздан	[juqhɑjɑzdɑn]
opschrijven (ww)	дӀаяздан	[dəɑjɑzdɑn]

opstaan (uit je bed)	хьалагӀатта	[hɑlɑɣɑt:ɑ]
opstarten (project, enz.)	кхосса	[qɔs:ɑ]
opstijgen (vliegtuig)	хьалагӀатта	[hɑlɑɣɑt:ɑ]
optreden (resoluut ~)	дан	[dɑn]

organiseren (concert, feest)	дӀахӀотто	[dəɑhɔt:ɔ]
overdoen (ww)	юхадан	[juhɑdɑn]
overheersen (dominant zijn)	тоьлушха хила	[tøluʃhɑ hilɑ]
overschatten (ww)	мах юхахӀотто	[mɑh juhɑhɔt:ɔ]

overtuigd worden (ww)	тешна хила	[teʃnɑ hilɑ]
overtuigen (ww)	дӀадада	[dəɑdɑdɑ]
passen (jurk, broek)	гӀехьа хила	[ɣehɑ hilɑ]
passeren	тӀехдала	[thehdɑlɑ]
(~ mooie dorpjes, enz.)		

peinzen (lang nadenken)	ойлане дожа	[ɔjlɑne doʒɑ]
penetreren (ww)	чудала	[tʃudɑlɑ]
plaatsen (ww)	дилла, охьадилла	[dil:ɑ], [ɔhɑdil:ɑ]
plaatsen (zetten)	хила	[hilɑ]

plannen (ww)	план хӀотто	[plɑn hɔt:ɔ]
plezier hebben (ww)	сакъера	[sɑqherɑ]
plukken (bloemen ~)	даккха	[dɑk:ɑ]
prefereren (verkiezen)	гӀоли хета	[ɣɔli hetɑ]

proberen (trachten)	гӀорта	[ɣɔrtɑ]
proberen (trachten)	гӀорта	[ɣɔrtɑ]
protesteren (ww)	дуьхьал хила	[dyhɑl hilɑ]
provoceren (uitdagen)	питана таса	[pitɑnɑ tɑsɑ]

raadplegen (dokter, enz.)	консультаци эца	[kɔnsuʎtɑtsi ɛtsɑ]
rapporteren (ww)	доклад ян	[dɔklɑd jɑn]
redden (ww)	кӀелхьардаккха	[k:elhɑrdɑk:ɑ]
regelen (conflict)	дӀадерзо	[dəɑderzɔ]

reinigen (schoonmaken)	цӀандан	[tshɑndɑn]
rekenen op …	дагахь хила	[dɑgɑh hilɑ]
rennen (ww)	дада	[dɑdɑ]
reserveren	бронь ян	[brɔɲ jɑn]
(een hotelkamer ~)		

rijden (per auto, enz.)	даха	[dɑhɑ]
rillen (ov. de kou)	дего	[degɔ]
riskeren (ww)	кхерам баккха	[qerɑm bɑk:ɑ]
roepen (met je stem)	кхайкха	[qɑjqɑ]

roepen (om hulp)	кхайкха	[qɑjqɑ]
ruiken (bepaalde	хьожаэха	[hɔʒɑɛhɑ]
geur verspreiden)		

| ruiken (rozen) | хьожа яха | [hɔʒa jaha] |
| rusten (verpozen) | садала | [sadaəa] |

255. Verbs S-V

samenstellen, maken (een lijst ~)	хӀотто	[hɔt:ɔ]
schieten (ww)	кхийса	[qi:sa]
schoonmaken (bijv. schoenen ~)	цӀандан	[tshandan]
schoonmaken (ww)	дӀадаха	[dəadaha]

schrammen (ww)	сизаш дан	[sizaʃ dan]
schreeuwen (ww)	мохь бетта	[mɔh bet:a]
schrijven (ww)	яздан	[jazdan]
schudden (ww)	дегадан	[degadan]

selecteren (ww)	схьахаржа	[shaharʒa]
simplificeren (ww)	чолхаза дан	[tʃɔlhaza dan]
slaan (een hond ~)	етта	[et:a]
sluiten (ww)	дӀакъовла	[dəaqhɔvla]

smeken (bijv. om hulp ~)	деха	[deha]
souperen (ww)	пхьор дан	[phɔr dan]
spelen (bijv. filmacteur)	ловза	[lɔvza]
spelen (kinderen, enz.)	ловза	[lɔvza]

spreken met ...	къамел дан	[qhamel dan]
spuwen (ww)	туйнаш кхийса	[tujnaʃ qi:sa]
stelen (ww)	лечкъаш	[letʃqhɔ]
stemmen (verkiezing)	кхаж таса	[qaʒ tasa]
steunen (een goed doel, enz.)	тӀетан	[thetan]

stoppen (pauzeren)	саца	[satsa]
storen (lastigvallen)	новкъарло ян	[nɔvqharlɔ jan]
strijden (tegen een vijand)	къийсам атто	[qhi:sam at:ɔ]
strijden (ww)	лета	[leta]

strijken (met een strijkbout)	тоха	[tɔha]
studeren (bijv. wiskunde ~)	Ӏамо	[əamɔ]
sturen (zenden)	дӀадахьийта	[dəadahi:ta]
tellen (bijv. geld ~)	лара	[lara]

terugkeren (ww)	юхада	[juhada]
terugsturen (ww)	юхадахьийта	[juhadahi:ta]
toebehoren aan ...	хила	[hila]
toegeven (zwichten)	дита	[dita]

toenemen (on. ww)	доккха хилар	[dɔk:a hilar]
toespreken (zich tot iemand richten)	ала	[ala]
toestaan (goedkeuren)	маго	[magɔ]
toestaan (ww)	магийта	[magi:ta]

toewijden (boek, enz.)	хьажо	[haʒɔ]
tonen (uitstallen, laten zien)	гайта	[gajta]
trainen (ww)	Iамо	[əamɔ]
transformeren (ww)	хийца	[hi:tsa]

trekken (touw)	озо	[ɔzɔ]
trouwen (ww)	зуда яло	[zuda jalɔ]
tussenbeide komen (ww)	юкъаэккха	[juqhaək:a]
twijfelen (onzeker zijn)	шекьхила	[ʃəkʲhila]

uitdelen (pamfletten ~)	дIасадекъа	[dəasadeqha]
uitdoen (licht)	дIадайа	[dəadaja]
uitdrukken (opinie, gevoel)	схьаала	[sha:la]
uitgaan (om te dineren, enz.)	арадала	[aradala]
uitlachen (bespotten)	дела	[dela]

uitnodigen (ww)	схьакхайкха	[shaqajqa]
uitrusten (ww)	гIирс хIотто	[ɣirs hɔt:ɔ]
uitsluiten (wegsturen)	дIадаккха	[dəadak:a]
uitspreken (ww)	ала	[ala]

uittorenen (boven ...)	ирахдахна хила	[irahdahna hila]
uitvaren tegen (ww)	дов дан	[dɔv dan]
uitvinden (machine, enz.)	кхолла	[qɔl:a]
uitwissen (ww)	дIадайа	[dəadaja]

vangen (ww)	леца	[letsa]
vastbinden aan ...	дIадехка	[dəadehka]
vechten (ww)	лета	[leta]
veranderen (bijv. mening ~)	хийца	[hi:tsa]

verbaasd zijn (ww)	цецдала	[tsetsdala]
verbazen (verwonderen)	цецдаккха	[tsetsdak:a]
verbergen (ww)	дIадилла	[dəadil:a]
verbieden (ww)	дехка	[dehka]

verblinden (andere chauffeurs)	бIаьрса дайа	[bəærsa daja]
verbouwereerd zijn (ww)	цецдала	[tsetsdala]
verbranden (bijv. papieren ~)	даго	[dagɔ]
verdedigen (je land ~)	лардан	[lardan]

verdenken (ww)	шекьхила	[ʃəkʲhila]
verdienen (een complimentje, enz.)	даккха	[dak:a]
verdragen (tandpijn, enz.)	сатоха	[satoha]
verdrinken (in het water omkomen)	бухадаха	[buhadaha]

verdubbelen (ww)	шозза алсамдаккха	[ʃɔz:a alsamdak:a]
verdwijnen (ww)	къайладала	[qhajladala]
verenigen (ww)	цхьанатоха	[tshænatoha]
vergelijken (ww)	дуста	[dusta]
vergeten (achterlaten)	дита	[dita]
vergeten (ww)	дицдала	[ditsdala]
vergeven (ww)	геч дан	[getʃ dan]

vergroten (groter maken)	доккха дан	[dɔk:a dan]
verklaren (uitleggen)	кхето	[qetɔ]

verklaren (volhouden)	тlечlарlдан	[theʧhaɣdan]
verklikken (ww)	мотт бетта	[mɔt: bet:a]
verkopen (per stuk ~)	дохка	[dɔhka]
verlaten (echtgenoot, enz.)	дита	[dita]
verlichten (gebouw, straat)	серладаккха	[serladak:a]

verlichten (gemakkelijker maken)	дайдан	[dajdan]
verliefd worden (ww)	дезадала	[dezadala]
verliezen (bagage, enz.)	дайа	[daja]
vermelden (praten over)	хьахо	[haho]

vermenigvuldigen (wisk.)	эца	[ɛtsa]
verminderen (ww)	жимдан	[ʒimdan]
vermoeid raken (ww)	гlелдала	[ɣeldala]
vermoeien (ww)	кlаддан	[k:ad:an]

256. Verbs V-Z

vernietigen (documenten, enz.)	хlаллакдан	[hal:akdan]
veronderstellen (ww)	мотта	[mɔt:a]
verontwaardigd zijn (ww)	эргlаддала	[ɛrɣad:ala]
veroordelen (in een rechtszaak)	кхел ян	[qel jan]

veroorzaken ... (oorzaak zijn van ...)	бахьана хила	[bahana hila]
verplaatsen (ww)	дlататта	[dəatat:a]
verpletteren (een insect, enz.)	вичlадаккха	[wiʧhadak:a]
verplichten (ww)	дайта	[dajta]
verschijnen (bijv. boek)	арадала	[aradala]

verschijnen (in zicht komen)	гучудала	[guʧudala]
verschillen (~ van iets anders)	къаьсташ хила	[qhæstaʃ hila]
versieren (decoreren)	хаздан	[hazdan]
verspreiden (pamfletten, enz.)	даржо	[darʒɔ]

verspreiden (reuk, enz.)	даржо	[darʒɔ]
versterken (positie ~)	чlаргlдан	[ʧhaɣdan]
verstommen (ww)	вист ца хила	[wist tsa hila]
vertalen (ww)	талмажалла дан	[talmaʒal:a dan]

vertellen (verhaal ~)	дийца	[di:tsa]
vertrekken (bijv. naar Mexico ~)	дlадаха	[dəadaha]
vertrouwen (ww)	теша	[teʃa]
vervolgen (ww)	дахдан	[dahdan]

verwachten (ww)	дагахь хила	[dagah hila]
verwarmen (ww)	дохдала	[dohdala]
verwarren (met elkaar ~)	тило	[tilɔ]
verwelkomen (ww)	маршалла хатта	[marʃal:a hat:a]
verwezenlijken (ww)	кхочушдан	[qotʃuʃdan]

verwijderen (een obstakel)	дӏадаккха	[dəadak:a]
verwijderen (een vlek ~)	дӏадаккха	[dəadak:a]
verwijten (ww)	бехкаш даха	[behkaʃ daha]
verwisselen (ww)	хийца	[hi:tsa]
verzoeken (ww)	деха	[deha]

verzuimen (school, enz.)	дита	[dita]
vies worden (ww)	бехдала	[behdala]
vinden (denken)	лара	[lara]
vinden (ww)	каро	[karɔ]

vissen (ww)	чӏерий леца	[tʃheri: letsa]
vleien (ww)	хесто	[hestɔ]
vliegen (vogel, vliegtuig)	лела	[lela]
voederen	хӏума яла	[huma jala]
(een dier voer geven)		

volgen (ww)	тӏаьхьадаха	[thæhadaha]
voorstellen (introduceren)	довзийта	[dɔvzi:ta]
voorstellen (Mag ik jullie ~)	довзо	[dɔvzɔ]
voorstellen (ww)	хьахо	[haho]

voorzien (verwachten)	синхаам хила	[sinha:m hila]
vorderen (vooruitgaan)	хьаладала	[haladala]
vormen (samenstellen)	кхолла	[qɔl:a]
vullen (glas, fles)	дуза	[duza]

waarnemen (ww)	тергам бан	[tergam ban]
waarschuwen (ww)	дӏахьедан	[dəahedan]
wachten (ww)	хьежа	[heʒa]
wassen (ww)	дила	[dila]

weerspreken (ww)	дуьхьал хила	[dyhal hila]
wegdraaien (ww)	агӏордерза	[aɣɔrderza]
wegdragen (ww)	дӏадахьа	[dəadaha]
wegen (gewicht hebben)	оза	[ɔza]

wegjagen (ww)	эккхо	[ɛk:ɔ]
weglaten (woord, zin)	юкъахдита	[juqhahdita]
wegvaren	дӏадаха	[dəadaha]
(uit de haven vertrekken)		
weigeren (iemand ~)	ца дала	[tsa dala]

wekken (ww)	самадаккха	[samadak:a]
wensen (ww)	лаа	[la:]
werken (ww)	болх бан	[bɔlh ban]
weten (ww)	хаа	[ha:]
willen (verlangen)	лаа	[la:]
wisselen (omruilen, iets ~)	хийцадала	[hi:tsadala]
worden (bijv. oud ~)	хила	[hila]

| worstelen (sport) | лата | [lata] |
| wreken (ww) | чӀир леха | [tʃhir leha] |

zaaien (zaad strooien)	ден	[den]
zeggen (ww)	ала	[ala]
zich baseerd op	ларда тӀе доӀадала	[larda the dɔɣadala]
zich bevrijden van ... (afhelpen)	хьалхадала	[halhadala]

zich concentreren (ww)	тӀегулдала	[theguldala]
zich ergeren (ww)	карзахдала	[karzahdala]
zich gedragen (ww)	лела	[lela]
zich haasten (ww)	сихдала	[sihdala]
zich herinneren (ww)	дагадаийта	[dagadai:ta]

zich herstellen (ww)	тодала	[tɔdala]
zich indenken (ww)	сурт хӀотто	[surt hot:ɔ]
zich interesseren voor ...	безам хила	[bezam hila]
zich scheren (ww)	даша	[daʃa]

zich trainen (ww)	Ӏама	[əama]
zich verdedigen (ww)	лардала	[lardala]
zich vergissen (ww)	гӀалатдала	[ɣalatdala]
zich verontschuldigen	бехк цабиллар деха	[behk tsabil:ar deha]

| zich vervelen (ww) | сагатдала | [sagatdala] |
| zijn (ww) | хила | [hila] |

zinspelen (ww)	къедо	[qhedɔ]
zitten (ww)	Ӏан	[əan]
zoeken (ww)	леха	[leha]
zondigen (ww)	къинош лето	[qhinɔʃ letɔ]

zuchten (ww)	са даккха	[sa dak:a]
zwaaien (met de hand)	лесто	[lestɔ]
zwemmen (ww)	нека дан	[neka dan]
zwijgen (ww)	диет ца хила	[diet tsa hila]